쥘리아 크리스테바

존 레흐트 · 마리아 마르가로니 지음

박미영 옮김

LIVE THEORY
쥘리아 크리스테바

초판 1쇄 발행 2023년 1월 10일

지은이 존 레흐트 · 마리아 마르가로니
옮긴이 박미영

펴낸이 김현태
펴낸곳 책세상

등록 1975년 5월 21일 제2017-000226호
주소 서울시 마포구 잔다리로 62-1, 3층(04031)
전화 02-704-1251
팩스 02-719-1258
이메일 editor@chaeksesang.com
광고 · 제휴 문의 creator@chaeksesang.com
홈페이지 chaeksesang.com
페이스북 /chaeksesang 트위터 @chaeksesang
인스타그램 @chaeksesang 네이버포스트 bkworldpub

ISBN 979-11-5931-866-5 94100
      979-11-5931-829-0 (세트)

◆ 잘못되거나 파손된 책은 구입하신 서점에서 교환해드립니다.
◆ 책값은 뒤표지에 있습니다.

쥘리아 크리스테바

존 레흐트·마리아 마르가로니 지음
박미영 옮김

Julia
Krist-
eva

차례

LIVE THEORY

쥘리아 크리스테바

Julia Kristeva

서문

_마리아 마르가로니 · 존 레흐트

이 책에서 우리의 목표는 두 가지이다. 한편으로 우리는 크리스테바 사상의 새로운 동향들과 그녀의 이전 관심사의 발전 혹은 재구성, 그리고 현재 그녀가 응답하려는 긴급한 사회정치적 문제들을 이해하기 위해 그녀의 비교적 최신작들(예를 들면《새로운 영혼의 병》(1995), 반항에 관한 두 권의 책들(Kristeva, 2000a; 2002a)과 여성 천재에 관한 세 권의 책들(Kristeva, 2001a; 2002b; 2002c))에 집중하고자 한다. 다른 한편으로 우리는 철학, 페미니즘, 정치학 그리고 정신분석학의 동시대 논쟁들에 비추어 재평가하기 위해 그녀의 초기 대표작들 중 일부(예를 들면《시적 언어의 혁명》(1984),《사랑의 역사》(1987b)와《검은 태양》(1989))를 살펴본다. 우리의 접근법은 비판적이고 해석학적일 뿐 아니라 주해적이다. 따라서 우리는 개별 텍스트들의 면밀하고 상세한 읽기를 제공하면서, 이를 지적이고 사회정치적인 맥락 속에 다시 새기는 의식적인 노력을 기울이려 한다. 동시에 우리는 이 텍스트들에 대한 기존의 해석을 포용하고, 도외시된 이슈들이나 측면들을 강조하면서, 그 속에 야기되는 구체적인 문제들에 관련된 본래의 주장들을 제시한다. 우리의 태도는 당연히 "충실한", 즉 분석을 통해 그 내용의 풍부함과 동시대 다른 사상의 영역에 미친 중대한 기여에 (비록 논쟁적일지라도) 감사하는 것이다. 그러나 우리는 우리의 충실함이 계속 "질문을 하는 것"일 뿐만 아니라 "열정적인" 것이 되기를 바라며, 또한 스펙터클의 사회나 오이디푸스의 인내처럼 논쟁적인 문제들을 거론하면서, 크리스테바의 글들을 결론짓는 것이 아니라 그 복잡성을 역설하고, 그 종결의 어려움(혹은 불가능성)을 강조하고자 한다(Kristeva, 1994a: 97).

이 서문의 후반에서 우리는 독자들에게 각 장의 메인 테마들과 관심사들을 설명할 것이다. '기호계적 혁명: 실패한 대의들, 불편한 잔여물들, 구속력 있는 미래들'이라는 제목의 1장은 크리스테바의 첫 번째 중요한 연구 저작인 《시적 언어의 혁명》(1984)에 초점을 두고, 1974년 프랑스에서 원본이 출판된 후 30년간 이 책이 남긴 유산을 재평가하고자 한다. 이 장에서 우리의 목표는 (애초 그녀의 박사 논문으로 제출되었던) 이 책을 저술할 당시 크리스테바의 정치적이고 미학적인 아젠다를 명료화하고, 1960년대 후반 프랑스에 지배적이던 이론적 틀에 대한 그녀의 태도를 설명하면서, 주체뿐만 아니라 의미작용signification에 대한 좀 더 변증법적이고 체화된 이해를 제언하려는 그녀의 고민을 추적하는 것이다. 우리의 독해에서, 이 책의 독창성과 오늘날에도 지속되는 그 가치에서 중요한 부분은 (대립적이지 않으나) 적대적이고 (이상주의적이라기보다) 유물론적이며 비非목적론적인 크리스테바의 변증법을 이론화하는 것과 관련되어 있다. 이 장의 마지막 섹션에서 우리 스스로 짊어진 과제는 불안정한 정신적 과정과 정치적 행위자로서 주체에 대한 이론화의 의의들을 이해하는 것이다. 한발 물러서서 과감히 크리스테바의 1974년 기호계적 혁명에 대한 동시대적 관점을 택하여, 우리가 그것의 "실패한 대의들", 그것의 "불편한 잔여물들", 그리고 그것의 "구속력 있는 미래들"이라 부르는 것에 초점을 두면서 우리의 분석을 결론지을 것이다.

첫 번째 장이 기호계 중심인 반면, 두 번째 장은 상징계에 대한 크리스테바의 정의를 이해하고자 한다. '제3자의 시험: 크리스테바의 오이디푸스와 동일시의 위기'에서 우리는 《반항의 의미와 무의미》(2000a) 속 오이디푸스 콤플렉스에 대한 그녀의 재논의와 아버지의 기능에 대해 늘어나는 불신이라 느끼는 것의 맥락 속에서 그 가치를 재주장하려는 그녀의 결의로부터 출발한다. 이 재논의의 현안을 평가하기 위해서, 우리는 프로이트와 라캉의 오이디푸스 문제의 개요를 제시하면서 시작한다. 장조제프 구Jean-Joseph Goux의 신화에 대한 정신분석학적 해석들에 대한 비판을 끌어오면서, 우리는 크리스테바와 그녀 이전 학자들 사이의 마찰 지점들에 주목한다. 이 주장들은 오이디푸스적 사건 속의 동일시 과정과 어머니의 역할에 대한 프로이트와 라캉의 불편함과 관련이 있다. 이는 또한 크리스테바의 관점에서 거세에 대한 그들의 환원주의적 이해와 관련되어 있다. 이 장에서 우리의 주장은, 크리스테바에게 오이디푸스에 대한 관심의 부활이 그녀의 이론적 궤적에서 독립된 사건이 아니라 우리가 그녀의 "제3자의 혁명"이라 부르는 것의 중요한 순간이 된다는 것이다. 우리의 과제는 이 혁명을 구성하는 다른 갈래들을 함께 엮어내는 것이다. 《사랑의 역사》(1987b)와 《사적인 반항》(2002a)에서 그녀의 상상적 아버지의 도입에서부터, 《새로운 영혼의 병》(1995)의 거세에 대한 재정의, 《반항의 의미와 무의미》(2002a)에서 프로이트의 "검은 대륙"으로의 회귀, 그리고 《노인과 늑대들》(1994a)에서 대안적 아버지의 공간의 명료화까지 말이다. 만약 우리의 분석 끝에 오이디푸스 삼각형이 언캐니unheimlich*한 것처럼 보인다면, 이는 그것이 신성한 것에 대한 믿음과 그 말에 대한 "새로운" 기억에 기반한 일종의 야만적 유대를 형성하기 때문이다.

이 책의 세 번째 장 '다른 이름으로 사랑과 죽음… (사랑과 멜랑콜리아에 관하여)'은 크리스테바의 초기작, 특히 《사랑의 역사》와 《검은 태양》(1989)으로 돌아간다. 하지만 그녀의 가장 최신작들 중 일부, 즉 여성 천재에 관한 3부작, 특히 콜레트에 대한 크리스테바의 전기에서 이 초기 글들에 제기된 쟁점들을 이어가려 노력한다. 만약 우리가 이 장에서 사랑과 멜랑콜리아를 함

---

* 주로 '두려운 낯설음'으로 번역되고 있으나, 프로이트의 입장에서 이것은 낯설기 때문에 느끼는 공포뿐만 아니라 초자아의 통제로 인해 익숙했던 것에서 느끼게 되는 두려움을 포함한다. 따라서 독일어의 영어식 번역인 'Uncanny'를 그대로 표기하였다.

께 가져온다면, 이는 크리스테바가 설명했듯이 멜랑콜리아가 사랑의 대척점에 있고 사랑을 가능케 하는 무엇이든 주체가 이를 거부한 결과이다. 예를 들면 이상적인 사랑–대상과의 동일시, 그리고 언어의 갱신 능력을, 주체가 거부한 결과이기 때문이다. 세 번째 장 전반부에서 우리의 주목적은 크리스테바의 사랑에 관한 실존적이고 비형이상학적이며 비존재론적 이해를 강조하는 것이다. 주체에 대한 니클라스 루만Niklas Luhmann의 역사적 접근법에 기대어 우리는 크리스테바가 말한 사랑이 기본적으로 상연enactment, 행동하는 존재Being-in-action로 이해되는, 그녀가 아리스토텔레스의 은유의 개념과 육체적 관계성을 연계하면서 강화된 실제實際라고 주장한다. 또한 우리는 사랑의 근본적으로 상상계적인 본질을 강조하고, 일차적 동일시에 대한 크리스테바의 분석을 면밀히 참고하면서 이 본질을 설명해나간다. 후반부에서는 멜랑콜리아에 초점을 두고, 예술이 승화를 추구하면서 그녀가 더욱더 서구적 특징이라고 보는 우울과 멜랑콜리적 성향을 극복하는 수단이 될 것이라는 크리스테바의 신념에 주목한다. 마지막으로 우리는 크리스테바의 멜랑콜리아와 사랑의 이론화 과정에서 프로이트적 분석 틀을 특권화하는 것과 관련된 질문들에 대해 설명할 수 있게 된다. 여기서 쟁점은 그녀의 이론의 과학적 타당성뿐만 아니라 구체적인 사회적 관계들에 미칠 영향의 가능성이다.

　　네 번째 장인 '폭력, 윤리 그리고 초월성: 크리스테바와 레비나스'는 레비나스의 전작과 크리스테바의 전작의 핵심 요소들을 교차시키는 비교연구 방법을 활용한다. 주목적은 타자의 전적으로 초월적인 윤리로서 윤리학에 대한 레비나스의 역설과 비교해서 보여주는 것인데, 이는 존재Being의 세계가 열외로 취급되는 반면, 크리스테바는 대단히 유물론적이고 사회와 개인의 근원에서 폭력과 갈등의 핵심 역할을 강조한다는 것을 의미한다. 이 장은 크리스테바를 레비나스와 대립적으로 독해하기보다는 크리스테바의 글의 주요 테마들의 본질을 주목하는 한 방법으로 레비나스 철학의 주요 흐름들을 활용할 것이다.

마지막 장인 '상상계와 스펙터클: 크리스테바의 관점'에서 우리는 크리스테바에 관한 우리의 설명을 마무리한다. 이 장은 기 드보르(Debord, 1987)가 포스트모던 "스펙터클의 사회"라 불렀던 맥락에서 그녀의 상상계의 활용과 이에 대한 기여를 명확히 한다. 여기서 우리가 하려는 근본적인 개입은 상상계의 이중적 본질에 대한 우리의 주장에 있다. 우리가 주장하듯이, 나르시시즘의 측면에서 상상계에 대한 환원적인 관점은 상상계에 대한 크리스테바의 복잡한 이해나 이미지에 대한 동시대의 고정fixation, 상상계의 좀 더 급진적인 힘에 위협이 되는 고정에 대한 그녀의 고민을 충분히 평가하지 않는다. 이 힘을 평가하기 위해 우리는 들뢰즈와 가타리의 "탈주선", 후설의 초월적 자아와 게오르그 칸토어Georg Cantor의 초한수 이론을 살펴본다. 우리의 목적은 초월성의 영역에 상응하는 것으로 이해되는, 상상계와 무한성의 관계에 대한 이해를 돕는 것이다. 우리는 상상계가 본질적이고 그저 우연적인 자기self의 양상이 아니라면, 이는 상상계가 개인성과 우연성을 넘어서는 통로passage를 의미하기 때문이라고 주장한다. 그리고 상상계는 무한성에서 떼어낼 수 없다. 결과적으로 그것은 기만적인 환상illusion의 영역이라기보다 오히려 순수한 가능성이다. 예를 들면 모든 가능성들의 집합으로서의 가능성이다. 우리의 설명에서 이것은 크리스테바가 상상계를 반항에 연계시키는 이유이고, 진정 상상계의 미래가 그녀에게 반항의 미래와 마찬가지인 이유이다.

마지막으로 쥘리아 크리스테바와의 인터뷰는, 특히 크리스테바의 지적 궤적의 주요 무대들의 대부분을 뒷받침하는 것으로 볼 수 있는 되기becoming와 상연의 암류undercurrent의 관점에서 크리스테바 전작의 일반적인 특징을 가장 먼저 고려한다. 두 번째로, 이 인터뷰는 스펙터클의 사회로부터 파생된 문제들, 특히 미디어와 이미지의 본질을 다룬다. 세 번째로, 프랑스 밖에서 가장 많이 인용된 크리스테바의 책 《공포의 힘》(1982)에 대한 반응이 논의된다. 이 인터뷰는 다문화주의, 한나 아렌트의 글, 그리고 세계화의 맥락에서 정신분석학의 역할과 관련된 문제들을 검토하면서 마무리된다. 여기서 특히 크리스테바는 특이성singularity과 공동체 혹은 정치의 공간에서 "공유하기"에 대한 질문들에 답한다.

1장

기호계적 혁명

실패한 대의들, 불편한 잔여물들, 구속력 있는 미래들

_마리아 마르가로니

어둠 속의 댄서: 언어의 공장에서 노동을 소모하기

라스 폰 트리에의 2000년 영화 〈어둠 속의 댄서〉에서 셸마는 동유럽에서 미국으로 온 이민자로 공장의 조립라인에서 일한다. 동시에 그녀는 아마추어 극장 팀에 합류하여 저녁에는 뮤지컬 공연 연습을 한다. 유전적으로 셸마의 눈 상태가 점차 나빠지면서, 두 세계를 나누던 경계들이 깨진다. 윤곽은 흐릿해지고 소리는 점차 음성적 구분의 특징을 상실한다. 눈이 멀게 되면서 펼쳐진 공간에서 공장과 극장이 융합된다. 노동자의 일상에서, 공장 관리자의 능률적이고 단조로운 음색의 명령과 기계의 경제적인 응답 뒤에서 들려오는 음악이 멈추면서 셸마의 욕망의 아우성을 표현하는/억누르는 동안, 자동화된 움직임은 댄서의 힘들이지 않은 우아함과 격돌한다.

흥미롭게도 (1974년 프랑스어로 《La Révolution du langage poétique》라는 제목으로, 그리고 1984년 《Revolution in Poetic Language》라는 영문 제목으로 발표된) 쥘리아 크리스테바의 박사 논

문 1부 마지막에서 (셀마처럼 동유럽 이민자였던) 그녀는 공장과 극장, 노동의 세계와 재현의 세계 사이의 유사한 수렴을 시도한다. 자신의 책에서 새로운 의미화 실천을 위한 공간으로서 기틀을 마련하려는 목적으로 자신이 "텍스트"라고 부르는 것을 논의하면서, 크리스테바가 말하길 "과정으로서 일은 그것이 어떤 종류의 일이든 간에—그것이 수행될 때 (그리고 특정 사회의 교환 구조에 따라 물화되지 않을 때)—이 의미화 과정"(Kristeva, 1984: 104)과 무언가를 공유한다. 크리스테바는 여기서 분명 매우 섬세한 길을 걷고 있다. 왜냐하면 마르크스가 인정하듯이 "문학"이라는 이름으로 전통적으로 자발성, 여가, 놀이 혹은 특별한 것과 관련되고 미학의 특권적 대상으로서 기능하는 텍스트와 대조적으로 노동은 "필요와 일상적인 고려 사항들에 의해 결정되기" 때문이다(1984: 105). 그러나 경계들을 흐리면서 크리스테바는 정확히 전통적 미학에 도전하고 그 대상을 재정의하려 한다. 이 단계의 논의로 돌아감으로써 그녀의 목적은《시적 언어의 혁명》의 1부에서의 설명을 통해 말한 중요한 지점을 강화하는 것이다. 예를 들면 텍스트의 의미화는 과정으로 전개된다. 그것이 (마르크스에 따르면 일만큼이나) 예외적이고 작가적인 정신의 산물로서 물화되는 것은 오직 특별한 사회정치적 국면들 안에서, 그리고 부르주아 미학의 맥락에서이다. 게다가 일에 대한 그녀의 환기는 그녀가 만들고자 한 새로운 의미화 실천과 전통적 미학이 지속적으로 그 영역에서 배제해온 것, 즉 물질성 사이에 연결 고리를 강화한다. 우리가 앞으로 계속 설명하겠지만, 크리스테바는 텍스트의 물질성을 복구함으로써 "실제 사물들의 불연속성"뿐만 아니라 더욱 중요하게, 의미에 구멍을 내고 끼어드는 "본능적 리듬"을 충실히 평가하려 애쓴다(1984: 100). 실제로 이는 어둠에서 뻗어 나오듯 음악을 표출하는 셀마의 욕망의 아우성을 충실히 다루려 시도한다.

그러나 크리스테바는 왜 그녀가 《시적 언어의 혁명》을 쓰는 중이었던 1960년대 말과 1970년대 초 어둠 속에 뛰어드는가? 당시 프랑스 내 지배적인 지적 관심사에 관한 몇 가지 말들이 이를 설명하는 데 적절할 것이다.[1] 프랑스 지식인들이 점점 프랑스와 소련의 공산당의 공적 정치 문제들로부터 멀어졌음에도 불구하고 마르크스적 사고는 여전히 상당한 영향력을 지니고 있었다. 학문적, 문화적 활동들에 관여하고 있던 많은 남성과 여성들에게 가장 큰 도전은 마르크스의 유산과 그의 헤겔 변증법에 대한 유물론적 해석을 복원하는 방법을 찾는 것이었다. 1968년 5월 학생운동과 뒤이은 사건들은 이 맥락에서 매우 중요해지는데, 이는 지식인들과 프랑스 공산당 사이의 위기를 심화시키기 때문이라기보다는 토대와 상부구조의 관계(예를 들면 물질적이고 문화적인 생산)에 대한 정통 마르크스주의적 이해를 재고할 공간을 창출하기 때문이다. 후자를 그저 전자의 반영으로 여기려 하지 않으면서, (《텔켈Tel Quel》 잡지에 모인 아방가르드 비평가와 작가 그룹들에 의해 주도된) 포스트-샤르트르 세대 지식인들은 전통적인 계급정치학에 기대기보다는 좀 더 급진적인 대안을 제시할 수 있다고 보였던 문화적 활동의 혁명적 가능성을 강조했다. 미셸 푸코에 따르면, 68혁명의 사건들에 초점을 둔 "새로운" 투쟁들은 친숙한 마르크스적 서사에 잘 들어맞을 수 없는 것들이므로 여기서 언급할 필요가 있다. 푸코가 지적하듯이, 이 모든 투쟁들은 인종적·성적 차이, 욕망, 광기의 치료 혹은 죄수의 권리에 관련된 이슈들을 전면에 내세운다는 점에서 공통의 대의를 지닌다. 따라서 그들은 바로 주체의 위치를 심문했다. 즉 특정 담론과 실천을 통한 주체의 생산, 상충하는 이데올로기들 사이의 접속점, 위반과 재발명을 위한 가능성에 대한 주체의 요청 등이다.[2] 그러나 만약 마르크스가 옳고 주체의 전환이 "실제 물질적 생산의 영역을 뛰어넘어서", 노동이 소모되는 여가의 "자유 시간" 속에 가능하다면, 포스트-68세대가 문학과 예술의 "비생산적" 영역으로 관심을 돌리는 것은 놀라운 일이 아니다(1984: 105~106). 그리고 마르크스를 따라 크리스테바가 애초에 우리에게 다소 곤란한 모험인 것을 시도했던 것도 놀라운 일이 아니다. 예를 들면 공장의 공간을 극장의 여가 시간에 열어 두는 것 등이 그러하다.

그러한 다른 공간(예를 들면 자본주의경제)에 대한 한 공간(미학)의 중첩으로서 열림을 이해하는 것(특히 그녀가 지녔을 어떤 "급진적 가능성"에 대한 1980년대 그녀의 "배신" 혐의의 관점에서),[3] 달리 말하면 물질적 과정과 역사적으로 특수한 사회적 관계들이 기표들과 아방가르드의 "미심쩍은" 실험들 사이의 관계들로 축소되는 것으로 이해하는 것은 솔깃한 일이 될 것이다. 그러나 《시적 언어의 혁명》에서 크리스테바는 (셀마처럼) 그녀가 미학의 영역에 재기입하려 했던, 즉 생산이라는 과정의 **특출한** 공간으로 이해되는 공장을 결코 떠나지 않는다.[4] 1960년대 인문학의 모든 영역에 스며들기 시작했던 구조주의 이론에 주의를 기울이면서, 크리스테바는 마르크스의 "생산" 개념을 미학의 맥락에서 복원하는 것이 전통적으로 예술적 작품과 그 의미의 반半신성한 기원으로 여기는 재능 있는 개인에 대한 신화를 떨쳐낼 뿐 아니라, 완성된 생산물로서 작품으로 축소될 수 없는 의미작용의 끊임없는 노동을 밝혀낼 수 있다고 설명하려 애쓴다. 게다가 예술 혹은 문학을 생산의 관점에서 생각하는 것은 우리가 일련의 관계들의 우연적이고 불안정한 결과물, 예를 들면 작품 내부의 상이한 요소들 사이의 관계들과 그 작품의 "외부"에 형성된 (사회적, 경제적, 정치적 혹은 미학적) 구조들 사이의 관계들로서 의미를 재개념화하는 데 도움이 된다. 그다음에 크리스테바는 여러 방식으로 자신의 독자들이 의미작용(언어 그 자체)의 공간을 개별 요소들(예를 들면 단어의 소리나 문장의 리듬)의 물질성이 의미의 생산에서 배제될 수 없고 과정들이 (예를 들면 특정 제도와 관련된) 제도적이고 사회적인 공장으로 다시 상상하도록 요청한다.

자본주의사회가 (그것이 물질적이든 문화적이든 혹은 담론적이든) 생산을 생산성으로 축소하기 때문에, 그리고 과정들은 그 최종 생산물에 포함되기 때문에 크리스테바는 계산될 수도 없고 계산에 적합하지도 않은 다른 시간을 공장의 공간에 도입한다. 위에서 살펴본 바와 같이 이는 마르크스가 "자유 시간"이라 부른 것, "그 소유자들을 다른 주체로 전환"시키는 여가 시간일 뿐 아니라 (크리스테바가 상기시켜주듯이) 마르크스가 예술과 관련짓고 크리스테바가 텍스트의 이름으로 새로운 의미화 실천으로 복구시키려는 "그 '진정 자유로운 일들'"의 시간이다(1984: 105~106). 나눌 수 있는 동질적인 지점들의 연속으로서 여겨지는 비용-효율적 시간과 대조적으로, 이것은 베르그송의 관점에서 순수한 지속의 시간, 다시 말해 다른 시간성들(과거, 현재, 미래)이 공존하고 존재자being가 되기에 열려 있다는 점에서 이질적인 연속성의 시간이다. 이것은 또한 조르주 바타유가 "비생신적 비용"의 "일반적 경제"라 불렀던 비경제적인 경제의 시간이다. 왜냐하면 그것은 쾌락적 손실의 모순, 사실상 불필요한 과잉적 낭비(시간, 돈 혹은 자원의 낭비)로 드러나기 때문이다.[5] 《시적 언어의 혁명》의 〈서문〉에서, 크리스테바는 그녀를 흥미롭게 하는 것이 바로 이 모순적 손실, 특히 그것이 "담론의 부서짐"과 (그 책의 후반부의 초점을 구성하는) 19세기 후반 프랑스 아방가르드 문학, "마술적인, 샤머니즘, 밀교" 혹은 "카니발적인 것"처럼 "파편적인 현상"으로 경험되는 주체의 "폭발" 속에 나타날 때라는 점을 분명히 한다(1984: 15~16). 크리스테바는 이 현상들이 "외부 경계들로의 통로"로 기능하면서, "사회적으로 유용한 담론"이 억압하는 것, 즉 "주체와 그 의사소통적 구조들을 초과하는 과정"을 입증한다고 주장한다(1984: 16~17).

중요한 것은 크리스테바가 (경제적 관점에서) 오직 "손실", "소진" 혹은 "위기"로 기입되는 이 과잉을 또 다른 시간, 프로이트의 무시간적인Zeitlos 것, 《사적인 반항》(2002a: 25)에서 그녀가 "영원한 것의 스캔들"이라고 부른 "시간 밖의 시간"에 연결 짓는다는 점이다. 크리스테바는 선형적이고 동질적인 시간이 생산적인 경제의 시간이고 베르그송적 이질적인 연속성, "삶의 시간"[6]이라면, 무시간적인 것은 "파괴할 수 없는 충동"의 시간, "극단적으로 죽음의 시간"(2002a: 30~31)이라고 설명한다. 그녀에게 프로이트의 무시간적인 것의 "비교할 수 없는 독창성"은 "의식적이지 않은 시간이자 신체 이전의 시간을 침범하고 육체적인 것에 다가가는 무의식적 시간을 표면화했다는 점에 있다"(2002a: 31). 그리고 이것이 이 장의 처음에서 우리가 크리스테바의 《시적 언어의 혁명》이 어둠 속으로의 (시간적) 모험으로 볼 수 있다고 말한 이유이다. 왜냐하면 그 목적인 우리를 무정부적 아르케(본질)arkhe, (시간, 말 혹은 주체)의 "시초" 이전의 시작으로 돌아가게 하려는 것이기 때문이다. 이 기억을 돕는 여행이 크리스테바를 프로이트의 "어둠의 대륙"으로 돌아가게 하는 것은 놀랍지 않을 것이다. 멜라니 클라인Malanie Klein처럼 그녀는 여성적-모성적인 것과 전前오이디푸스적이고 파편화된 신체의 유아기적 경험을 프로이트의 스캔들적인 시간성으로 부활시키는 데 관심을 둔다. 이 신체와 발화하는 주체, 여성적-모성적인 것 그리고 언어 사이의 관계성을 재고하려 시도하면서, 크리스테바는 클라인을 넘어서 한발 더 나아간다.[7] 이다음에서 우리는 명백히 크리스테바의 1974년 혁명의 지속되는 유산들의 하나를 구성하는 이 재고에 대해 자세히 설명하도록 하겠다. 그러나 그

전에, 이 혁명의 틀을 만들어내는 정치적이고 미학적인 아젠다를 검토하는 것이 유용할 것이다.

이 도입부 내내 우리는 마르크스 이론을 미학의 맥락에서 재투입하려는 크리스테바의 노력을 강조했다. 이 노력에서 중요한 것은 당대 많은 지식인들이 느낀, 나중에 언급할 지배적 틀 밖에서 예술과 비평의 실천을 재개념화해야 할 긴급한 필요성이다. 즉 a) 예술의 영감 이론을 특권화하는 부르주아적 개인주의, b) 미학적 대상을 그 생산과 (직접적 혹은 간접적으로) 개입하는 사회정치적 논쟁의 과정에서 떼어내는 형식주의의 다른 형식들이다. 크리스테바가 말하길 "우리가 문학적 실천에 대해 물어볼 질문들은 이 실천이 떼어놓을 수 없는 정치적 영역으로 향하게 될 것이다"(1984: 17). 그러므로 그녀는 아방가르드, 미학적 실천들 그리고 주체적이고 이데올로기적인 혹은 사회적인 규범들의 더 광범위한 "위기" 사이의 관계에 대한 이해와 함께 말라르메Mallarmé와 로트레아몽Lautréamont에 대해 분석하는 데 관심을 둔다. 그녀는 자신의 서문에서 "어떤 조건하에서" 그런 실천들이 "사회경제적 변화 그리고 최종적으로 혁명에도 부합하는가?"(1984: 16)라고 묻는다. 그녀도 인정하듯이, 이 부합에는 한계들이 있음에도 불구하고, 그녀가 (텔켈 그룹의 다른 멤버들을 따르면서) 재현의 영역에서의 혁명에 대해 질문을 던진다는 사실은 재현뿐만 아니라, 더 중요하게 더 이상 물질적 생산, 사회적 구조 혹은 경제적 제도들에 국한된 것으로 볼 수 없는 정치적 실천의 재정의의 길을 열어주기 때문에 여전히 중요하다.

이 마지막 주장은 우리의 이 섹션의 두 번째 초점, 달리 말해 프로이트의 시간적 "혁명", 특히 무시간성에 대한 그의 충격적 논의(2002a: 25~42)의 측면에서 사회적이고 주체적인 전환을 이론화하려는 크리스테바의 바람을 제기한다. 여기서 쟁점은 단지 담론적으로뿐만 아니라 정신적으로도 정치적인 것에 대한 더욱 급진적인 열림에 있다. 또한 쟁점은 의미작용의 더욱 체화된 이해, 즉 "육체적인 것, 언어적인 것 그리고 사회적인 것" 사이의 지점에서 주체와 그 형성에 기반한 이해를 내세울 필요가 있다는 것이다(1984: 15).

체화된 안무

크리스테바가 자신의 서문 앞부분에 언급한 말은 《시적 언어의 혁명》을 쓰고 있을 당시 자신의 고민에 대한 뚜렷한 암시를 제공한다. 그녀는 "언어에 관한 우리의 철학들"이 "기록 보관 담당관, 고고학자 그리고 시체 애호증자의 생각들에 불과하다"고 말한다(Kristeva, 1984: 13). 그녀는 계속 설명하면서, 그러한 철학들의 문제는 "공중에 매달린", 그들의 발화의 문맥으로부터 단절된 형식화된 언표들에 근거한다는 점이다. 게다가 그 철학들은 "잠자는 신체-사회역사적 중첩으로부터 물러나고, 직접적인 경험에서 제거된 휴식 중인 신체의 내러티브에 귀 기울이면서 주체의 진실을 [...] 끈질기게 찾는다"(1984: 13). 크리스테바는 특히 후설의 현상학과 구조주의에 기댄 언어 이론들에 관심을 둔다. 그녀의 관점에서 이 두 이론적 틀이 공유하는 것은 "언어-외적인 것"(1984: 21)의 방치인데, 이는 현상학에서는 그것이 특권화하는 초월적 의식과 이질적인 것으로 묶여 제시되고, 구조주의에서는 담론으로 축소된다. 반면 현상학의 맥락에서 객관성("사물")은 지각하는 의식의 대상으로 남는다. 그것은 "언제나/이미 의미되고, 파악된 것"이다(1984: 31). (후설이 감각과 충동들과 연계시킨)(1984: 33) 물질-힐레hyle조차도 결국 그에 따르면 모든 의식 속에 내재되고 상정된 (정립적) 기능의 결과물이된다. 그러므로 크리스테바는 "이미 주체의 위치성의 투사가 아닌 어떤 이질성도 [⋯] 가능하지 않는" 것처럼 보인다고 주장한다(1984: 32). 여기서 후설에 대한 크리스테바의 비판이 그녀의 입장에서 정립적 주체를 뿌리 뽑으려는 욕망에서 기인한 것이 아니라는 점을 이해하는 것이 중요하다. 그녀 스스로 인정하듯이 "현상에 대한 의존은 자아를 모든 초언어적 실천뿐만 아니라 모든 언어적 행위들을 구성하는 유일하고 고유한 제약으로 상정하기라는 극복할 수 없는 필연성을 설명하기 위해 [⋯] 유용하다"(1984: 36). 그러나 우리의 분석을 이 자아의 작용들로 국한하기보다 우리는 "그것들에 이질적인 것으로 남아 있는 반면" 자아와 그것의 상정하는 기능 둘 다를 "생산하는 조건들[⋯]에 관한 연구를 시작해야 한다"라고 그녀는 제안한다(1984: 36).

크리스테바가 프로이트의 이론에 의지한 것은 이 과제를 염두에 두었기 때문이다. 그녀의 목적은 초월적 자아와 그것에 의해 정립된 의미가 단지 그것들을 초과하는 "의미화 과정"의 "전개" 속의 순간들이라는 것을 설명하기 위해 프로이트의 통찰들을 이용하는 것이다. 이러한 노력으로 구조주의 언어학은 "점적인 자아punctual ego"*의 해체뿐만 아니라 (프로이트의 일차적 과정들, 예를 들면 압축과 전치에 해당하는)(1984: 41) "은유와 환유의 두 축들"과 기호의 물질성에 대한 주의 집중을 위한 귀중한 동맹군처럼 보인다. 그러나 크리스테바의 관점에서 구조주의 언어학은 현상학에 의해 추구된 것만큼 비非체화된 언어 이론을 유지한다.[8] 그녀는 "구조주의"가 "무의식의 이미지를 그저 법칙들의 저장소로서, 따라서 담론으로서 유지한다"(Ibid.)라고 주장한다. 그러므로 그것은 소쉬르적 기호를 정서와 충동에 열어둘 필요를 배제한다. 라캉의 라랑그 개념을 의미화 영역과 동질적인 것으로 남겨둔 것으로 비판한 그녀의 에세이 〈'대화 치료'의 소우주〉에서 크리스테바는 "대상 연관성과 연결된" "시각적, 촉각적 그리고 청각적" 요소들을 포함한 기호에 대한 프로이트적 개념의 복잡성을 강조한다(Kristeva, 1983a: 37).[9] 그것은 이 요

---

* 크리스테바는 초월적 자아에 대해 비판적이었는데, 의미 정립의 중심에 있는 초월적 자아는 주체와 대상이라는 이분법 속에서 언어와 주체성의 상징적 작용에 관련된, 시공간에 소급되어 나타나는 일종의 일대일 대응으로 나타나는 점적인 자아이다. 크리스테바는 이 의미의 기원으로 상정된 점적인 자아 대신 기호계의 생산적 흐름인 자아의 생산에 대한 새로운 견해를 주장한다. John Lechte, "Transcendence, Fixation and Belief in the Vicissitudes of the Imaginary", *Parallex*, Volume 4, 1998 - Issue 3: Julia Kristeva, 1966~1996, pp. 119~133 참조.

소들이 그녀가《시적 언어의 혁명》에서 "언어를 다른 의미화 체계들로부터" 계속 구분 지으려 한 의미화의 다른 양상을 구성하기 때문이다(1984: 40). 그리고 분석의 "새로운 대상"의 도입이 절박하게 보이는 것은 바로 이 구분의 관점에서이다(Ibid.). 크리스테바는 이 새로운 대상을 기호계라고 부른다.

그녀가 정의하는 바와 같이 "기호계"라는 용어는 현상학적 주체의 상정과 언어의 수준에서 그 결과들의 성립에 "논리적으로 그리고 연대기적으로 앞서 있는 작용"을 지칭한다. 즉 (재현의 수단으로서) 기호와 (예측과 판단의 보증으로서) 통사론(1984: 35, 41)이다. 크리스테바는 이 기능들을 "상징계"라는 용어로 명명한다.《시적 언어의 혁명》에서 그녀의 주된 주장은 기호계와 상징계가 진행 중인 변증법에 연계되고 "같은 의미화 과정" 속에서 두 개의 다른 양상들을 구성한다는 것이다(1984: 24). 두 가지 주의해야 할 점을 언급하는 것이 이 맥락에서 도움이 될 것이다. 우선 기호계는 늘 이미 충동들의 조직이자 구조화로서 이해될 필요가 있다. 크리스테바가 설명하듯이 그것은 "에너지들과 그 새겨짐 둘 다를 전치하고 압축하는 이른바 일차적 과정들"을 포함한다(1984: 25). 따라서 그것은 순수한 물질이나 매개되지 않은 충동들의 채움에 관련지을 수 없고 라캉의 "실재계"의 질서와 혼동되면 안 된다. 라캉에게 실재계는 늘 제자리에 있고, 전이 혹은 어떤 매개의 과정에도 반항하며, 그래서 결과적으로 근본적으로 알 수 없는 것이다. 크리스테바에 따르면 실재계는 "구멍, 빈 공간"의 위상을 지닌다. 그에 반해 "기호계의 개념은 우리로 하여금 단순히 그것이 텅 빔 혹은 공백이라고 말하지 않고 실재에 대해 말할 수 있게 해준다"(올리버에 의해 인용됨, Oliver, 1998: 7). 이것은 그것이 실재계가 단순히 잃어버린 것이 아니라는 그녀의 라캉에 반하는 신념을 분명히 보여주기 때문에 정확히 크리스테바의 "새로운 대상"의 독창성이 놓여 있는 지점이다. 충동들과 에너지 흐름들은 결코 "사회적으로 유용한 언어" 속에 그들의 흔적을 남기는 데 실패하지 않는데, 그것은 크리스테바가 "기호계"로 부르는 의미작용을 통해/가로질러 이 초과를 설명할 수 있는 그런 흔적들이다.[10] 이런 관점에서 볼 때 플라톤적 코라chora에 대한 그녀의 전환, 형식과 물질, 지적인 것과 감각적인 것 사이의 경계들에 있는 애매모호한 환경이 생물학적인 것과 사회적인 것 둘 다를 "단어"에 의해 도입된 폭력적인 단절 이전에 매개하는 공간/간격 두기에 열려 있게 하려는 그녀의 고민을 시사한다. 세 번째 유형으로, 플라톤 속 코라는 놀라울 정도로 다른 유형들의 흔적들에 호의적이다. 그것의 기능은 다른 자극들로부터 비문들이 결코 지워지지 않으면서도 점차 침전되고 시야 밖으로 사라질 수 있는 프로이트의 신비로운 편지지와 유사하다.[11] 크리스테바의 글에서 기호계적 코라는 두 개의 신체, 아이의 혼동된 신체 부분들의 덩어리와 어머니의 늘 이미 사회화된 신체 사이의 유희적인 전이를 통해 언어와 생물학의 교차로에서 형성된 "본질적으로 움직이는, 그리고 극히 잠정적인 절합articulation"으로 정의된다(1984: 25). 이와 같이 정의되면서, 코라는 (크리스테바가 상기시켜준 바와 같이) 비록 "사회역사적 제약들"에 의해 영향을 받지만, 법칙이 아닌 질서짓기의 원리로 여겨진다(1984: 27). 동시에 그것은 모든 질서짓기가 신체적 본능들과, 특히 죽음 충동의 억압 아래서 부인되는 공간이다. 이것이 크리스테바가 "기호계적 코라는 단지 주체가 생성되고 부인되는 장소일 뿐"이라고 주장한 이유이다(1984: 28). 이것은 또한 "우리의 담론—모든 담론—이 코라와 함께, 그리고 코라에 반하여 움직이는" 이유이기도 하다(1984: 26, 저자 강조).

　이는 두 번째 주의점으로 이어지는데, 기호계적인 것에 반대하는/질문하는 의미화의 양상으로서 "상징계적인 것sym-bolic"을 두 양상들 간의 변증법의 결과물이자 기호계적인 것을 포함하는 "상징계the Symbolic"로부터 구분해내는 것이 중요하기 때문이다(1984: 48).[12] 크리스테바가 "정립적 단계"라고 부른 것에 대한 그녀의 이해에 초점을 둔다면 이 차이가 더욱 분명해진다(1984: 43). 그녀가 그것을 사용할 때, 그 말은 "균열, 의미화의 정립을 생산하는 것"(Ibid.)을 지칭한다. 그리고 그것은 "언어의 한계점"으로 여겨지는데, 이는 파열(신생 주체의 기호계적 코라로부터의 분리)과 주체의 의미화 영역 속 자리들을 점유하는 데 필수적인 기표와의 동일시인 연결, 둘 다로서 경험되는 한계점이다(1984: 45). "정립적 단계"의 본질과 기능은 《시적 언어의 혁명》에서 가장 까다로운 측면들 중 하나로 남아 있고 크리스테바에게 기호계와 상징계 사이의 변증법적 관계의 한계들에 관한 일련의 논쟁들의 원천이었다. 폴 스미스에 따르면 변증법은 그녀의 후기작(예를 들면 《공포의 권력》, 《검은 태양》, 《사랑의 이야기들》)에서 "단순한 이원론"이 된다(올리버가 인용한 글 재인용, Oliver, 1993: 8). 반대로 조안 브란트와 켈리 올리버는 변증법이 좀 더 분명하게, 브란트가 이것이 "기호계와 상징계 사이의 바로 그 차이에 대해 질문하는 것이 아닐지 모른다고" 의심할 정도로 전경화되는 것은 그녀의 후기작(특히 일차적 나르시시즘과 사랑의 재이론화)에서라고 주장한다(1991: 103). (그중에서도) 앤 로잘린드 존스, 주디스 버틀러 그리고 안나 스미스는 존재가 아니라 최소한 변증법의 정치적 효능이라 의심한다. 한편으로 존스와 버틀러는 (그들의 생각으로는) 크리스테바가 "문화의 총체성"으로 내세운 "상징계의 불가피성"과 단일적 성격을 강조한다(Jones, 1984: 58).[13] 다른 한편으로 스미스는 기호계와 "해체, 공격성 그리고 죽음"과의 연관성에 대해 좀 더 걱정하는 것처럼 보인다(Kristeva, 1984: 27~28). "그럼에도 불구하고" 그녀가 말하길,

크리스테바는 기호계가 일견 발성적인 것이고, 따라서 언제나 이미 언어, 그녀가 인정한 정립적 규제의 감각은 기호계의 지배적인 측면, 모든 형식의 의미와 정체성에 대한 적의 앞에서 실상 너무 부서지기 쉬운 것이라고 주장한다.(Smith, 1996: 118)

기호계와 상징계의 변증법에 대한 반응과 모순적 이해를 대면하면서 우리가 정립적 단계에 대한 크리스테바의 섬세한 이

론화에 좀 더 면밀한 주의를 기울이는 것이 중요하다. 그러고 나서 우리는, 크리스테바가 지칠 줄 모르고 그녀의 시각에서 "타인과의 소통을 위해 필수적인"(1984: 48) 타자의 장소를 열어주는 균열의 필요성을 강조하면서도 동시에 이 균열에 대한 그 어떤 "신학적 연구"(1984: 44, 51, 61)도 경계해야 한다고 말한 점에 주목할 필요가 있다. 그녀가 이해한 바와 같이, 이는 그녀가 절대적이고 돌이킬 수 없는 "첫 번째 사회적 검열"이라고 상정한 것에 상응하는 것이다(1984: 48). 그 신학적 연구의 결과들은 심각하다. 왜냐하면 후설의 글에서처럼 정립적 단계는 초월적 자아의 "생산적 근원"으로 만들어지고 "유일한 하나의 의미작용"이 있게 되기 때문이다(1984: 44). 게다가 (라캉의 글에서처럼) 기표는 그것의 주이상스와 죽음 충동에의 투자를 증명하는 어떤 잔여물들로부터 정제된다(1984: 47, 51). 대신 크리스테바는 정립적인 것이 기호계적 운동성이 "위치들의 영역"으로서 상징계적인 것으로 쇄도하는 것을 허락하고 그녀가 "두 번째 심급의 정립적인 것"[14]이라고 칭한 것, 다시 말해 "이 늘 분열된 통합"으로서 상징계의 생산을 위한 공간을 열어두는 "횡단할 수 있는 경계"로 개념화되어야 한다고 주장한다(1984: 43, 49, 50, 51, 저자 강조). 크리스테바가 끌어낸 희생과 예술의 차이("정립적 기능의 두 측면"(1984: 80))는 그것이 상징계적 질서에 대한 그녀의 심화된 이해를 분명히 보여주기 때문에 이 맥락에서 적절하다. 의미 있게도 그녀는 희생을 정립적인 것의 신학적 연구와 연결 짓는다. 희생은 그녀의 시각에서 "몸soma의 살해자, 신체body의 변형,

충동들의 아침"(1984: 75)으로서 분출하는 기표의 폭력을 전형적으로 보여준다. 반대로 예술은 "완전히 비신학적"이다(1984: 61). 금지하기보다 그것은 본능적 기능을 언어와 사회적 질서에 도입한다. 그러면서 그것은 이 질서 속 갱신의 주요 동인이 된다. 그러나 그것은 그렇지 않으면 상징계를 전체화하는 특권화된 자리로 여겨져서는 안 된다. 크리스테바가 예술에 초점을 둔다면, 이는 그것이 그녀의 시각에서 모든 의미화 실천에서 규칙인 것을 표면으로 가져오기 때문이다. 그녀가 말하길 "시는 언어가 주이상스에 의해 사회-상징계적인 것의 침투에 순응할 수 있다. 그리고 정립적인 것이 필연적으로 신학적인 희생을 의미하지 않는다"(1984: 80). 달리 말하면 예술은 올리버가 주장하듯이 라캉적 법질서로 축소될 수 없는 크리스테바의 확장된 상징계를 위한 패러다임이 된다(1993: 9~10). 그 어원을 논하면서 크리스테바는 그리스어 "σύμβολον(쉼볼론)"의 변증법적 의미에 주목한다. 그녀가 말하길 "'상징'은 적대 행위들이 따르거나 이를 전제한 계약인 어떤 조합, 어떤 결합이고, 결국 적대감의 교환을 포함한 어떤 교환이다"(1984: 49).

  안나 스미스에 따르면 상징계에 대한 그러한 변증법적 이해는 "잠재적으로 무정부 상태와 질서, 의식과 무의식의 마니교적 대립"에 기반한다(1996: 118). 기호계/상징계를 대립 혹은 (에르네스토 라클라우와 샹탈 무페가 선호하는 명칭인) 모순으로서 변증법으로 보는 것은 대립의 조건들이 완전히 대상화된 독립체들이라는 것을 의미한다.[15] 그러나 크리스테바가 이것을 늘 분명하게 말하지는 않지만, 의미화 과정의 기호계적이고 상징계적인 요소들이 꼭 그렇게 받아들여져야 하는 것은 아니다. 크리스테바는 "상징화에 '선행하는' 기호계는 오직 설명의 필요에 의해 정당화되는 이론적 추정일 뿐이다"라고 명백하게 강조한다(1984: 68). 마찬가지로 정립적 단계에 대한 그녀의 논의는 우리로 하여금 "순수한" 상징계와 마찬가지로 추론하게 한다. "타인 없는 누군가는 없다"고 크리스테바는 주장한다(Moi, 1986: 156). 이는 기호계/상징계의 변증법은 모순이라기보다는 길항작용으로 좀 더 정확하게 개념화될 수 있다는 것을 암시하는 사실이다. 라클라우와 무페는 길항작용을 "완전한 총체성으로부터가 아니라 그들의 구성의 불가능성으로부터 생기는 관계"로 정의한다(Laclau and Mouffe, 1985: 125). 그들의 생각에 "길항작용은 차이의 실패", 달리 말해 개개의 용어를 타자와 관계없는 것으로 상정하는 절대적인 차이의 실패이다. 흥미롭게도 이 실패는 "내가 총제적으로 내가 되는 것을 막는 타자의 존재" 때문에 생긴다(1985: 125). 우리가 읽기에 이것은 정확히 크리스테바가 말한 기호계/상징계적 변증법의 의미, 즉 후기작(예를 들면《우리 자신에게 낯선 자들》(1991))에서 강조된 그 의미이다.

크리스테바가《시적 언어의 혁명》에서 도입하고 주체뿐만 아니라 의미작용에 대한 그녀의 생각에 영향을 계속 미치고 있는 변증법의 적대적 본성을 평가하는 것은 아마도 상징계에 대한 그녀의 이론화 작업에서 가장 어려운 측면들 중 하나로 남아있는 것에 대해 이해를 돕는 관점을 제공할 수 있기 때문에 중요하다. 그 참조는 크리스테바의 상징계와 삶의 연계, 상징계로의 진입 실패가 사실상 죽음까지는 아니더라도 정신적인 것에 상응하는 것이라고 주장한 《중국 여성들에 대하여》(1977a)와 《검은 태양》(1989)과 같은 글에서 명백히 더 표명된 그 연계와 관련된 것이다. (라캉처럼) 크리스테바에서도 상징계가 부계적으로 함축된다면, 그 연계는 기호계적 폭력의 과잉의 운명과 상징계에 불가분하게 매여 있는 것처럼 보이는 여성적-모성적인 것의 지위에 관한 중요한 질문들을 제기한다. 우리는 우리의 논의의 후반부에서 이 문제들로 돌아갈 필요가 있다. 그러나 이 섹션을 마무리하기 전에, 우리가 제공한 상징계의 조건은 상징계가 기호화에 열려 있는 것처럼 삶이 "생물학적 사망론"으로 재고될 수 있기 때문에 크리스테바가 "삶"이라 이해한 것과 유사한 조건을 요구한다(Kristeva, 2002a: 33). 우리가 이미 주장한 대로 크리스테바에게 삶의 시간은 손실을 배제하고 자기 보존의 법칙에 따르는 생산적인 경제의 시간이 아니다. 반대로 (베르그송을 따르는) 삶은 자기 문화의 원칙이며, 그와 같이 그것은 그 안에서 분출하는 죽음의 무한한 힘을 허락한다. 《시적 언어의 혁명》에서 이 힘은 "부정성"으로 명명되고 헤겔적 변증법의 과잉적인 "네 번째"로 판명된다(1984: 109).

부정성과 갱신

우리가 주장한 것처럼 기호계적/상징계적 변증법에 대한 그녀의 이론에서 크리스테바는 그 두 양상들의 관계성을 특징적 요소들이 서로에게 외재적인 것으로 남겨진다는 맥락에서 마니교적 대립으로 축소하는 그 어떤 분석도 피한다는 점에서 충분히 헤겔적이다. 동시에 그녀는 상징계를 기호계와 상징계가 조화를 이루게 하는 더 큰 자기-결정적인 전체로서 혹은 외재적인 것(예를 들면 기호계)을 완전히 무효화하는 내재화하는 제스처로서 개념화하는 것에 반대할 정도로 충분히 헤겔적 변증법에 비판적이다. 이러한 관점에서 《시적 언어의 혁명》에서 헤겔의 변증법의 세 번째 조건보다 네 번째 조건(예를 들면 조화보다 부정성)을 전경화한 크리스테바의 결정은 전략적으로 매우 중요하고, 우리가 기호계/상징계의 변증법의 길항하는 본성이라 부르는 것을 강화한다. 그 두 가지 양상들은 (헤겔적 계보에서) 호혜적으로 각각의 정체성을 구성하는 것으로 거듭 여겨지지만, 우리는 그것들이 서로를 말소하는 상태에 두고, 그것이 그 자신이 되는 것을 막는 상호간에 해체적인 것으로 재고될 필요가 있다고 주장한다. 이 섹션에서 우리는 크리스테바의 전유와 헤겔적 부정성의 재기입에 초점을 두면서 이 주장을 입증하고자 한다.

　그 개념에 관한 논의에서 크리스테바는 "부정성negativity"을 "아무것도 없음nothingness"과 "부정negation" 둘 다로부터 구분해야 할 필요성을 강조한다. 한편으로 아무것도 없음은 있음에 반대하거나 무효화할 때조차 "있음"에 대한 언급을 피할 수 없다. 다른 한편으로 부정은 "실제 혹은 논리적인 반대"를 의미하고 판단하는 주체의 작용으로 남는다(1984: 118). 반대로 헤겔에서 부정성은 어떤 대립적인 논리에 갇혀 있지 않는다. 그것은 대신에 개념적 대립의 "고정된 조건들을 재설정하고", "움직이는 법률 속에 그들을 용해시키고 묶어두는" "매개"이다(1984: 109). 달리 말하면 부정성은 그 논지들이 그것들의 생산의 구체적 과정에 열려 있게 함으로써 "있음"과 "아무것도 없음"이라는 그 추상적 논지들의 "폐쇄를 분리하고 막는다"(1984: 113). 크리스테바는 헤겔적 개념을 전유하면서 그것이 수반하는 분열("액체화하고 용해되는 행위자"가 되게 하는(1984: 109)), 그리고 그것을 생산하는 운동을 암시하면서 정립적인 것을 방해하는 그것의 기능 둘 다를 조명하는 데 열중한다(1984: 121). 이를 위해서 그녀는 그 개념을 프로이트와 유물론적 유산에 열어두려는 목표를 가지고 그 개념에서 문제적이고 철학적인 짐을 치워버릴 수 있게 하는 일련의 개념적 작업들에 몰두한다.

첫째로, 그녀는 부정성을 헤겔의 "암시적 목적론", 즉 부정성에 의해 표시되는 "갈등적인 상태"가 "한쪽에서 다른 한쪽으로의 즉각적인 사라짐"에 종속되는 운동(예를 들면 되기Becoming)에 대한 헤겔의 상정으로부터 분리한다(1984: 112, 118). 그녀는 또한 부정성을 욕망의 헤겔적 순간, 일자의 자기의식과 통일성이 "이질적인 타자의 대체"를 통해 달성되는 순간으로부터 해방시킨다(1984: 134). 마지막으로 그녀는 "헤겔 이후 변증법적 부정성을 더 멀리 다른 곳으로 밀어붙이려 애쓰는" 철학적 혹은 정신분석학적 운동들을 연구한다(1984: 140). 이 연구에서 크리스테바가 신경 쓰는 것은 "균열, 변형 그리고 자유"로서 헤겔의 부정성과 연관된 잠재력의 말소이다(1984: 128). 예를 들면 포이어바흐는 부정성과 일자에 대한 그것의 파괴적인 영향을 간과하기 때문에 그저 헤겔적 자기의식의 "신비주의"를 "인간에 대한 통합된 개념"으로 대체할 수 있을 뿐이다(1984: 136). 그녀에 따르면 데리다의 그라마톨로지에서, 부정성은 "긍정화되고 균열들을 생산하는 그것의 잠재력을 빼앗기게 된다". 반면 라캉에서 부정성은 "아무것도 없음—주체의 통합된 존재를 불러일으키는 결핍"으로 축소된다(1984: 131, 141). 크리스테바는 그러한 부정성의 축소들에 관심을 두었는데, 이는 그것들이 우리가 갱신을 위해 부정성에 열려 있는 주체성과 (사적인 혹은 사회적인) 공간들을 이해하는 방법에 중요한 영향을 미치기 때문이다. 그러므로 주체는 "사회역사적 과정"과 정치적 실천(하이데거, 데리다)에서 단절되거나 (포이어바흐와 마르크스에서) 그 사회적 작동이 전경화될 때 이것은 그것의 분할된 갈등적인 본성을 상실하면서 발생한다. 크리스테바가 라캉의 통합된 주체의 불안정화에 대한 기여를 감사히 여기면서도, 동시에 그녀는 이 불안정화가 잃어버린 영원히 "불가능한" 실재에 입각한 "그 충동들의 기반"으로부터 괴리된 욕망에 대한 관념에 의해 위태로워진다는 것을 강조한다(1984: 131). 이처럼 그녀는 주체가 결핍에 "예속된다"(Ibid.)고 주장한다. 왜냐하면 그것은 "충동들을 희생하며 살아가고", 이해할 수 없는 것으로 남는 대상을 "찾아 나서기" 때문이다(1984: 132). 그와 대조적으로 《시적 언어의 혁명》에서 그녀의 목적은 우리가 이미 주장했듯이 우리가 주체의 정신 그

리고 발화 경제, 열려 있는 (혹은 정말 "자유로운") (1984: 110) 상태
가 되게 하는 경제 속에서 실제의 흔적들에, 그 흔적들의 작동을
통하여 더욱 주목하게 만드는 것이다. 크리스테바를 인용하자
면 "여기서 우리의 목적은 과정, 교차로서, 불가능한 통합" (1984:
118, 저자 강조)으로서 주체의 생산을 구체적으로 명시하는 것이
다. 그러므로 그녀의 관심은 "기호학적 기능과 그 결정의 이질
성을 강조하는 갈등적 상태" (Ibid.)로서 헤겔적 부정성의 의미
를 보호하는 것이다. 그러나 이 갈등적 상태가 "사회적이고 물
질적인" 것임을 이해시키기 위해서 그녀는 프로이트의 충동 이
론 속에서 헤겔의 불안하게 하는 힘을 재기입하면서, "프로이트
를 통해 헤겔"을 읽는 것이 필수적이라는 것을 깨달았다 (1984:
118).

크리스테바가 프로이트의 충동 이론으로 돌아간다면, 그
것은 그녀가 부정성이라는 헤겔적 개념이 물질의 자기-차별화
적 운동, 프로이트에 따르면 언어 획득에 선행하는 "절단, 분리
그리고 분할의 근본적인 생물학적 작용"에 기반하면서, 유물론
적 기반을 마련할 수 있게 해줄 틀을 찾고 있기 때문이다 (1984:
123). 부정성이 "내부의 사변적 개념"으로 남아서는 안 된다는
점을 고려하면, 이것은 물론 중요하다 (1984: 110). 그것은 또한
우리로 하여금 부정성이 비록 개념적 대립들을 야기함에도 불
구하고 어떤 형식의 기원으로도 상정될 수 없는 "유물론적 과
정"의 관점에서 이 대립들을 도입하는 "유동적인 논리"를 이해
할 수 있게 하기 때문에 중요하다 (Ibid.). 그리고 여기서 비非이

분법적, 비非목적론적 변증법을 분명히 설명하려는 크리스테바의 기여가 돋보이는 지점은 헤겔적 부정성을 다루는 이 시작 부분에 있다. 그녀가 강조하듯이, (물질의 분리로서) 과정을 지배하는 법칙은 "하나의 되기에 대립하는 하나의 귀환이다"(1984: 147). 그것은 갱신을 필요로 하지만, 이는 정체성의 갱신이 아니라 "분할의 갱신"이다(1984: 172). 크리스테바는 이 법을 헤겔적 부정성에 의해 수행되는 균열에 접목시키고 부정적인 것의 이 새로운 유물론적 논리를 그녀가 기호계적 코라라고 부른 언캐니한 중재자의 중심으로 옮겨놓는다. 일반적으로 인정된 변증법의 해석들과 달리 기호계와 상징계가 단순히 익숙한 대립들/위치들에 대한 "유행하는" 이름들이 아니라면, 이것은 균열과 갱신의 논리에 따르면서 어떤 논지들(그리고 그 반대들)을 부분적이고, 불안정하며, 일시적이고, 취약한 상태로 만드는 코라의 작용 때문이다. 사실상 (절대적인) 차이는 크리스테바의 논의에서 실패한다. 차이가 처음부터 거기에 이미 있기 때문이긴 하지만 말이다.

프로이트로 되돌아가면서 크리스테바가 "프로이트의 이론은 이원론의 이론 그 이상이다"라고 주장하는 데 열중하고 있다는 점은 주목할 만하다(1984: 170). 결과적으로 그녀는 프로이트 이론의 충동들에 대한 그녀의 관심이 스미스가 "마니교적 대립"이라고 부를 만한 것을 형성하는 "모순적인 힘들(생의 충동/ 죽음 충동, 자아 충동/ 성적 충동)로서 […] 그것들의 근본적인 이분법"에 있는 것이 아니라 그것들의 타율성에 있다는 것을 보여주려 애쓴다(Kristeva, 1984: 167). 그녀의 설명에서 프로이트의 가치 있는 기여는 "충동 활동의 갈등적 물질성" 그리고 그것의 "의미화하고 의미화할 수 있는" 기능에 관심을 기울이면서 생물학적인 것과 사회적인 것 사이의 "유물론적 변증법"을 세우는 데 있다(1984: 167). 그녀가 헤겔적 부정성으로 읽어내는 전前언어기, 프로이트가 "배설"이라고 부르는 것으로 축소시키기를 거부하는 그 과정의 충동-기반을 전경화하는 것은 바로 이 변증법을 보존하기 위해서이다(1984: 148). 프로이트가 이해하는 바와 같이 배설은 대상으로서 "사물"Thing qua object의 상정하기와 상징적 기능의 구축을 위한 공간을 열어주는 필수 불가결한 분리이다. 크리스테바에 따르면 이러한 이해의 문제는 그것이 (초자아에 의해 지배되는) 상징적 질서와 "가장 극단적인 외재성"(예를 들면 사물, 물질, 쾌락 원칙, 유아와 어머니(타자)에 의해 형성되는 사회-생물학적 연속성(1984: 148~149)) 사이의 "대립을 설정한다"는 점이다. 정립적인 것에 대한 우리의 이전 논의로 돌아가보면 프로이트는 (그의 값진 기여에도 불구하고) 상징계를 도입하는 균열의 목적론적 이해, "사물"의 희생과 여성적-모성적인 것과 연관된 횡단-언어적 관련성을 추구하는 이해를 특권화하는 것처럼 보인다.

크리스테바가 이 (잘못된) 이해를 바로잡으려 한 것은 그녀의 공으로 돌릴 만하다. (그녀가 "거부rejection"라고 부르기를 선호하는) 기호의 기능을 도입하는 분리에 대한 그녀의 분석에서, 크리스테바는 독자들로 하여금 그것(프로이트에게는 미안하지만)

을 "초자아의 도입에 이르는 필연적인 단계"(1984: 151), 그 작용의 부정성으로부터 상징적 부정의 수립으로 주의를 전환하려는 인식으로 이해하는 것을 만류한다. 그녀가 설명하기를, "거부의 의미는 정확히 […] 이 영구적인 공격성과 그것의 상정되기, 따라서 갱신되기의 가능성이다"(1984: 150). 다시 말해 크리스테바의 관심은 상징계가 그것을 불안정하게 하는 대타자에 열려 있게 하고, 그것의 정체성을 "과정/시험 중의" 상태에 두기에 대한 관심이다(Ibid.). 동시에 그녀는 그것이 위치들의 영역에 진입하는 것의 필요성과 그것의 갱신을 보류할지 모를 희망을 강조하면서, 대타자가 그것의 비非정체성의 해체적인 관성inertia에 안주하는 것을 막는 데 마찬가지로 관심을 쏟는다. 우리가 앞서 제기한 기호계적 폭력의 과잉에 대한 질문이 우리에게 더욱더 시급하게 여겨진 것은 이러한 맥락에서이다. 크리스테바가 말하길, "그렇다면 그 문제는 이 '공격성'을 어떻게 견제하는가에 대한 것이 된다"(1984: 151). 프로이트의 배설 이론에서 과잉에 대한 질문은, 물론 제기되지 않는다. 배설 운동은 상실(기호의 교환 가치에서 보상되는 사물의 상실)에서 이득을 창출하고 어떤 잔여분도 없애려는 생산적 경제 운동이다. 반대로 크리스테바의 거부는 "소비"(1984: 147), 즉 언제나 과잉을 가져오고 결핍으로 축소될 수 없는 쾌락적 상실(1984: 151)로 설명된다. 과잉의 표시는 그녀가 우리의 주의를 끄는 접두사 "다시re-"에서 찾아낼 수 있다(1984: 172). 그렇다면 이 과잉은 어느 상징적 확인 지점들을 가로질러 (그리고 그럼에도 불구하고) 반드시 회귀하는 공격성의 갱신을 나타내는 것으로 간주될 수 있다. 그러나 그것은 또한 상실된 것의 거부를 통한 회귀, 혹은 크리스테바가 말한 것처럼, 실제의 재발명을 지칭한다(1984: 155).

요약하면 충동들과 일차적 과정들의 흔적들에 의해 형성된 횡단적-의미화의 네트워크로서 기호계를 도입하면서, 크리스테바는 (물질성을 매개하면서 지워지는) 헤겔적 개념에 의한 것이 아니라 물질의 자기-조직화로서 펼쳐지는 과정에 의해 지배되는 변증법을 수립한다. 이 과정에 내재한 부정성을 전경화하면서 그녀는 자신의 변증법을 이분법으로 축소하지 않고, 대신에 우리가 그것을 유동적이고, 불안정한 힘들이 서로를 말소하는 중인 (라클라우와 무페의 의미에서) 적대감으로 인식하게 한다. 결국 이 부정성을 소비(쾌락의 과잉을 수반하는 상실)와 갱신(공격성의 갱신, 사물의 갱신)의 논리에 새겨넣으면서 그녀는 이 변증법을 언어와 사회적인 것 둘 다의 희생적 이해들에 대안으로 제안한다. 그러나 발화하는 주체성에 대해 이해하기 위한 크리스테바의 유물론적이고 적대적이며 비非희생적인 변증법의 의미는 무엇인가?

칼을 삼키는 사람

우선 발화하는 주체는 더 이상 후설의 현상학적 자아에 상응하는 것을 찾으려 하지 않는다. 그것은 그것으로부터 몰수되었고 생물학적, 담론적 그리고 사회적 힘들이 충돌하는 기로에 재위치된 신체를 되찾는다. 그것의 이질적인 시간성은 또한 그것, 다시 말해 두 가지 시간들, 즉 죽음 충동의 무시간성timelessness과 과거뿐만 아니라 미래의 불안정성에 열려 있는 삶의 시간충만함timefulness의 불연속적 펼쳐짐으로서 그것의 생산과 존재로 돌아온다. 크리스테바가 과정-중의-주체에 대해 논의하고 싶은 이유는 바로 이 모순적이고 갈등적인 존재 때문이다. 그녀에게 발화하는 주체가 늘 과정 중이라면 이는 그것이 어떤 그것의 논지들로 축소되거나 그것이 위반적이고 해체적인 만큼 갱신적인 비非목적론적이고 비非선형적인 되기로부터 결별할 수 없기 때문이다. 그것이 끊임없이 그것의 한계를 시험해야만 하기 때문만이 아니라 지속적으로 그것에 다가가 요구하는 타자 앞에서 그 자신이 기소된다는 것을 알게 되기 때문에, 이것은 주체의 과정이 진정한 시험이 되게 하는 것이다.[16]

크리스테바의 체화된 주체가 신기하게도 (심지어 충격적이게도) 무성적인 것은 사실이다. 미셸 불루스 워커가 주장한 대로, 이것은 주체성에 대한 전통적인 정신분석학적 접근들과 일맥상통한다.[17] 그것은 또한 그녀가 "페미니즘"이라고 경멸적으로 칭하는 것에 대한 그녀 자신의 반항의 한 측면이다. 그녀가 미국에서 강의한(1977) 내용에 기반한 글 〈유럽애호-유럽공포증〉에서 크리스테바는 그녀의 "기호계와 상징계 사이의 […] 구분이 정치적이거나 페미니스트적 의도를 지니고 있지 않다"고 주장한다(2002a: 258). 《시적 언어의 혁명》을 쓰고 있던 당시 그녀의 명확한 정치적 고민들을 고려해보면 이것은 명백히 놀라운 성명이며, (다른 프랑스 지식인들과 함께) 그녀가 정치적-올바름과 같은 종류의 액티비즘을 연상케 하는, 그녀가 쓴 글의 미국에서의 특정한 응용들 혹은 재기입을 향한 그녀의 방어 전략으로밖에 이해할 수 없다. 그런 성명들에도 불구하고 최소한 초월성의 가능성으로부터 여성의 배제가 여성의 일관성 있는 내재성, 즉 여성의 신체적 기능과 물질적 존재로의 축소의 산물이었다는 것을 주장한 시몬 드 보부아르의 《제2의 성》(1988) 출판 이후 신체의 교정과 재평가가 페미니스트 아젠다의 최우선이었다는 사실을 무시하기 어려울 것이다. 이런 관점에서 육체에서 분리되는 것에 기반한 (드 보부아르가 알려주었듯이 결코 중성적이거나 무성적이지 않은) 초월적 자아에 대한 크리스테바의 비판, 그리고 초월성의 유물론적 형식을 설명하려는 그녀의 노력은 그녀가 동의하든 하지 않든 페미니즘적 관점에서 중요한 성과이다. 동시에 그녀의 클라인을 경유한 프로이트로의 귀환과 유아의 여성적-모성적인 것과의 관계에 연계된 의미화의 양식을 갱생시키려는 그녀의 주장은 바로 이 관계가 돌이킬 수 없이 상실된 것이 아니라 여성과 남성의 주체성 모두를 구성하는 (그리고 그 안에서 끈질기게 활성화된) 것으로 다루어지기 때문에 여전히 가치 있다. 우리가 강조했듯이 언어와 상징계에 대한 크리스테바의 이해는 결코 단일하거나 희생적이지 않다. 발화하는 자리의 성취는, 그렇다면 아마도 가장 사적인 경험인 것에 대한 주체의 부인이 아니라 그것의 (재)상징화의 가능성에 입각한 것이다.

페미니스트적 관점에서 물론 다수의 어려운 질문들이 남

아 있다. 우리는 그것들을 크리스테바의 1974년 기호계 혁명의 불편한 잔여물들로 생각할 수 있다. 다른 페미니스트 이론가들이 되돌아온 질문은 《시적 언어의 혁명》과 크리스테바의 글 전체 속에서 논의된 모성적 육체의 지위와 관련 있다. 그녀의 모성적 육체와 기호계 코라의 연계는 언어와 정치학의 영역으로부터 결국 주변화되는 어머니의 본질화로 인해 여러 차례 공격받았다. 워커에 따르면 크리스테바가 모성적 육체를 다루는 법의 가장 주요한 문제는, 그녀가 라캉에 따르면서 그것을 "진짜" 어머니들의 구체적인 경험들에 대해 아무것도 말할 수 없는 은유로 축소시킨다는 점이다(Walker, 1998: 125). 그러나 우리가 보기에 모성의 경험에 대한 크리스테바의 분석은 늘 본질화의 위험에 세심하게 주의를 기울이고, 어머니의 주이상스의 과잉을 없애는 생산적 경제 안에서 그것을 이상화하거나 통합하려는 그 어떤 담론에 대해서도 비판적이었다. 《시적 언어의 혁명》에서 모성적 육체는 (전부터 그래왔듯이) 비재현적인 코라를 위한 은유적 매개체로 볼 수 없다. 크리스테바는 그것이 "지배 원리"이며, 그런 의미에서 그것은 기호계의 흔적들 그리고 사회-언어적 규범들의 매개자 양쪽 다에 유의한다는 점을 분명히 한다(1984: 27). 그러나 우리에게 더욱 긴급해 보이는 다른 질문, 즉 그것의 살아 있는 경험뿐만 아니라 생산의 관점에서 성차를 유지하고 여성 주체성의 특수성을 이해하는 것의 필요성 혹은 가치에 관한 질문이 있다. 우리는 바로 이 맥락에서 크리스테바의 분석이, 모성의 "여성윤리"에 대한 관심(Moi, 1986: 185)이 극단적으로 다른 형태의 가부장제에 놓여진 여성 주체들의 정신적 혹은 정치적 딜레마를 제대로 인식하는 데 도움을 주기에 충분하지 않기 때문에 미흡하다고 생각한다. 《반항의 의미와 무의미》(2000a)에서 여성 주체성을 정신적 양성성의 관점에서 정의하려는 그녀의 최근 시도는 그녀가 최소한 성차의 이슈를 언급하기 때문에, 비록 몇몇 그녀의 페미니스트 독자들이 느끼는 것처럼 오이디푸스적 남근의 틀 내에서이긴 하지만 희망적으로 여겨질 수 있다. 그러나 우리는 여전히 어떻게 여성들을 "커뮤니티의 삶 속에 끊임없이 지속되는 아이러니"(크리스테바가 인용한 Hegel, 2000a: 102)로 만드는 그러한 양성성이 여성들의 개별적 삶에, 그들의 자신의 육체와의 관계 그리고 특정한 사회적 명령들에 반항하는 그들의 능력에 중대한 영향을 미치는가(혹은 미칠 수 있는가)를 여전히 이해할 필요가 있다. 다른 한편으로 우리는 여성들에게 아마도 좀 더 쉬울 수도 있겠지만, 육체적 양성성은 여성 주체에서 드러나는 특징적인 것이 아니라고 주장할 수 있다. 사실상 "의미와 그 창안의 경험, 언어와 그 침식의 경험, 존재와 그 예비물의 경험"(2000a: 105)으로서 양성성에 대한 크리스테바의 정의가 바로 그녀의 (비인격적이고 성별이 없는) 과정 중의/시험 중의 주체sujet en procès를 특징짓는 것이다. 이런 관점에서 우리는 어떻게 각각의 성이 이 양성성을 살아내는지, 그리고 그것이 다양한 사회역사적 상황들 속에 붙잡힌 다른 성별화된 주체들을 제한하거나 힘을 실어주는지에 대해 좀 더 들어볼 수 있으리라 생각한다.

크리스테바의 1974년 혁명의 또 다른 불편한 잔여물은 부정성에 대한 그녀의 특권화와 관련된다.[18] 안나 스미스를 인용하자면 "크리스테바는 그 정체성이 비非이분법적이거나 더 좋게는 비非적대적인 정신 구조에 근거한 주체가 부정성에 근거한 주체보다 더 생산적으로 혁명적일 수 있다는 가능성을 간과한다"(Smith, 1996: 118). 그러나 우리가 주장했듯이 부정성은 (우리로 하여금 우리 자신이 되는 것을 막는 것이라는) 조건이 있는 적대성의 원리이지만, 그것은 "삶"(혹은 스미스가 이전에 환기한 "즐거움", "아름다움", "환희"(1996: 113))의 이항적 대비가 아니다. (우리가 살펴본 바와 같이 헤겔적인 부정성의 유물론적 근간)인 거부를 논의하면서 크리스테바는 "그것이 파괴적일지라도 '죽음 충동', […] 그것이 바로 재활성화, 긴장, 삶의 기제이다"(1984: 150)라고 주장한다. 이 맥락에서 둘 다 똑같이 부정성에 근거하지는 않지만 "분열된" 것으로 이해하는, 주체에 관한 크리스테바와 라캉의 이론의 비교는 시도해볼 가치가 있다.

라캉의 분열된 주체의 주요 패러다임은 어린아이가 자신을 거울 이미지 속에서 인식하는 법을 배우는 과정인 거울 단계이다. (기호 속 그것의 임명을 위한 근간을 마련하는) 이미지와의 동일시를 통해, 어린아이는 그 자신을 파편화의 혼란스러운 경험에서 분리하고 상이한 육체의 부분들을 전체가 되게 할 수 있다. 라캉적 주체가 분열되어 있다면 이는 라캉이 강조하듯이 주체가 (자신이 알고 있는 경험에 기반하여) 그 자신이 있지 않은 곳에서 그 자신을 볼 수 있기 때문이다. 라캉적 주체는, 그렇다면 "여기"(부분들로-나뉜-육체)와 "거기"(환영적 전체) 사이의 차이를 가로질러 말한다(말하는 법을 배울 것이다). 이 차이는 결코 메꿔질 수 없기 때문에 라캉에게 주체의 발화 위치는 비어 있고, (우리가 살펴본 것처럼) 결핍(육체와 그것의 기호계적 경험의 결핍, 실재의 결핍)을 가정한다. 반대로 크리스테바의 주체는 기호계의 운동성이 그것을 불안정하게 하고 어떤 "일자"에게 비호의적이게 만들면서, 그것의 발화 위치 안으로부터 분출하기 때문에 분열적이다. 이런 점에서 우리는 크리스테바의 과정-중의-주체를 위한 적절한 패러다임으로 앙리 마티스의 ⟨칼을 삼키는 사람⟩을 제시하고자 한다. 그 삽화는 크리스테바의 시적 언어에 관한 세미나 텍스트의 영문판과 프랑스어판의 표지로 적절하게 선택되었다. 그것은 1947년에 처음 출판된, 20개의 컷아웃*들로 구성된 마티스의 책 《재즈》의 일부를 이루고 있다. 마티스는 "칼을 삼키는 사람"의 형상 속에서 순수한 잠재력, 예를 들면 예술 작품 속에서 삶을 생산해내는 수단으로서 그것을 이용하면서, 삶-없음(예를 들면 무생물의 양식들)을 통합할 필요성의 예시를 보았다. 동시에 그것은 그에게 과거(그 자신의 과거와 그림의 과거 둘다)와 다른 관계, 그것을 거부하지 않고 그것이 새로운 시작이 형성될 수 있게 하는 바로 그 소재가 되게 하는 관계의 예시이다. 우리의 관점에서, 그 삽화를 흥미롭게 하는 것은 통합된 "사

---

* 마티스가 개발한 종이 오리기 기법.

물Thing"은 폭력 그 자체, 죽음의 매개체, 크리스테바의 맥락에서 우리가 "부정성" 혹은 "거부"라고 부르는 것의 수단이다. 물론 많은 것이 이 내면화, 폭력의 "삼킴"이 해석되는 방식에 달려 있다. 그것은 무생물적인 것의 폭력이 씹히고 적절히 소화되는, 본질적으로 늘 자기 영역에 있는 주체를 위한 적절한 양분을 만드는 헤겔적 지양Aufhebung의 한 형식인가? 혹은 스미스가 주장하는 듯 보이는 것처럼, 그것은 주체를 완전히 부숴버리고 그것으로부터 그 어떤 일관성의 감각도 빼앗으며, 앨런 화이트의 말을 빌자면 그것으로 하여금 "존재할 가능성만큼이나 정치저으로 불능의 상태"(White, 1977: 17)가 되게 하는 개인적이고 정치적인 자살의 형식인가? 우리가 해석하기에, 마티스와 크리스테바 둘 다 외재적인 것의 내재화가 내면성의 대가를 치르며 발생할 수밖에 없다는 것을 설명하고 있다. 그러나 이 대가 혹은 차라리 내면성의 비용은 새로운 주체가 포착될 수 있는 공간을 열어준다. 이것은 아마도 거칠게 (심지어 어색하게) 물질, 색상 그리고 리듬의 연속성에서 분리된, 대담하게 즉흥적으로 처리되고 즉흥적으로 하는 그 갈등적 본질, 혹은 뭐랄까 재즈 속에서 삐거덕거리는 그저 종이 오리기로 만들어진 주체이다. 키스 자렛이 말하길 "재즈[…]가 아닌 것이 있다. 그것은 포장된 상품의 전시가 아니다. 재즈는 연속적인 탐험으로 나타나는 내면의 과정이다"([Egbert] Baqué, 2001: 8에서 바케가 인용).

그러나 그러한 주체는 정치적이고 심지어 혁명적인가? 크리스테바에게 그 대답은 "정치적인 것"에 대한 그녀의 이해와 혁명에 대한 그녀의 태도가 1970년대 초반 이후 중대한 변화를 겪었음에도 불구하고, 의심의 여지 없이 긍정적이다. 여기서 우리를 흥미롭게 하는 그 대답의 두 가지 측면이 있다. 첫 번째는 그녀의 칼을-삼키는 주체가 차이의 윤리-정치학에 대한 동시대 공식들에의 가능한 기여와 연관된다. 두 번째는 크리스테바의 1974년 미학적-정치적 프로젝트의 잃어버린 대의들로 보이는 것에 관한 것이다. 즉 아방가르드의 정치학을 명확히 밝히려는 그녀의 욕망과 "혁명"에 대한 근대적이고 유토피아적인 이상에 대한 그녀의 기여이다.

첫 번째 문제에 접근하기 위해서 부정성의 관점에서 의미화와 주체 둘 다를 이론화하려는 크리스테바의 고민의 맥락으로 되돌아가는 것이 중요하다. 우리가 주장한 것처럼, 그녀를 흥미롭게 하는 것은 사회적 경제들뿐만 아니라 사적인 경제들의 좀 더 변증법적인 이해, 그들의 갱신의 원리로 보여지는 적대감을 조장하면서, 자기와 사회의 대립적인 모델들에 반항하는 이해를 제안하는 것이다. 달리 말하면 그녀가 부정성을 언어와 주체 안에서 폭발하는 폭력으로 전경화한다면 그것은 그녀의 목적이 밖에서 그것을 투사하면서 (사실상 그것을 괴롭히면서) 폭력을 부인하는 사회적이고 상징적인 부정(예를 들면 희생)의 지배적인 양식을 반박하는 것이기 때문이다. 크리스테바는 그녀가 "사회적-상징적 계약의 근본적인 분리"를 내면화할 필요, 즉 우리가 타자를 희생양이나 "나에게 낯선 악마"로 상정하는 것을 예방할 수 있게 하는 내면화를 강조하는 "여성들의 시간"에서 이 목적을 숨기지 않는다(Kristeva, 1995: 223). (그중에서도 크리스테바가 보여주었듯이) "여성"이 반복적으로 철학, 종교 혹은 정신분석처럼 다른 맥락에서 인기 있는 희생양의 역할을 한다는 점을 고려하면, 페미니스트 정치학을 위한 그런 내면화의 의미는 매우 중요해진다. 하지만 전통적으로 "밖으로" 향한 폭력의 양식을 포함하라는/섭취하라는 권유는 포스트모던 정치학을 재개념화하려는 어떤 시도를 위해서 또한 중요하다.[19] 우리가 깨달았듯이 힘을 실어주는 새로운 충성들의 형성은 타자에 대한 우리의 책임이라는 도전을 무시할 수 없기 때문뿐만 아니라 우리가 갱신된 모더니티 혹은 대화적인 포스트모더니티가 통제할 수 있거나 남겨둔 채 잊어버리는 "일탈"로서 폭력을 계속해서 여길 수 없기 때문이다.

주체 안에서 부정성의 어떤 재개입이 지니고 있는 듯한 약속에도 불구하고 1970년대 크리스테바에게 이것은 충분하지 않았다는 것을 기억하는 것은 중요하다. "자본주의사회에서", 그녀가 말하길,

[…] 계급투쟁이 모든 제도들을 불안하게 하고 모든 주체와 담론이 결국에는 생산과 정치체제 속 그들의 위치에 의해 결정되는데, 단순히 주체적인 재현 속에 이질적인 모순을 유지하는 것은 그것을 들리지 않게 만드는, 혹은 지배적인 부르주아 이데올로기와 공모하게 만드는 것이다.(Kristeva, 1984: 190)

그러므로 《시적 언어의 혁명》에서 그녀의 관심은 과정-중의-주체를 그녀가 실천이라 부르는 것으로부터 떼어놓을 수 없는 것으로 이해하는 것이다. 마르크스와 마오쩌둥 둘 다에 의지하면서 그녀는 "외재성, 객관성 그리고 실재를 향한 실천 지향성"을 강조한다(1984: 199). 그것은 기호계적이고 의미화하는 것임에도 불구하고, 실천은 언제나 구체적인 사회적 관계들에의 개입이고 "자연적이고 사회적인 저항들, 한계들, [⋯] 정체停滯들의 변형"을 목적으로 한다(1984: 17). 크리스테바는 사회적 실천의 두 가지 독특한 그러나 상호 연관된 형식들, 즉 텍스트와 정치적 혁명에 주목한다. 의미화의 다른 양상들로부터 (그리고 특히 전통적인 의미에서 "문학"으로부터) 텍스트를 구분 짓는 것은 언어와 주체 둘 다의 이질적 과정임을 밝혀내면서, 그것이 "사회에서 진행 중인 역사적 과정"에 근거로 남아 있게 된다(1984: 191). 이것은 그녀에 따르면 그것이 단지 주체적인 혹은 의미화하는 경험이 아니라 사회적 실천이기 때문이다.[20] 결국 그렇다면 텍스트는 정치적 혁명으로부터 떨어질 수 없는 것이어야만 하거나, 사실상 정치적 혁명을 이끌어야 한다. 문제는 계급투쟁과 생산의 관계들 안에서 텍스트에 특유한 의미작용(혹은 크리스테바의 관점에서 의미화signifiance)의 불안정하고 갈등적인 과정을 어떻게 도입하느냐 하는 것이다. 그녀가 인정하듯이 텍스트는 "엘리트의 '내적 경험' 그리고 밀교주의에" 국한되면서, 쉽게 자본의 손에 "놀아날" 수 있다(1984: 186). 이는 사실상 그녀가 19세기 말 프랑스 아방가르드로의 전환에서 받아들이는 도전이다. 그녀가 제기하는 질문이 그녀가 연구하는 텍스트들에 의해 "해결되지" 않는다면(1984: 213), 이것은 "기정사실"(예를 들면 무정부주의적 정치학, 예외성, 사회적이고 미학적인 위반)로 여겨지는 그 시간까지 아방가르드의 이해들에 대한 1970년대 프랑스가 처한 위기의 징표이자 이 텍스트들 내부의 교착상태를 반영한 것이다.[21] 그녀의 최신 글에서 그녀가 "혁명"에 대한 개념과 유토피아적 시선 둘 다를 버리는 것처럼 보이는 것은 정신적, 미학적 그리고 정치적인 것 사이의 관련성을 재고하려는 시도인가? 21세기 초 그녀의 글에서, 예를 들면 그녀는 "혁명"을 니힐리즘과, 다시 말해 과거의 전면적인 부정과 새로운 대항-교리에 의한 오래된 교리들의 무비판적 대체와 연결한다(Kristeva, 2002a: 6). 아르노 스피어Arnaud Spire와의 인터뷰에서 크리스테바는 "혁명"이라는 단어가 "기억의 부재를 가리고 어떤 치유적 차원도 결핍된다"고 주장한다(Kristeva, 2003: 22). 그러나 이것은 아마도 아방가르드에 대한 역사적으로 구체적인 이해의 어려움인 것은 아닐까? 이것이 (단지 "작은 것들, 사소한 반항들"이 중요해 보이는, 2002a: 5) 글로벌 자본 시대에 혁명과 아방가르드의 운명들이 뒤얽혀진, 그들의 "히스테리적 분출들"이 동시에 (돌이킬 수 없이) 비난받는 이유가 아닐까(2003: 22)?

근대의 혁명운동들의 메시아주의를 의심하면서도 주체적이고 사회적인 갱신의 정치학에 헌신하면서 크리스테바는 "반항" 개념의 복권을 제시한다. 그녀가 정의하는 바와 같이 반항은 과거(오히려 과거로부터의 균열)의 재평가에 입각한 "미래로의 열림"을 암시한다(Ibid.). 그녀에게 독특한 의심과 비판의 유럽 문화적인 것에 기반하여, 그것은 어떤 (개인의 혹은 공동의) 확립된 가치들에 대해 질문하는 태도, 커져가는 획일화하는 힘들에 맞서는 영구적인 반항을 나타낸다(2002a: 4). 혁명과 아방가르드 둘 다에 대한 환상에서 깨어남에도 불구하고 크리스테바는 (문학 혹은 예술에서의 그것의 활용을 포함하여) 정신적인 것과 정치적인 것 사이의 공통분모로서 계속 작동하는 비非대립적인 적대감에 여전히 충실하다. 그러나 그녀는 후자에 비해 전자를 특권화해오지 않았던가? 혹은 다르게 질문하자면 그녀의 정치학에 대한 이해는 갈등, 기억 그리고 갱신에 대한 정신분석학적 모델에 과도하게 빚진 것이 아닌가? 이 질문들에 대한 대답은 의심의 여지 없이 '그렇다'이다. 왜냐하면 결국 그녀의 최근 글은 사적인 반항, 실천으로서 정치적인 것의 바깥에서 (혹은 오히려 그 주변부에서) 실현되는 반항의 가치를 복구하려 하고 있지 않은가? 그리고 "다른" 정치학은, 크리스테바에 따르면 결국 분석적 가치들을 사회적인 것이라는 외국어로 번역하는 그러한 반항에 의해 열리게 되는 것 아닌가(2002a: 11)? 그녀가 그것을 다른 맥락에서 명확히 설명하듯이, 이것은 분석의 시간에 발생하는 질문하기로부터 그 힘을 얻는 "영구적인 갈등 관계"의 정치학이다(Ibid.). 그것은 또한 "치유적 인내에 근거한 정치학", 달리 말하면 타자들에 대한 "헌신, 돌봄 혹은 배려로서 정치학의 실천"(Kristeva, 2003: 24)이자 "폭력과 해체성에 대한 […] 보상"의 지속적인 과정(2003: 25)이다. 결국 그것은 새로운 연대를 확립하는 방향으로 나아가고, "'함께 머물기'의 문화", 그녀가 보기에 근대의 혁명운동들이 결핍한 바로 그것(2003: 22~23)을 촉진하면서, (정신적이든 물질적이든) "개인적 불행"을 고려하고 인간적 삶들의 특이성을 존중하는 정치학이다.

그것이 이질적인 영토(예를 들면 정신분석학)에서 이전되고 있고 그것과 함께 실천될 필요가 있는 정치의 다른 양식들을 대신할 수 없음에도 불구하고, 우리에게 그러한 정치는 소중하며 우리가 크리스테바의 1974년 기호계 혁명의 구속력 있는 미래들이라고 부르는 것의 일부를 형성한다. 우리는 아방가르드적 텍스트(《시적 언어의 혁명》에서 기호계와 상징계, 정신적인 것과 정치적인 것 사이의 특권화된 매개자)로부터 내러티브로의 그녀의 관심 전환을 가치 있게 여기기 때문이다. 아마도 그것은 1970년대 크리스테바가 제기한 질문을 "해결할" 가능성을 가진 내러티브일지도 모른다. 그것이 오로지, (정치적이거나 미학적인) 균열을 만들어내는 것에 열중하는 아방가르드적 텍스트와 달리, 내러티브가 연결의 필요성, 가능성, 심지어 필연성에 관계된 것이기 때문일지라도 말이다.[22]

2장

제3자의 시험

크리스테바의 오이디푸스와 동일시의 위기

_마리아 마르가로니

"'죽은' 아버지의 냉소적이고 쫓기는 제자"[1]

더 이상 존재하지 않는 법의 금지된 문 앞에서 끝없이 눈물 흘리는 것이 무슨 소용이랴?(Kristeva, 1994a: 175)

나는 오이디푸스로 귀환하는 것이 중요할 뿐만 아니라 없어서는 안 되는 것이라는 점을 독자들에게 납득시키고 싶다.(Kristeva, 2000a: 68)

이 장의 시작점이 되는 것은 오이디푸스적 패러다임이 널리 파산을 선고받았을 때 크리스테바의 논쟁적인 오이디푸스로의 귀환이다. 이 귀환을 정신분석의 두 아버지에 대한 크리스테바의 충성, 아버지의 딸로 남으려는 그녀의 결심에 대한 또 다른 증거로 이해하는 것은 솔깃한 것일 수 있다.[2] 실제로《반항의 의미와 무의미》에서 그녀의 오이디푸스 재논의 초반에, 크리스테바는 그녀가 말하는 "전혀 충분히 평가되지 않은" 아버지에게 자신이 빚지고 있음을 인정한다(2000a: 68). 더욱 중요하게 아마도 그녀는 이 재논의를 특별히 포스트모던적 전환으로 여겨지는 위기, 즉 대체로 동일시의 위기로 이해되는 부권父權적 기능the paternal function의 위기의 맥락에 놓고 고려한다. 달리 말하면 주체의 초자아, 법, 대大기표the Great Signifier 혹은 팔루스로서 아버지에 대한 투자 불능/꺼림으로서의 위기이다. 크리스테바에게 이 위기의 결과들은 너무 심각하여 무시될 수 없다. 《반항의 의미와 무의미》의 서론에서 그녀는 포스트모던 주체의 모든 공동체적 서사들에 대한 믿음 상실, 어떤 종류의 죄책감 혹은 책임감을 느낄 수 없음, 상품화되고 기억상실적인 스펙터클 사회로의 증가하는 몰입, 끝으로 내면의 삶을 발전시키고 소통하는 능력 없음에 맞서 우려를 표명한다.

크리스테바는 분명 이 위기에 대한 우려를 드러낸 유일한 당대 사상가가 아니다. 슬라보예 지젝과 주디스 버틀러처럼 다른 문화이론가들도 그것을 포스트모던 주체성을 자신들의 최근 분석의 핵심에 두었다. 《안티고네의 주장》(2000)에서 버틀러는 전통적 가족 구조들이 점차 사라져가고 "친족 관계가 약해지고, 구멍 나며, 확장적일" 때에 부권의 불안정성을 지적한다(Butler, 2000: 22). 그녀는 질문한다. "위치가 거의 분명하지 않고, 아버지의 자리가 분산되었으며, 어머니의 자리가 다중적으로 점유되거나 추방된, 정체 상태에 있는 상징계가 더 이상 유지되지 않는 상태들[…]에서 형성된 사람들에게, 오이디푸스의 유산은 무엇이 될 것인가?"(Butler, 2000: 23)라고. 유사하게 《까다로운 주체》(1999)에서 지젝은 자연과 전통 모두 어떤 안정의 감각을 제공할 수 없고 아버지의 상징적 권위에 대한 반성 없는 믿음이 해체되는 동시대 "위험 사회"의 맥락에서 오이디푸스의 유산을 조사한다. 그에 따르면 오이디푸스 패러다임의 쇠퇴는 "상징적 제도 자체", 다시 말해 "실재實在의 경험"을 구조화하는 "상징적 허구들의 질서"의 위기를 가리킨다(1999: 322~323). 크리스테바처럼 그는 이 쇠퇴의 불편한 결과들에 집중하는데, 이는 그가 강조하듯이 "의존의 새로운 양식들"이 가부장제의 상징적 권위의 자리를 차지하기 때문이다. 즉 "오늘날 모든 측면에서 우리에게 퍼붓는 […] 상상적 시뮬라크라"와 실제의 층위에서 행사되는 폭력에의 의존이다(1999: 344, 369).

그러한 결과들에 의해 발생되는 불안에도 불구하고 버틀러와 지젝 둘 다 오이디푸스로의 귀환을 권하지 않았다. "오이디푸스적인 상징 권위로 귀환하려는 어떤 시도도 분명 자멸적이다"라고 지젝은 주장한다(1999: 374). 실제로 오이디푸스 서사의 "기정사실화givenness"[3]처럼 보이는 것에 대한 반항의 장소들은 최근 증가했다. 동시대 페미니스트 이론의 맥락에서 팔루스의 특권화하기와 상징계와 부권적 권위의 연계는 계속해서 격렬한 비판의 대상이 되었다. 주체와 타자성의 포스트모던 이론화의 맥락에서 오이디푸스 패러다임은 유럽 중심주의, 차이의 대립적 모델에 대한 의존, 이성애의 고취, 그리고 발화하는 존재의 데카르트적 이해로 인해 비난받는다. 그런 압도적인 반항에도 불구하고 크리스테바는 우리의 현재 교착상태로부터 벗어나는 방법이 반드시 오이디푸스를 넘어서야 할 필요는 없다는 것을 (다수의 페미니즘과 정신분석 양쪽의 동지들이 당황할 정도로) 서슴 없이 주장한다. 이 주장을 이해하려고 시도하면서, 우리는 오이 디푸스적 사건의 급진적인 재개념화를 위한 길을 준비하는 글 들의 그러한 측면에 집중하는 크리스테바의 가장 최신 글 네 편 (예를 들면《노인과 늑대들》(1994a),《영혼의 새로운 병폐들》(1995), 《반항의 의미와 무의미》(2000a) 그리고《사적인 반항》(2002a))을 연결 지어 읽을 것을 제안한다.[4] "제3자의 시험"으로서 이 사건 에 대한 크리스테바의 언급으로부터 힌트를 얻어, 우리는 그저 쓰고 버리는 것처럼 보이는 것의 암시들을 뒤쫓으면서 진행해 나갈 것이다(2000a: 85). 우리의 목적은 오이디푸스 모험이 그/ 녀의 어머니와의 친밀한 관계를 파괴하리라 위협하는 제3자(예 를 들면 "배제와 제한의 주인"으로서 아버지, Deleuze and Guattari, 1983: 77)에 직면한 주체의 위기 경험보다 훨씬 많은 것에 연루 된다는 것을 설명하는 것이다. 우리가 살펴보려는 바와 같이, 그 것 안에서 위태로워지는 것은 제3자 그 자체의 한계들을 시험하 고 그 내부에 이주하는 공간을 열어두려는 시도이다.

프로이트와 라캉의 오이디푸스와 동일시의 문제

생각의 영역에서, 진실한 신실함은 해결책에 대해서가 아니라 문제들에 대해서 신실함이다.(Borch-Jacobsen, 1996: 296)

〈프로이트와 라캉의 오이디푸스 문제〉에서 미켈 보쉬-야콥
슨은 동일시가 오이디푸스 콤플렉스가 야기하는 주요 문제인데,
그는 프로이트나 라캉 둘 다 적절하게 그 문제를 해결하지 못했
다고 주장한다. 야콥슨의 주장은 동일시가 그것 자체를 오이디
푸스 신화에 의해 예시되는 "실재적real" 문제로 여겨지는 것, 즉
어머니에 대한 유아의 근친상간적 욕망에 대한 해결책으로 강
요하면서 일반적으로 오이디푸스 모험의 종결을 표시하기 때문
에, 처음에는 이상하게 보일 수 있다. 프로이트에 따르면 이것은
인간 내면의 본능적 경향, 그것을 금지하는 법들의 보편성과 인
간의 역사 이전의 더 "자연발생적인" 시기들에 발견될 법한 것
에 대한 상대적 편안함, 달리 말해 유아기와 "퇴보하는", 원시적
문명이다(Freud, 1990: 54). 분명 프로이트에게 성적, 사회적 그리
고 문화적 성숙함(혹은 그가 "문명"이라 부르기를 선호하는 것)은
단지 프레이저가 말하듯, 그리고 프로이트가 기꺼이 그를 인용
하듯 "이 자연적인 본능들의 만족이 사회의 공공 이익에 유해한"
실현의 산물일 뿐이다(1990: 184). 프로이트가 오이디푸스 콤플
렉스의 맥락에서 "동일시"라고 부르는 것은 바로 이 실현과 일
차적 행위자로서 아버지의 통합이다. 그가 설명하듯이 "동일시"
는 "부모와의 관계를 초자아로 변형"하는 중요한 단계(Freud,
1991a: 94)이고, 프로이트의 오이디푸스 서사의 전유에서 중요한
것이다. 따라서 오이디푸스의 우여곡절을 통해 어린아이는 자
신의 위험한 대상-카섹시스를 부모의 어느 한쪽(예를 들면 그/녀
의 소유 욕망)을 위해 버리는 것뿐만 아니라, 더욱 중요하게도 그/

녀로 하여금 그렇게 하게 강제하는 "문화적 요구"와 동일시하는 것을 배운다(Freud, 1962: 91). 이런 식으로 어린아이("그러나 특히 청소년기 소년[들]")는 그가 이중적(어머니 혹은 아버지와의) 관계에서만 그 자신을 이해할 수 있게 되는 "가족과의 관계를 느슨하게 하기"(Ibid.)를 요구받는다. 대신 프로이트에 따르면 그는 자신을 더 높은 사회적 단위의 구성원,[5] 즉 그가 "초자아"라고 칭하는 것의 대변인으로 인식할 것으로 예상된다.

"인격personality 해부"에서 프로이트는 초자아를 "자기-관찰과 양심 그리고 이상the ideal [유지하기]의 기능들"과 연결한다. 그것은 그가 말하길 "우리를 위한 모든 도덕적 제한의 대변자", "인생의 더 높은 측면으로 묘사되는 것의 [⋯] 완성을 향한 고군분투의 옹호자"이다(1991a: 98). 그렇듯이, 그것은 어린아이가 "자신을 가늠하고 모방하며 자신이 충족시키고자 하는 더 큰 완성을 요구하는" "이상적 자아의 수단"으로 역할을 한다(1991a: 96). 프로이트가 지적하듯이 초자아는 어린아이의 자기 부모와의 초기 동일시, 특히 그가 "[어린아이] 자신의 개인적 역사 이전의 아버지"라 부르는 것과의 동일시에 기반한다(1991b: 370). 그것은, 그렇다면 아버지가 프로이트가 특권화한 성적, 문화적 대상의 주인, 즉 팔루스이기 때문에 부권적으로 함축된다. 그것의 부권적 함축에도 불구하고 프로이트는 초자아가 어떤 부권적 인물로도 축소될 수 없고, "비개인적인" "구조적 관계"로서 이해될 필요가 있다고 강조한다(1991a: 96). 실제로 그것은 특히 난폭한 형태의 부모 행위자처럼 보인다. 프로이트의 말을 빌리자면 "초자아는 편향된 선택을 하고 부모의 엄격함과 혹독함, 금지하기와 처벌적인 기능만을 뽑아내는 것처럼 보인다"(1991a: 94). 이는 정확히 지젝이 그의 "오이디푸스 매트릭스"에 관한 프로이트의 변형들에 대한 분석에서, 우리로 하여금 프로이트가 《토템과 터부》에서 말한 "외설적인 원시적 아버지─주이상스"(1999: 317)로부터 "상징적 권위를 체화한 '이성적' 아버지"로, 그리고 《인간 모세와 유일신교》의 질투 많고 타협하지 않는 신(Ibid.)으로의 변환하는 때를 인식하는 데 도움을 주는 지점이다. 어린아이가 오이디푸스 콤플렉스를 해소하면서 동일시하도록 요구되는 것은 바로 모든 쾌락과 결별한 이 후자의 "용서하지 않는 초자아적 인물"이다. 이것이 야콥슨이 그 콤플렉스가 프로이트에게 사회적 표준화의 도구, 즉 프로이트가 (예를 들면 쾌락이 오직 법의 범주 안에서만 정당화된다는 것을 아이 쪽에서 받아들임으로써) "거세"를 이해하는 방식인, 어린아이가 사회적인 것에 진입하기가 대가를 치를 수밖에 없음을 배우게 하는 기술로 기능한다고 주장하는 이유이다.

　동일시는 프로이트에게 언제 문제가 되기 시작하는가? 그가 말하길 "두 가지 요소들, 오이디푸스 상황의 삼각관계적 특징과 각 개인의 타고난 양성애성 때문에" 일이 "복잡"해진다(1991b: 370~371). 그는 "그 문제의 복잡함"에 대해 해결의 실마리를 주는 또 한 가지 요소를 언급한 이전 몇 단락에서(Ibid.), "맨 처음에, 개인의 원시적인 구강기에, 대상-카섹시스와 동일시는 분명 서로 구분되지 않는다"라고 말한다(1991b: 368). 달리 말해, 프로이트는 오이디푸스가 만들려고 하는 3자 간의, 가족 관계(늘 경계하는 제3자의 응시 아래 펼쳐지는 관계)가 이 제3자가 한도에 벗어난다고 선언하는 전前오이디푸스 단계의 이중적 관계와 그리 다르지 않다는 것을 인정한다. 실제로 만약 프로이트가 정의하듯이 대상-카섹시스가 대상을 가지려는, 소유하려는 욕망을 수반한다면(1991a: 95), 그렇다면 욕망의 잔여물은 오이디푸스 콤플렉스의 마지막 단계에서 어린아이의 아버지 같은 인물에 대한 동일시 속에서 추적될 수 있다. 프로이트 자신도 인지하듯이 "동일시는 구강기, 다른 사람과의 카니발적 통합과 부당하게 비교되어온 것이 아니다"(1991a: 94, 저자 강조). 결과적으로 근친상간(너무 가깝고 너무 똑같은 것과의 금지된 성관계)이 뒷문을 통해 들어간다. 더불어 버틀러가 주장한 것처럼, 근친상간 터부가 감싸주는 동성애의 유령과 함께.[6] 프로이트는 그것에 대해 상당히 열려 있다.

> [⋯] 남자아이는 아버지에 대한 양가적인 태도와 어머니에 대한 애정적인 대상-선택을 할 뿐만 아니라, 동시에 또한 여자아이처럼 행동하면서 아버지에게 애정을 담은 여성적 태도를 보이며 어머니에게 그에 상응하는 질투와 적대감을 보인다.(1991b: 372)

그러므로 전前오이디푸스 대상-카섹시스를 탈脫오이디푸스적 동일시로부터 분리하는 선은 얄팍할 뿐만 아니라, 남성적 그리고 여성적이라는 바로 그 개념들은 그것들이 동일시의 거울 속에 포획되는 순간, 사랑과 증오 혹은 사실상 법과 쾌락이 그러하듯 다른 성으로 전환된다.

　모든 것을 똑같은 것으로 바꾸는 거울 같은 심연에 다가가려 시도하면서, 프로이트는 가지려는 욕망(대상-카섹시스)과 비슷하게 되려는 욕망(동일시)(1991a: 95)의 구분을 유지하려 애쓴다. 동시에 그는 자신이 소포클레스의 비극(이성의 부모에 대한 욕망)에서 드라마화된 것처럼 "긍정적인" "단순한" 형태의 오이디푸스 콤플렉스와 함께 "부정적인" 오이디푸스 콤플렉스(동성의 부모에 대한 욕망)의 작용을 받아들여야 하는 당혹스러운 위치에 있음을 알게 된다. 두 콤플렉스가 어린아이의 아버지 행위자와의 동일시와 초자아의 수립을 해소할 것으로 기대됨에도 불구하고, 오직 긍정적인 오이디푸스만이 어린아이의 미래 대상 선택의 근간으로 삼을 수 있다. 그러므로 하나의 구분이 또 다른 구분으로 이어지면서 프로이트는 결국, 오이디푸스의 해소 이후에 관리되는 (이성의 부모에 대한) "좋은" 대상-카섹시스를, 동일시에 의해 대체되어야 하는 (동성의 부모에 대한) "나쁜" 카섹시스로부터 구분하게 된다(1991b: 372~373).

　라캉은 어떻게 사회적이면서 주관적인 구조들을 결국 같은 것으로 유지하려는 이 구분의 미로를 벗어나는가? 그는 근친상간의 시나리오를 덜 다루면서, 프로이트의 대상-카섹시스와 동일시의 구분을 버리고, 프로이트에서 공식화된 오이디푸스적 문제(예를 들면 사회적으로 모호한 욕망들의 억압과 초자아의 정립)

를 구조주의 맥락 안에서 바꾸어놓는다. 라캉에서 중요한 것은 더 이상 주체의 성적, 사회적 정상성이 아니라 의미 있는 서사 속에 그/녀의 삶의 다른 갈래들을 연결하는 능력이다.《정신병(세미나 3)》(1993)에서 그는 "그리고 왜 오이디푸스 콤플렉스를 특권화하는가?"라고 질문한다. "왜 프로이트는 늘 그것을 집요하게 모든 곳에서 찾아내고 싶어 하는가? 왜 우리는 여기서 그에게 너무 중요해서 그가 아주 사소한 관찰에서도 그것을 버릴 수 없어 보이는 매듭을 지니고 있어야 하나?"(1993: 268). 여기서 라캉에게 중요한 개념은 그가 부르는 바와 같이 "매듭", "기표와 기의 사이의 누빔점"이다(Ibid.). 그는 "누빔점이 인간의 경험에서 본질적인 것이다"라고 말한다(Ibid.). 그것이 없다면 주체는 그/녀의 삶 속 자신의 경험들 혹은 사건들을 의미 있는 영역 안에서 종합할 수 없고 정신병에 빠지게 된다. 오이디푸스 콤플렉스가, 여전히 우리에게 가치 있다면, 이는 그것이 그/녀의 정체성과 다른 인간과의 관계 구성에 도움을 주기 때문이다. 이는 정확히, 라캉에 따르면 아버지의 의미작용이 오이디푸스 서사 속에 자리한 곳이다. 그는 "아버지 되기의 기능은 인간 경험에서 기표의 범주 없이는 절대 생각할 수 없다"라고 주장한다(1993: 292). 기표처럼 아버지는 의미를 "보급한다". 그리고 "의미의 영역을 창조한다"(Ibid.). 그는 탁월한 누빔점이다. 혹은 라캉이 좋아하는 또 다른 은유를 빌려오면, 그는 주체가 여행하는 "고속도로"(주체의 움직이는 바로 그 능력은 그/녀가 고속도로를 타기로 선택하기에 달려 있다)이고, 그리고 그/녀가 형성하는 모든 종류의 "집합체들", "거주지들 […] 거주의 장소들" 주변의 "고속도로"이다(1993: 291).

라캉이 프로이트를 따르면서 어린아이의 오이디푸스 콤플렉스의 이상적인 해결로서 아버지와의 동일시를 상정하는 것은 바로 주인 기표로서 아버지의 부재 속에, 주체가 "의미의 무정형의 덩어리"와 대면하고 "기표가 그 자신에 관해 노래하기 […] 시작할" 때 생산되는 "진정한 대혼란" 속에 길을 잃기 때문이다(1993: 294). 어린아이의 어머니와의 전-오이디푸스적 관계가 뒤에 남겨질 필요가 있다면, 이는 그 근친상간적 성격 혹은 그것에 내재한 어떤 동성애적 욕망 때문이 아니라, 그것이 "대칭적 양상"의 관련성이라는 환상에 근거하기 때문이다. 제3자의 매개하는 기능을 배제하는, 나와 당신 사이의 "완벽한 유사성의 하나"이다(1993: 273). 달리 말하자면, 라캉의 오이디푸스 문제의 구조주의적 틀 안에서의 전위transposition에서, 프로이트의 대상-카섹시스와 동일시의 대립은 라캉의 상상계와 상징계 구분의 측면에서 번역된다. 라캉은 거울 단계에 관한 자신의 논의에서 상상계의 위험들을 전경화한다. 그에 따르면 상상계의 동일시는 근본적으로 "잘못된" 인지이다. 왜냐하면 주체는 그/녀가 아닌 것, 그/녀에게 거짓된 인상의 통일감과 자주권을 주는 이상적인 자아와 동일시하기 때문이다. 데브라 버고펜Debra Bergoffen이 지적한 바와 같이 "상상계는 유한성의 경험, 결핍이 충만함의 이미지들에 의해 무효화되는 장소이다"(1996: 227). 라캉에서 충만함의 다른 모든 이미지들이 응집된 핵심적인 이미지

67

는 (그가 부르는 대로) "어머니의 팔루스"의 이미지이다. 어린아이의 욕망의 진정한 대상은 바로 (라캉이 주장한 대로 어머니가 아니라) 이 이미지이다. 그리고 어린아이가 오이디푸스 콤플렉스의 해소에서 버리게 되는 것이 바로 이 상상계의 대상인데, 이는 그/녀의 결핍에 대한 인식과 이 결핍의 기표를 통합하려는 의지를 표시하는 제스처로, 라캉에게 상징적인 아버지의 팔루스이다.

라캉이 쉽게 인정하지 않겠지만, 이것은 프로이트의 오이디푸스 도식으로부터의 중요한 일탈이며, 아버지에 대한 동일시와 동시대 그것의 쇠퇴 속에서 위태로워진 것에 대한 대안적 이해를 가능하게 한다. 라캉은 실제 아버지와 어린아이가 오이디푸스의 마지막 단계에서 동일시하는 이상적 자아를 구분할 뿐만 아니라, 이 이상향을 억압적인 모습의 프로이트의 초자아와도 구분한다(Lacan, 2001: 56). 그가 자신의 가족 콤플렉스에 대한 에세이에서 분명히 밝히듯이, 그가 "승화하기"라 부르는 것과 아버지의 억압적 기능들 사이의 융합은 가부장적인 서구 사회의 특정한 역사적 좌표들의 산물이다. 라캉이 리얼리티의 승화에서, 그리고 주체적이고 공동체적인 의미의 생산 속에서 아버지의 역할을 회복시키려는 것은 이 융합이 부권적 기능의 위기를 초래하기 때문이다(Lacan, 2001: 57~58). 이것이 그가 아버지의 은유에 대해 말하기를 선호하는 이유이다. 왜냐하면 그가 이해하는 바와 같이 아버지의 자리는 이동, 하나의 존재론적 질서의 부분에서 다른 질서로의 전위와 떼려야 뗄 수 없는 것이기 때문이다. 그러한 것으로서 라캉의 아버지의 자리는 정의상 텅 빈 것이다. "언급된 제3자는 존재하지 않는다"라고 그는 말한다 (Lacan, 1993: 278). 그의 자리는《인간 모세와 유일신교》의 시기하고 용서하지 않는 신이 아니라,《토템과 터부》의 죽은 아버지의 장소이다. 그렇다면 그의 권위는 모순적이게도 그의 죽음, 달리 말해 그의 불능이라기보다는 무한한 힘의 불가능의 인지라는 가정에 달려 있다.

그러한 아버지 인물의 재개념화, 오이디푸스 서사에서 중요한 동일시의 자리는 우리가 탈오이디푸스적 주체성과 지리적, 정치적, 문화적, 경제적 혹은 인식론적 경계의 지속적인 변화 때문에 모든 형식의 개인적 혹은 공동체의 정체성이 불안정화된 동시대 사회에서 그 관련성을 이해하는 방식에 중대한 의미를 지닌다. 그러므로 프로이트에게 주체는 총체적 정체성(어떤 애매하거나 사회적으로 파괴적인 욕망 없는 정체성)에 대한 그/녀의 공포와 열망의 산물인 반면, 라캉에서는 주체가 차지하는 어떤 충만함의 자리들도, 우리가 말한 대로 비어 있는 공간에 근간을 두기 때문에 위태롭다. 결과적으로 라캉적 주체는, 지젝이 부르는 대로 "아무것도 아님"과 "중요한 것", 0과 1의 갈등적 자리들 사이에서 분열된 "머리 없는" 주체이다(1999: 375).

그러나 라캉의 오이디푸스의 맥락에서 동일시 문제의 재구성에 관한 가장 위대한 기여는 동일시의 대상에 대한 강조에서 연결동사the copula, 전-오이디푸스의 분열된 주체와 그것의 상징적 예시들을 통합하는 연결("유사해지기being like"의 과정에 있기로서 동사)에 있다. 고로 이는 가족 삼각형을 단단하게 하는 보이지 않는, 과잉적인 네 번째로서 팔루스의 도입을 말한다. 우리가 언급한 대로, 라캉에서 부권적 기능은 그것이 나누는 것처럼 연결하는, 그리고 본질적으로 자신을 지우면서, 주체에게 의미작용의 서사-발생적인 이동을 가능하게 한다.

크리스테바의 부권적 기능에 대한 이해와 오이디푸스의 재활용을 위한 이 출발들의 중요성을 과소평가해서는 안 된다. 《반항의 의미와 무의미》(2002a)에서 그녀는 "제3자의 장소, 즉 오이디푸스에 의해 살해당할 아버지가 상징계의 장소가 되는 법"을 보여주기 위해 라캉을 언급한다(Kristeva, 2000a: 81). 라캉을 따르며 그녀는 아버지의 장소의 연결적이고 매개하는 가치를 강조하면서, 또한 프로이트적 초자아로부터 떼어놓는다. 라캉처럼 그녀는 자신을 "'죽은' 아버지의 훈육들"(Kristeva, 1994a: 140) 사이에 자신을 위치시키는데, 그녀가 주장하기를 이는 오직 그것만이 주체가 (그의 죽음에서) "결핍되지 않은 기표는 없다"는 것을 인식할 수 있게 하기 때문이다(2000a: 86). 그러나 분명 아버지와 딸의 거울처럼 되비추는 관계 속에 역전된 측면이 있다. 위에 인용된 단락에서, 크리스테바는 그들의 차이의 장소를 표시하는 데 주저하지 않는다. 그녀가 말하길 제3자의 장소는 "상징적인 것일 뿐 아니라 또한 상징계이기도 하다"(2000a: 81). 달리 말하면 라캉이 그 제3자를 프로이트의 험악한 초자아로 축소시키지 않으려 조심함에도 불구하고, 그의 "순수한 기표"(1987b: 38)는 그것이 크리스테바가 "이전" 혹은 "언어-횡단적"이라고 부르는 것(예를 들면 충동들의 이질성)으로부터 스스로를 단절시키기 때문에 마찬가지로 환원적이다. 결과적으로 그는 프로이트의 사회적인 것에 대한 단일적인 이해, 모성으로 함축된 주이상스(이것은 라캉에서 정확히 "거세"의 의미이다)로부터 급격한 단절에 입각한 이해를 재생산하게 된다. 《안티고네의 주장》에서 버틀러는 라캉의 상징계 개념이 어떻게 "작용의 영역에서 어떤 본질적 변화의 가능성"을 막는 "승화하는 기능"을 획득하는지를 설명한다(2000: 30). 실제로 보쉬-야콥슨에 따르면 그것은 상징적인 것이 ("나쁜") 상상적 동일시와 ("좋은") 상징적 동일시의 차이가 "라캉이 하나의 **법률로 내려놓아야 할**" 필요가 있는 대문자 법과 동일시되기 때문이다(Borch-Jacobsen, 1996: 311). 팔루스에 관한 논의에서 버고펜은 이 구분을 지속시키는 라캉의 반복되는 실패들을 지적하는데, 이는 그녀가 강조한 대로 "상상계와 상징계의 경계들이 침투 가능하기" 때문이며, 이것은 그러니까 동일시가 라캉에서 문제로 남게 되는 이유이다(1996: 278~279).

위의 내용을 고려할 때 이 장의 나머지 부분에서 우리의 일은 이중적이다. 첫째, 우리는 크리스테바의 《사랑의 역사》(1987b)에서 대안적인 부권적 기능(예를 들면 개인의 역사 이전의 아버지)의 등장에, 그리고 이 등장이 상상적 동일시와 상징적 동일시 사이의 대립의 재개념화에 대해 가지는 함축적 의미들에 초점을 두고자 한다. 두 번째로, 우리는 크리스테바의 《반항의 의미와 무의미》(2000a)에서 그녀의 오이디푸스 서사의 재논의 맥락에서 이중적 제스처를 밝히고자 한다. 우리가 주장할 바처럼, 크리스테바의 오이디푸스로의 귀환은 그녀의 관점에서 그것의 한계, 정확히 전통적인 정신분석에서 제외된 것의 탐구를 수반한다. 그녀가 말하길 "프로이트적 전통은 오이디푸스와 팔루스의 구조화하는 역할을 강조하는 이점을 지닌다. 그러나 그것은 아마도 이 질서에 대한 수정, 위반, 반항의 형식들을 나타내지 않고 그렇게 하는 단점도 지닐 것이다"(2000a: 87). 크리스테바가 전자와 마찬가지로 후자에 대한 관심을 보이기 때문에, 그녀가 시인한 아버지에 대한 부채는 좀 더 태곳적의 유대로부터 분리될 수 없는 상태로 남는다. 그런 이유로 그녀가 오이디푸스에 관한 논의의 시작에서 자신의 독자에게 한 약속은 다음과 같다. "[…] 아버지에 대한 바로 이 부채에 기대어, 나는 다른 부채들, 특히 '어두운 대륙', 어머니의 대륙에 대해 이야기하려 노력할 것이다"(2000a: 68).

문턱의 수호자

[…] 그녀의 수수께끼를 노래하는 가수.(Goux, 1993: 17)

오이디푸스 신화의 비교 연구에서 장조제프 구Jean-Joseph Goux는 오이디푸스 서사가 "통로와 단절"로서 입문initiation의 회피를 무대화한다고 주장한다(Goux, 1993: 42). 사실상 그는 "프로이트와 프로이트 연구자들이 거세라는 꼬리표 아래 힘들게 개념화하려 애쓴 것은 […] 다름 아닌 입문, 그리고 더 정확히는 두 번째 탄생의 조건이 되는 '죽음'과 희생의 단계이다"라고 설명한다(1993: 32). 달리 말해 구에 따르면 오이디푸스의 진정한 오만, (언캐니할지언정) 그를 그의 기원으로 계속 되돌아가게 하는 비극적 결함은 자기-보존(보호)하려는 욕망, "신성한 법에 따르기 위해, 영적 공동체의 구성원이 되기 위해" (그의 세속적 가족에 대한 유대감에 의해 정의되는) 자기를 잃는 모험을 꺼려하는 마음이다(1993: 138). "문턱 넘어가기"의 조건인 "죽음의 시도, 위험"을 피하면서(1993: 39), 오이디푸스는 바로 그 통로의 필요성을 부인하고 그 보호자, 다름 아닌 모성, 이집트 스핑크스를 화나게 한다. 구가 말한 대로 스핑크스는 "인간의 지성이 이해할 수 없는 다른 곳으로 이끄는 통로를 보장한다"(1993: 57). 그런 이유로 그 시도는 "그 머리를 수반하고 그것의 희생을 요구하는" 그녀(스핑크스는 자신의 희생양들을 참수하여 죽인다, Ibid.)를 연상시킨다. 그렇다면 그의 머리를 상실하는 것에 대한 오이디푸스의 거절은 그가 "자신의 이성에 대한 자율성과 자기-충족"을 넘어서는 "알 수 없는 것"의 존재를 인지하기를 꺼려함을 가리킨다(Ibid.).

실제로 오이디푸스는 "독학자로서 그의 지성"을 넘어서는 어떤 권위도 인정하기를 꺼린다(1993: 18). 이것이 구가 주인공을 위한 투자와 동일시의 중심으로 역할하는 신화 속 왕족 인물의 부재에 주의를 집중시키는 이유이다. 구가 설명한 대로 오이디푸스는 모든 왕족/부권적 기능들을 제거되어야 할 경쟁자의 자아의 기능으로 납작하게 만든다. 이것은 여전히 타자의 소비적 경제로부터 떼어낼 수 없는 자기-보존(보호)의 오이디푸스 경제의 일부이다. 구가 말하길 "오이디푸스는 축소될 수 없는 타자성alterity(왕의 권위, 신성함의 이상함, 여성적인 것의 다름otherness)이 인지되어야 하는 모든 결실의 순간들을 막는다"(1993: 138). 알다시피 그는 상징계 아버지를 살해할 뿐 아니라 괴물적이고 여성적인 타자를 모욕하고 그녀가 나타내는 신성한 힘을 묵살한다. 구에 따르면 이것은 정확히 오이디푸스 이야기를 그것에 선행하는 "전형적인 영웅담"에 비해 "일탈적인 신화"로 만드는 것이다(1993: 3). 이것은 또한 그 이야기의 반反영웅적 캐릭터를 서구의 자율적 주체의 모습, 철학자의 원형이 되게 하는 것이다.

구의 비교학적 오이디푸스 읽기는 그 신화에 대한 지배적인 정신분석학적 해석들을 수정하는 것을 목표로 하면서 우리가 그것에서 현안이 되는 것을 재정의하려는 크리스테바의 최근 시도를 평가할 수 있게 해주는 중요한 틀을 제공한다. 첫째, 부친살해에서 모친살해로의 그의 강조의 변화와 ("프로이트적 정신분석에서 무사고적인 것the unthought"이라고 그가 주장하는) (1993: 23) 스핑크스라는 인물은 프로이트의 어두운 어머니의 대륙을 복구하려는 그녀의 관심과 유사해 보일 수 있다. 실제로 구는 오이디푸스에 대한 더 깊이 있는 이해가 주인공의 각각과의 독특한 관계, "그리고 결국 엮어[내는] 이 두 종류의 상호관련성을 함께" 분석하여 그 신화 속 여성적 요소와 남성적 요소 둘 다를 충분히 평가하려는 의지에 기반한다고 올바르게 주장한다 (1993: 33). 우리가 주장하려는 대로 이것은 정확히 크리스테바의 오이디푸스 다시 생각하기의 가치가 놓여 있는 지점으로, 이는 프로이트와 라캉 둘 다와 대조적으로 그녀의 목적이 (어머니뿐만 아니라 아버지에 대한) 이중 부채라는 관점에서 탈오이디푸스적 주체성의 생산을 재개념화하려는 것이기 때문이다. 다음 섹션에서 우리가 해보려는 것은 그녀가 오이디푸스의 주요 맥락들(즉 부권적 기능, 태곳적archaic 어머니, 떠오르는 주체) 각각을 새롭게 엮어내는 데 성공한 방식들을 추적하는 것이다. 여기서 중요한 것은 더 이상 자기-보존(보호)이라는 오이디푸스의 욕망에 기반하지 않고 구가 말한 "스핑크스의 미스테리"(즉 죽음은 부활이라는 개념)에 근거하는 자기의 대안적 경제이다(1993: 39, 56).

마지막으로 "단일한 용어로서 '거세'"는 입문의 과정에 내재한 다른 형식들의 통로를 제대로 다룰 수 없다(1993: 43)는 구의 주장은 《새로운 영혼의 병》(1995)과 《사적인 반항》(2002a)에서 크리스테바가 그 용어에 대해 자신의 문제 제기와 재정의를 하기 위한 토대를 마련한다. 우리가 살펴본 대로 프로이트의 맥락에서 주체의 자연에서 문화로의 이행은 은유적 승화의 형식을 택한다(대상-카섹시스는 "더 높은 형식"으로 전환된다). 라캉의 구조주의 이론에서 그것은 통제된 치환 과정, 즉 어머니의 욕망을 아버지-의-이름[기표]으로, 상상적 팔루스를 상징적 팔루스로, 빼앗는 경쟁자로서 아버지를 법적, 상징적 아버지로의 치환 과정으로 이해된다. 어떤 차이도 무시하고 양쪽의 맥락에서 거세는 핵심적인 순간으로 남는다. 그것의 기능은 어머니의 의미로 함축된 "태곳적인 것"의 영역과의 관련성을 격하시키고 발화하는 주체의 중심에 크게 갈라진 구멍을 남기는 폭력적인 휴지기의 기능이다. 상실과 결핍(어머니의 상실, 실제의 결핍)의 특권화에 의식적으로 저항하면서, 크리스테바는 구에 따르면 문턱 넘어가기의 조건인 희생의 캐릭터와 위험들을 재구성하기 시작한다. 우리가 살펴볼 것처럼 그러한 재구성은 거세라는 개념의 철저한 재고를 요청할 것이다. 그것은 또한 그녀가 대안적인 아버지 인물(가혹한 오이디푸스적 아버지에 포함되지 않는 인물)과 중요하게 연결 짓는, 불안정한 운동으로의 이행에 대한 프로이트와 라캉의 패러다임을 열어두기를 요구할 것이다.

"콤플렉스 없는 오르페우스"

> 오이디푸스도 오레스테스도 아닌, 그의 어머니나 아버지의 한낱 연인도 살해자도 아닌, 오르페우스는, 즉 […] 아가페-에로스이다.(Kristeva, 1995: 187)

크리스테바는 동일시의 문제에 충실한가? 그리고 그렇다면 그녀는 어떻게 이전의 연구자들이 직면한 교착상태를 넘어서는가? (프로이트를 따라) 그녀가 "개인의 역사 이전의 아버지"라고 부르는 것의 도입은 여기서 상대적인 것이 된다. 《사랑의 역사》(1987b)에서 그녀는 이 "상상적 아버지"를 이름, 즉 상징계에 선행할 뿐만 아니라 그것이 정박하는 논리적 잠재력을 지닌 '거울 단계'에도 선행하는 "태곳적 기질의 부권적 기능"으로 정의한다(1987b: 22). 그녀에 따르면 이 태곳적 기질은 아브젝시옹의 경험("아직 자아이지 않은 것과 아직 대상이지 않은 것의 첫 번째 분리"(1987b: 24))으로부터 기인한 텅 빔에 저항하는 어린아이를 도와주는 자기도취적 구조의 일부이다. 그것은 어린아이를 매혹시키는 초기의 극, 즉 그/녀의 탈오이디푸스기의 상징적 아버지와의 그다음 동일시의 토대를 마련해주는 최초의 동일시의 장소로서 역할한다. 《반항의 의미와 무의미》(2000a)에서 크리스테바는 "미래의 발화하는 존재의 발달"에서 "개인의 역사 이전의 아버지"를 "제3자성thirdness[…]의 시작"으로 논의한다 (2000a: 52~53). 그리고 이것이 바로 그녀의 오이디푸스에 관한 논쟁에의 개입이 가지는 특별함을 이해하는 데 그 의의가 있는 지점이다. 왜냐하면 "오이디푸스의 삼각형 훨씬 이전"(1987b: 44) 제3자의 장소를 상정하면서, 크리스테바는 프로이트와 라캉이 동일시의 문제와 씨름하는 노력으로 이끌어낸 모든 차이들이 무너져내리게 되는 공간을 창출하기 때문이다.

더 구체적으로 크리스테바의 상상적 아버지는 우리가 알아본 바와 같이 프로이트와 라캉의 오이디푸스 콤플렉스의 이론화가 근거하고 있는 동일시, 상상계-상징계와 어머니-아버지라는 대상-카섹시스의 위태로운 대립들을 겨냥하고 약화시킨다. 실제로 그로스가 지적하듯이 "상상적 아버지"라는 바로 그 개념은 라캉의 부권적 기능이 상징계로부터 분리될 수 없기 때문에 라캉적 관점에서 용어적으로 모순이다(1990: 158). 그러나 크리스테바의 태곳적 아버지의 모습은 모순을 증식하는 것처럼 보인다. 그러므로 그것은 전오이디푸스 구조 안에 놓여 있을 뿐 아니라, 더욱 중요하게도 "사랑을 주는 제3자", "금지하는 이후의 아버지, 오이디푸스기 아버지, 법의 아버지와 아무 관련이 없는" 것이다(2000a: 53, 저자 강조). 사실 그것은 애착과 분리, 에로스(가지려는 욕망)와 아가페(자신을 이상향에 투사하는, 유사해지려는 욕망)와 같은 그러한 갈등적인 작용들을 하나의 제스처로 합치면서, 어머니와 아버지 둘 다의 특성을 조합하는 것처럼 보인다. 게다가 상상계와 연결되어 있음에도 불구하고 그것은 라캉에서 후자가 지니고 있는 부정적인 함축을 전혀 지니지 않는다. 달리 말해 그것의 애매한 기능은 전혀 위험하거나 기만적인 것이 아니다. 반대로 크리스테바에 따르면 그것은 주체가 "[그것의] 정신적 공간을 타자에 열려 있고 적응과 변화가 가능한 '살아 있는 시스템'으로 유지하는 것"을 돕기 때문에 가치 있다(1995: 175). 중요하게도 이것은 크리스테바와 라캉 사이의 또 다른 논쟁의 자리이다. 3장에서 설명되듯이 라캉은 상상계를 초월되는 단계로 보지만, 크리스테바는 "상징계 안에서" 그것을 구축하는 데 관심을 둔다.

크리스테바의 아버지로의 전환[귀환] 협의가 처음으로 부여되었다는 의혹 어린 반응에도 불구하고,[7] 이것은 그녀의 최신 글에서 오이디푸스 콤플렉스의 더 포괄적인 재개념화를 위한 길을 여는 중요한 단계이다. 이것이 그녀가 이 대안적 아버지 구조의 이점을 요약하는 방식이다. 그녀가 말하길 "아버지의 태곳적 각인은 나에게 혼자, 완전히 홀로 팔루스 게임을 하는 남근적 어머니의 환상을 수정하는 방식으로 보인다"(1987b: 44). 그것은 의미심장하게도 어머니의 결핍(예를 들면 그녀의 거세)을 가리키는 것이 아니라, 어린아이를 그녀의 과잉, 다시 말해 "살아 있는-상징적 유기체", 또 다른 것에 연결하려는(다른 것을 통해 자신을 갱신하려는) 그녀의 의지로서 그녀의 욕망을 접하게 함으로써 그렇게 보인다. 동시에 그것은 어린아이가 전능하고 "그의 이름을 통해, 분리, 판단 그리고 정체성을 유발하는 가혹한 아버지"라는 마찬가지로 위험한 환상을 수정하도록 강요한다(1987b: 46). 올리버가 적절하게 주장한 것처럼 "상상계의 아버지는 라캉의 법의 아버지의 선조일 뿐 아니라 경쟁자이다"(1993: 81). 그러므로 크리스테바에 따르면 그는 라캉이 "부성", 즉 기표의 자리라고 이해하는 것을 위해 "다수의 다양한 운명들"을 밝혀낸다(1987b: 46).

크리스테바는 우리가 그녀의 "개인의 역사 이전의 아버지"를 그녀가 "메타페레인metaphorein"*이라고 부르기를 선호하는 애매모호한 은유의 기능과 연계함으로써 "운명들"의 본성을 평가하는 데 도움을 준다(1989: 173). 그녀가 정의한 대로 이것은

---

* 그리스어로 "전이시키다"를 의미한다.

정체성 수립이나 위계적으로 연결된 질서들 간의 어떤 대체의 과정도 수반하지 않는 근원적 운동성이다. 그것은 오히려 "두 비위계화된 의미론적 장들 사이의 개입"(1987b: 273)이며 "보들레르의 '신비로운 변형'과 유사한 경험", 즉 "충동 표현들과 언어적 표상 [둘 다]의 이동"(1995: 178~179)으로서 개념화될 필요가 있다. 이 "이질적인 전이"의 "상상적 공간"을 상징하면서(1995: 183), "개인의 역사 이전의 아버지"는 크리스테바에게 그것의 "복잡한 역학"인 것, 달리 말하면 그것의 "자기도취적인, 충동-활성화된 전-대상-지향성"에 "식별하는 이상화 운동"을 회복시킨다"(1987b: 38). 그렇게 하면서 그는 우리에게 유사성(자아=이상)과 (기호를 신체로, 아버지를 어머니로의) 교환에 대한 욕망을 넘어선 동일시를 다시 생각하도록 요청한다. 그러나 동일시가 신체 그리고 기호, 즉 "신체 그리고 의미"(1995: 183), 어머니 그리고 아버지의 전이(이동, 수혈)로 재고된다면, "부성"은 라캉의 기표의 작용들로 축소될 수 없다. 크리스테바는 그것이 "바로 은유적 변환의 공간", "그들에 대응하고 그들을 넘어서며, 사라져버리는 재현 불가능한 충동의 이질성뿐만 아니라 언어적 특징들의 압축"이라고 주장한다(1987b: 38).

대안적인 아버지의 운명 개척하기는 감각의 영역을 가로지르는 통로에 대한 우리의 이해를 어떻게 변화시키는가? 그리고 그러한 운명들에 의해 추적되는 은유성metaphoricity은 어떻게 우리가 이 통로가 가정하는 희생을 검증할 수 있도록 돕는가? 크리스테바는 이 희생의 독특한 본성을 설명하기 위해 오르페우스와 에우리디케의 신화를 불러온다. 전통적인 해석에서 그 신화는 감각의 어두운 지하세계와 영혼의 빛나는 왕국 사이의 극단적인 분리를 확정한다. 그 둘 사이에 어떤 통로도 정당화되지 않는다. 즉 오르페우스가 알게 된 것처럼 어떤 침입도 결국에는 처벌된다. 그 두 세계는 공존할 수 있지만, 오직 거울의 반대편으로서 또는 인쇄된 페이지의 오른쪽 혹은 왼쪽으로서만 함께 존재할 수 있다. 에우리디케는 그녀가 그림자로 남아 있는 한에서 오르페우스와 함께할 수 있고, 반면 오르페우스의 빛나는 목소리는 (그의 뒤에 영원히 있는 유령 같은 존재에 대한) 눈멂과 (소리를 내지 않는 자의 발소리에 대한) 귀먹음에 달려 있다. (여성적이고 감각적인 요소로서) 에우리디케가 돌이킬 수 없이 어둠에 처해지는 것은 놀랍지 않다. 오르페우스에게 남겨진 것이 노래하고 애도하는 신체-없는 머리인 것 역시 놀랍지 않다.

그러나 크리스테바는 그 신화를 두 개의 다른 맥락(예를 들면 제임스 조이스와 한나 아렌트에 대한 자신의 논의)에서 바꾸어 이야기하면서 "에우리디케, 감각 그리고 여성적인 것은 휘발되지 않는다"는 것을 강조한다(2000b: 90). 그들은 정확히 우리가 위에서 그 용어에 부여한 의미에서 "은유들"로 살아남는다. 그러므로 탈감각화된, 언어가 되어버린 육체로서가 아니라 오르페우스의 노래에 유혹적인 성질을 부여하는 육체언어로서 말이다. 그것은 시인/예술인 오르페우스가 여성적인 것을 승화시키는 것이 아니라 그녀의 신체를 자신의 육체에 동화시키는, 심지어 그녀를 애정을 담아 탐욕스럽게 소모하는 오이디푸스기 아버지라기보다는 상상계에 가깝기 때문이다(1995: 186). 여기서 수반된 은유성은 육체에서 정신으로의 일방향적인 초월성이 아니라, 두 육체의 이질적 물질성의 지속적인 전이이다. 그것이 크리스테바가 주장하는 "초통합transcorporation"(1995: 179, 저자 강조), "(동일시와 사랑하는 여인의 복제를 통해) 열정적이면서 동시에 (그녀의 말의 동화를 통해) 상징적인 초융합transfusion이다 (1995: 185).

그러나 오르페우스는 어머니와 아버지, 여성성과 남성성 양쪽의 "탐욕스러운 소비자"이다(1995: 186). 태곳적 아버지처럼 그는 "두 가지 형식의 사랑을 통합하는데, 이 두 형식은 아버지의 상징적 다양성과 어머니의 충동과 관련된 다양성이라는 동일시의 두 가지 변수이다"(1995: 185). 이것이 크리스테바의 오르페우스가 시인일 뿐만 아니라, 그것을 "참여하는 모든 이들이 인지하게" 하기 위해 "탈감각화의 이야기를 들려주"려고 노력하는 "정치적인 서술자"인 이유이다(2000b: 90). 크리스테바가 주장하길 "이 대단히 정치적인 행동을 취하기 위해서 우리는 양쪽에 있을 수 있어야만 한다"(Ibid.). 그러므로 그것은 더 이상 (한쪽에서 다른 쪽으로) 넘어가기, 그 과정에서 초래된 상실에 대한 질문이 아니다. 여기서 중요한 것은 기로에 서 있는 존재의 필요와 생존능력이다. 그녀가 말하길 "에로스와 아가페의 지속적인 교환은 결코 멈추어서는 안 된다. 왜냐하면 그것이 특정 양성성뿐만 아니라 삶의 텍스트로의 축소뿐만 아니라 기호들의 삶에 대한 믿음도 보증하기 때문이다"(1995: 186).

우리가 알아본 바와 같이 그것은 기호계와 실재계 사이의 경계를 가로지르는 어떤 은유성이 가능하게 되는 "개인의 역사 이전의 아버지"이다. 크리스테바의 오르페우스가 콤플렉스 없이 발화하는 주체성의 발달을 가리키는 것이라면, 이것은 오이디푸스와 달리 그가 "다정한 형태의 제3자"(1995: 180)를 고수하고, 그렇게 하면서 그가 "거세"를, 어떤 입문 통로가 요구하는 희생을, 탈실체화transsubstatiation와 흐름으로 경험하기 때문이다. 크리스테바에게 이 흐름은 그녀가 "내면성이 결핍된 늘 변화하는 주체", 그리고 아가페와 에로스, 아버지와 어머니, 서사와 시 사이에서 "영속적인 전이" 중인 주체라는 독특한 담론으로 이해하는, 스타일의 흐름이다(1995: 186).

오이디푸스에 대한 크리스테바의 시험: 제3자의 혁명

내가 "의미 있다"라고 주장할 때, 나는 이것을 대단히 전이적 제스처로 만든다. 이는 제3자가 또 다른 의미를 위해, 그리고 또 다른 의미를 통해 존재하게 하는 것이다.(Kristeva, 2002a: 20)

시인/서술자인 오르페우스는 어떻게 "알고 있고, 철학하며, 생각하는 주체"인 오이디푸스가 되는가(2000a: 86)? 이것은 사랑을 주는 상상계 아버지의 금지하는 상징적 아버지로의 축소의 결과처럼 보일 것이다. 크리스테바가 말하길,

오이디푸스기 이전까지 사고thought는 아버지를 장애물로 여기지 않았고, 동일시의 중심으로 여겼다. 그는 "나"를 모체로부터 분리시키기 위해 "나"를 사랑하고 "나"를 보호한다. 오이디푸스기가 시작되면서 사고는 아버지를 오이디푸스기의 아버지로, 제3자로, 법의 주재자agency로 간주하게 된다.(2000a: 84)

그러나 이것은 크리스테바가 설명한 대로 오직 이 부권의 주재자를 시험대에 올려놓기 위한 것이다. 왜냐하면 그것은 그녀의 이전 연구자들과 달리 그녀가 오이디푸스적 사건의 중심에 놓은 아버지에 대한 반항이기 때문이다. "아버지는 '늘 이미' '자발적으로' 죽은 것이 아니다"라고 그녀는 강조한다. "그는 주체가 되기 위해 그를 처형해야만 하는, 바로 그 주체에 의해 그리고 그 주체를 통해 죽는다"(2000a: 86). 여기서 문제가 되는 것은 아버지가 "개인의 역사 이전의 아버지처럼 버팀대가 아니다"라는 것에 대한 주체의 인식이다. "그는 제3의 존재, 그는 분리되고 […] 분리 가능하다." 게다가 "그는 또한 위협받을지도 모른다". 즉 "'내가' 그의 자리를 차지할 수 있다, '내가' 그를 몰아낼 수 있다, '내가' 그를 대체할 수 있다"(2000a: 84).

동시에 크리스테바는 오이디푸스의 반항이 실패하게 된다는 점을 우리에게 상기시키길 결코 멈추지 않는다. 사실상 주체가 "사고의 존재"가 된다면 이 실패는 반항 그 자체와 반항의 갱신만큼이나 필연적이다. 중요하게도 크리스테바는 어머니로부터 기인한 욕망에 의해 추진되는 "부권적 대리인에 저항하는 […] 투쟁"과 "상징적 능력을 획득하려는" 요구 사이의 "내적 펼쳐짐" 속에 발화하는 주체를 위치시킨다(2000a: 86). 다시 한 번 그것은 양쪽에 위치하기 위해서 없어서는 안 된다. 그러므로 오르페우스에서 오이디푸스로의, 그리고 상상계 아버지에서 상징계 아버지로의 그녀의 이행에서 크리스테바는 자신에게 중요한 관심사들을 버리지 않는다. 즉 "쾌락을 정화시킨 교환"(Moi, 1986: 150)에 근거하지 않는 상징적 꾸러미에 대한 관심과 발화하는 주체를 "기로의 괴물"(2000b: 167)로 재개념화하기에 대한 관심이다. 아래 소항목에서 우리는 이 관심사들이 우리의 관점에서 볼 때 오이디푸스에 대한 크리스테바의 재검토의 일부를 형성하는 세 개의 다른 순간들을 어떻게 우리가 통합하고 분명히 보여줄 수 있게 하는지 설명해보고자 한다. 의심되는 바와 같이 세 가지 순간들 모두 스핑크스, 그리스어로 교살한다는 의미(예를 들면 질식시키거나 목을 조른다는 의미뿐만 아니라 어떤 종류의 발언도 막는다는 의미)와 "묶다"의 의미(예를 들면 의무 혹은 임무를 부과한다, 계약이나 협정을 비준한다, 응집한다는 의미)로 해석될 수 있는 이름을 가진 이 혼종적 문턱의 수호자의 형상으로 수렴한다.

(a) 응시의 상호간의-이해관계

크리스테바의 《노인과 늑대들》(1994a)은 바로 이 개별 의미들

의 관심사를 중심으로 한다. 제목의 노인이 그 소설의 주인공이
자 서술자인 스테파니에게 이야기하는 "유대의 의미를 [우리는]
잊어버렸다."

> 물론 티불루스의 애가들이나 오비디우스의 이야기에 영감을
> 주었던 속성은 성스러운 유대[…] 열정적인 […] 그러나 […]
> 또한 자유로운, 질문하고, 회의적이며, 지적인 것이다[…] 그
> 리고 그것은 지금 우리가 필요로 하는 그 형식이다. 그것이 오
> 만해져 올가미로 작용하지 않을 때. 그것이 사라지고, 우리 역
> 시 증오 없이, 자유롭게 죽게 내버려두지 않을 때, […] 우리가
> 늑대들과 박쥐들 그리고 바보들을 깨우는, 쉬이 사라지지 않는
> 한밤중 같은 시간을 살아가는 오랫동안 말이다[…](1994a: 97)

이 소설과 《반항의 의미와 무의미》 둘 다에서 설정된 것은
바로 그 "쉬이 사라지지 않는 한밤중" 같은 시간이다. 실제로, 우
리가 알아본 바와 같이 오이디푸스에 대한 재검토의 초반부에
서 크리스테바는 동시대 서구의 미디어화된 사회들을 특징짓는
교착상태에 맞서 자신의 우려를 표명한다. 그녀에 따르면 전통
적인 힘의 공간은 모순적이게도 가능성, 바로 그 반항의 문화를
약화하면서 처벌하고 훈육하는 기술들의 발전에 유리한 공백을
우리에게 남긴 채 내부로부터 비어 있다. 크리스테바에게 이 문
화의 탈환이 그 가치의 회복과 정신분석가들이 "부권적 기능"
이라 부르는 것의 본성의 재개념화와 떼어낼 수 없는 것이 된다

면, 이는 (우리가 주장해온 대로) 아버지가 개인화의 원리이자 공통의 의미의 확약이기 때문이다.

이런 관점에서 볼 때 《노인과 늑대들》이 이 기능의 한계와 가능성의 은유적 탐구라는 점은 중요하다. 사실 그 소설은 프로이트가 문명 초기에 배치시킨 부친살해를 재무대화한다. 그러나 여기서 희생자는 이미 죽은 아버지이며, 그의 살해자는 문명의 종말을 나타낸다. 게다가 가해자는 바로 아버지의 자리에 놓여진다. 결과적으로, 설명된 전쟁은 아버지와 아들 사이의 가족 경쟁이 아니라 아버지의 상징적 자리 내부의 분열이다. 실제로 스테파니는 두 개의 다른 (비록 둘 다 마찬가지로 폭군이긴 하지만) 아버지의 이미지들 사이에 끼어 있는 것처럼 보인다. 즉 한 아버지의 이미지는 초자아(법의 사나운 형상)이고, 다른 아버지의 이미지는 지젝이 "외설적인 아버지-주이상스"라고 부르는, 모든 향락enjoyment을 전유하며 원초적이고 질투하는 아버지(1999: 314)이다. (둘 다 늑대들에 의해 재현되는) 이 아버지 형상들에 저항하면서 그녀는 기억 속에서, 그리고 기억을 통해서 세 번째 부권적 공간, 변화하고 되돌아가며 그 자신을 뒤집어놓을 수 있는 능력 때문에 그녀가 부르는 대로 "되돌릴 수 있는 공간"을 밝히려 한다(1994a: 141). 그녀의 이야기에서 이 공간은 방랑하는 두 명의 인물들, 즉 대사-아버지(헌신적인 중개자)와 죽은 언어에 대한 열정을 가진 비현실적인 남자인 전직 라틴어 교수가 차지한다.

노인은 분명 스테파니의 역사 이전의 상상적 아버지를 나타낸다. 아버지의 형상, 그의 그 이름과의 관계성은 그저 허약하거나 참으로 장난스럽다(그는 여러 가명으로 돌아다닌다). 그의 세계는 음악과 목소리, 움직임 그리고 스타일의 흐름의 세계이다. 그를 에워싼 절대적 힘의 장악에 오만한 늑대들과 달리 그는 "그의 취약성을 그 자신에게 상기시키기를" 결코 멈추지 않으면서 그의 "거세를 [그의] 소매 위에" 두른다(1994a: 156~157). 스테파니에게 그는 분명한 끌림의 축이자, 그녀가 변화와 오비디우스의 변신 원리(예를 들면 다른 형식들의 차용을 통한 갱신)에 열려 있게 하는 전위의 장소이다.

그 노인이 스테파니에게 무한히 많은 형식을 보여준다면, 그녀의 아버지는 그녀에게 무한히 많은 혀를 드러낸다(1994a: 166). 상징계의 영역에서 오비디우스의 변신에 가장 가까운 것은 번역, 즉 스테파니가 말하길 그녀의 대사-아버지가 그녀에게 가르치는 것이다. 즉 언어의 내부와 외부로의, 혹은 하나의 언어에서 다른 언어로의 지속적인 움직임이다. 스테파니의 기억에서 그녀의 개인의 역사 이전의 아버지와 죽은 상징적 아버지가 분리될 수 없는 것처럼 보이는 방식(1994a: 153), 하나가 다른 하나의 "닮은 꼴"(1994a: 163)이라는 점은, 그들이 서로 다른 질서에 놓여 있음에도 불구하고 둘 다 같은 과업에 전념하기 때문에 흥미롭다. 스테파니가 말하듯이 그들이 함께 노래하면서 "담론과 음악의 결합, 그들의 삼투현상, 그들이 더 이상 서로 분리될 수 없다는 점을 넘어서는 한계들을 축하하고 있었다"(1994a: 152).

주인공이 자신의 "무중력 상태"라 부르는 것, 그녀의 아버지처럼, 연루되어 있으나 늘 "떨어져 있는" 이방인으로 남는 그녀의 능력에 빚지고 있는 언어의/속 음악을 들을 수 있는 것은 이 두 부권적 인물들 사이에 펼쳐진 공간들 덕분이다(1994a: 167). 그 이상함strangeness의 보호는 그녀에게 문명의 마지막 보증서이다. 그녀가 말하길 "야만이 지배할 때, 문명의 유일한 형식은 이주, 결코 '그들 자신' 혹은 '여기' 혹은 '지금'과 동일시하지 않는 일부 사람들이 지닌 이상한 능력에 기반한 유목주의일지도 모른다"(1994a: 149~150).

　　크리스테바에 따르면 현재 위기에 빠진 것은 이 유목주의적인 세 번째 공간이며,《노인과 늑대들》의 암울한 결말을 근거로 판단하면서, 그녀는 그다지 많은 희망을 품는 것처럼 보이지 않는다. 늑대들은 위압적이다. 그 소설의 결말에서 서술자는 그녀가 "그들 중 하나"라는 것을 인정하게 된다(1994a: 183). 그리고 여전히 이 다른, 부권적 공간의 어떤 것이 아버지의 살인을 목격하고 그의 살인범들의 얼굴에 떠오른 미소를 통해 볼 수 있는 능력을 보유한 형사-겸-기자인 여자 주인공의 눈에 남는다. 확실히, 그의 살인을 이야기할 수 있게 하고 기억할 수 있게 하며 공유할 수 있게 하는 것은 이 눈이다. 여러 방식으로 이 눈은 죽은 아버지의 잔여물이자 과잉, 유대 가능하게 만드는 그의 사후 세계이다. 우리는 이 눈이 아렌트에 대한 그녀의 논의에서, 크리스테바가 서사뿐만 아니라 공통의 삶(사이의-존재inter-esse)에 필수 불가결하다고 여기는 사이의 공간을 점유한다고 감히 주장할 것이다. 그녀가 강조한 바와 같이, "사실fact"은 "공유 가능한 생각"(2000b: 55)이 될 수 있고 그 자신을 "살아 있는 발화"(2000b: 57) 속에 드러낼 수 있는 것은 오직 서술자의 정치적 시선을 통해서이다.

소포클레스가 오이디푸스의 비극을 이 시선을 중심으로 구성한 것은 놀랄 일이 아니다. 얼마나 많이 라이오스의 살인에 대한 목격자의 설명에 의존하는지 기억해보라. 비극의 중심에 놓여 있는 것이 행위가 아니라 이구동성으로 구현된 폴리스의 사이에-있는 [이해관계가 있는] 시선에 대한 행위의 다시-보여주기representation라는 점을 기억해보라. 이런 관점에서 오이디푸스가 자기 자신에게 가한 벌은 얼마나 적합한 것인가! 이 공통의 시선을 빼앗는 것, 이것은 아마도 최악의 추방이다[…].

(b) 질문하는 목소리

위의 섹션 (a)에서 우리의 목표는 크리스테바의 글에서 대안적인 상징적 공간, 프로이트의 초자아와 라캉의 부권적 법에 의해 지배되는 공간과는 뚜렷이 다른 공간의 등장에 주목하는 것이었다. 《노인과 늑대들》에서 크리스테바는 이 대안적 상징계를 "대사직의 핵심, […] 타협[법에 대한 집착]과 폭로[그것을 초월하는 것에 대한 개방성] 사이의 앞으로 진행 중to-ing 그리고 뒤로 진행 중fro-ing"으로 정의한다(1994a: 141~142). 그녀는 또한 그것을, 우리가 주장한 것처럼 서사의 정치적 기능과 사건들을 평가하거나 검열할 수 없고 그들을 공유 가능하게 하기 위해 목격하는 시선과 연결 짓는다. 크리스테바의 상징계가 대안적인 아버지의 운명으로서 그 가능성을 열어두는, 개인의 역사 이전의 아버지의 상상적 공간에 너무 가까워, 진정 그로부터 떼어낼 수 없는 것처럼 보이는 것은 그것의 유목적이고 은유적인 본성과 이질적인 작용들(예를 들면 음악과 서사)을 포용하기 때문이다. 그러나 상상적 아버지가 그가 개시한 중개 과정(크리스테바에 따르면 그는 "즉각적인", "직접적인" 동일시를 나타낸다, 1987b: 26)에 저항하는 반면, 상징적 아버지는 중개와, 그로 인한 대치와 질문하기에 늘 종속된다. 더 이상 단순히 주체와 이상의 지지자가 아닌 크리스테바의 상징적 아버지는 또한 주체의 반항의 대상이다. 《노인과 늑대들》에서 스테파니는 자신이 그녀의 아버지의 참수를 수행하는 소망-충족의 꿈을 우리에게 연결 짓는다, "기차가 마구 달리는 중이다 [⋯] 그리고 그것은 아버지의 목을 치고 지나가 그의 머리를 잘라낸다"(1994a: 138). 이 꿈 이후 스테파니가 우리에게 말하길 "나의 기차는 그의 목에 걸려 있다[⋯] 그는 늘 기침을 하였다 [⋯] 나는 그가 멈출 거라고 생각지 않는다"(1994a: 139).

섹션 (b)에서 우리는 그 이름의 주체의 전유(그리고 복종)뿐만 아니라 그/녀의 이름 붙일 수 없는 것과의 관계에 대한 상징적 아버지의 "아픈 목구멍"의 암시들을 이해하고자 한다. 이를 위해 우리는 이제 거세의 문제와 《새로운 영혼의 병》(1995)과 《사적인 반항》(2002a)에서 이 문제에 대한 크리스테바의 재구성으로 돌아갈 것이다. 여기서 흥미로운 점은 우리가 알아본 바대로, 프로이트와 라캉의 오이디푸스적 사건의 이론화 작업들에서 지배적인 결핍의 패러다임의 바깥에서 거세를 재개념화하려는 크리스테바의 시도이다. 사실 크리스테바는 "홀로 애도하기 속에" 거세를 "뿌리내리게 하는" 경향을 심문한다(1995: 88~89). 그녀는 부정하기보다는 상징적 거세가 본질적으로 하나의 질문으로 이해될 필요가 있다고 주장한다. 그러나 이 주장의 의미는 무엇인가? 우리는 그것을 어떻게 다루어야 하는가? 라캉적 주체, 케 보이?Che vuoi?(당신은 무엇을 원하십니까?)에 출몰하는 질문에서 시작해보자. 지젝이 설명한 대로 이 질문의 상황은 "근본적으로 모호하다".

> 한편으로, […] 그것은 대타자[예를 들면 상징적 법]가 […] 주체에게 […] 보내는 질문을 나타낸다[…]. 다른 한편으로, [그것은] 비록 주체가 이 어떤 것이 사실상 무엇인지 결코 알아낼 수 없음에도 불구하고, 그에게 어떤 것을 원하는 불가해한 대타자와 직면한 주체 자신의 당혹을 나타낸다.(Žižek, 1996: 164)

라캉적 주체는, 그렇다면 "[이] 질문이 해결되지 않은 채로 남아 있는 한 존재한다". 이런 관점에서 라캉이 희생을, 그 질문을 끝내고 "타자가 존재한다"는 것을 전제하거나 "희생으로 달랠 수 있는" 그의 욕망을 구체적인 요구로 번역함으로써 "대타자의 욕망의 심연을 감추려는" 시도로 이해하는 것은 흥미롭다

(Žižek, 1992: 56). 그러므로 라캉에게 그 질문은 주체와 대타자 둘 다 여전히 절대적인 지식의 위치를 차지할 수 없다는 점을 보장하는 것처럼 보인다.

우리는 이것이 거세라는 질문에 대한 크리스테바의 재고에서 어느 정도 현안이라는 것을 주장할 것이다. 분석 과정의 맥락에 그 질문을 다시-새겨넣으면서, 그녀가 말하길 "[…] 상징적 거세는 환자들이 자신들이 모르는 것과 대면하게 하고, 분석가의 상상적 전능함을 축출함으로써 그것이 환자들로 하여금 자신들의 무지를 깨닫게 한다"(1995: 89). 만약 "질문으로 간주된다면, 상징적 거세는 오이디푸스 콤플렉스의 논리적 측면"이라는 《새로운 영혼의 병》에서의 크리스테바의 주장을 바로 이런 점에서 이해할 필요가 있다(1995: 89). 그녀에 따르면 오이디푸스의 심문은 정확히 이중적 인식에 연루된다. 즉 "결핍되지 않은 기표, 죽지 않는 아버지는 없다"는 것과 동시에 "아버지의 자리를 차지하기, 법률을 가정하기"는 "죽음에 처하게 되기"라는 위험을 수반한다는 것이다(2000a: 86).

그러나 우리가 이미 주장한 대로 크리스테바의 거세 문제의 재구성에서 더욱 현안이 되는 것이 있다. 이 과잉의 본성을 평가하기 위해 우리는 라캉의 "케 보이?"에 다른 질문, 즉 스핑크스에 의해 오이디푸스에게 보내진 질문을 투사하면서 진행할 것이다. 아폴로도로스에 따르면 이 질문의 완성판은 다음과 같다. "하나의 목소리를 가지고, 네 발이자, 두 발이며, 세 발인 것은 무엇인가?"(Wilson, 4). 그를 믿는다면 오이디푸스의 오만은 더욱 더 가시화된다. 실제로 그 질문에 대답한다는 그의 전제에서, 오이디푸스는 절대적인 지식의 위치를 주장하고 있다. 왜냐하면 그가 (유아기, 성인기, 노년기에) 인간의 이질적인 경험을 "남자"의 이름으로 통합하려 할 뿐만 아니라, 그 이름 자체의 개별성과 분리가능성, 달리 말하면 기의로부터 독립된 기표의 물질성을 수용하기를 꺼려하기 때문이다. 이 물질성은 스핑크스의 "남자"(스핑크스의 심문에서 질문으로 번역된 지시 대상)와 그의 목소리의 현명한 분리 속에서 전경화된다. 결과적으로, 그 자신을 일자로 정의하려는 욕망에서, 오이디푸스는 발화하는 주체로서 그 자신의 분열된 본성을 부인한다. 게다가 그는 제3자의 통합 그 자체를 방해하는 것, "하나"가 아니라 본질적으로 이중적인 목소리에 체화된 이름의 물질성에 귀 기울이지 않는다. 왜냐하면, 우리가 아는 대로 오이디푸스를 부르는 목소리는 본질적으로 모성적인 (예를 들면 타자의 통합에 근거한) 관련성과 결부된, 그리고 그녀는 절대적 지식("무엇인가[…]?")에 대한 담론을 말함에도 불구하고, 노래하는 목소리로 그렇게 하는 잡종적 존재의 목소리이다. 그러나 우리가 아는 바와 같이 오이디푸스는 오르페우스가 아니다. 그는 그 노래에 의해 현혹되지 않는다. 그래서 그는 그 이름을 제공하는 그의 열망 뒤에 이름 붙일 수 없는 것의 요청을 억누른다. 그런 이유로 제3자의 위치, 그녀가 강조한 대로, 라캉의 축소된 버전의 기표에 포괄될 수 없는 위치에 의해 우리에게 보내진 질문에 주의를 기울이게 되는 능력으로서 거세라는 크리스테바의 재개념화는 중요하다(2000a: 81).

이런 관점에서, 크리스테바에게, (아버지의 금지에 대한 위반으로 이해되는) 오이디푸스의 반항은 그녀가 "태고로의 귀환"과 "욕망의 무시간성(Zeitols)"으로 정의하는, 다른 종류의 반항으로부터 불가분의 관계라는 점이 중요하다(2000a: 12). 거세에 대한 질문이 의미하는 것이 바로 이 반항의 이중적 의미이다. 우리가 주장한 대로 이 질문은 그 이름과 이름 붙일 수 없는 것 둘 다에게 던져진 것이다. 이름 붙일 수 없는 것에게 보내진 요청으로서, 거세의 문제는 기표 내부에 그것을 위한 공간을 열어준다. 그렇게 하면서, 그것은 "[이름 붙일 수 없는 것 그 자체를] 질문 속에 던져놓거나", 혹은 오히려, 그것을 주체가 대답해야 할 의무가 있는 질문으로 번역한다(1995: 89). 그 이름에 보내진 요청으로, 거세의 문제는 믿음의 결핍 혹은 결여가 아니라 불신의 지연으로 이해되어야 하는, 일종의 무신론과 같은 의미이다. 왜냐하면 주체는 계속 그/녀 자신을 후자의 한계들, 그것의 충만함과 힘의 환상을 충분히 알고 있는 기표의 미래에 맡기기 때문이다.[8] 수신인과 별개로, 그러나 그 질문은 최종적으로 (그 이름이든 이름 붙일 수 없는 것이든) 우리가 설명할 심문의 마지막 순간으로 데려갈, 타자의 길에서 타자를 만나는 주체 쪽의 준비성을 가리킨다.

(c) 분열된 신체

진정 우리가 크리스테바의 오이디푸스 재독해에서 갈림길들의 전경화를 평가할 수 있는 시기는 오직 지금뿐이다. 우리가 아는 바대로 이것은 주인공의 심문이 시작되는 곳이자 그가 강박적으로 회상anamnesis의 몸짓으로 되돌아가려는 곳이다. 크리스테바가 설명한 대로 갈림길은 죽음과 욕망, 생각과 섹슈얼리티, 필연과 우연이 만나는 공간이다. "갈림길"에 해당하는 고대 그리스어는 만남, "교차"라기보다는 분리를 강조하는 말인 "쉬스트오도스Schiste Odos"*였다. 크리스테바가 관심을 보인 것은 바로 길들의 교차점 혹은 이방인의 길에 있는 이 분열이다. 그녀에 따르면 그 비극은 우리로 하여금 한편으로 이주와 증가하는 잡종화의 경험으로, 그리고 다른 한편으로는 민족주의와 외국인 혐오의 강화로 특징지어지는, 동시대 사회에 여전히 의미가 있는 이 분열의 중심을 차지하도록 요청하기 때문이다. 그녀의 관점에서 오늘날의 과제는 정치와 정신분석에서 여전히 지배적인 "위기"의 담론에 저항하는 것이다. 《사랑의 역사》에서 그녀가 말하길, 위기는 "오직 안정적인 이미지들에 현혹된 거울들을 위해 존재한다"(1987b: 373). 대신에 우리는 우리 경계와 갈림길의 괴물들, "우리 자신들인 저 혼종적 괴물들을 보호"해야 할 필요가 있다(2000b: 168). 《철학자, 오이디푸스》의 마지막에서 구는 근대 인간 존재의 경계성liminality을 오이디푸스와 함께 부상하는 "새로운 윤리"와 연결 짓는다. 그가 말하길, 통과는 "그것은 […] 결코 완성되지 않고, 언제나 다시 시작되고 연장되어야만 하기" 때문에 "더 이상 단 하나의 사건이 아니다"(1993: 184). 구

---

* 그리스 파르나소스산의 세 갈림길 이름.

가 암시하는 바와 같이, 통과라는 독특한 경험은 죽음을 배제하는 것이 아니라 죽음(그리고 그것과 떼어놓을 수 없는 부활)을 갱신의 논리 안에 다시-새겨넣는다.

크리스테바는 이 갱신(분할과 연결, 죽음과 부활의 갱신)의 논리 속에서 동시대 발화하는 주체성을 대체하려 애쓴다. 그러므로 오이디푸스에 대한 그녀의 재검토에서 그녀는 갈림길에 의지한다. 의미심장하게도《시적 언어의 혁명》에서 갈림길은 그녀가 헤겔을 따르면서 "부정성"이라고 부르는 것에 해당하는 인물이었다(1984: 118). 그녀가 정의한 대로 "부정성"은 어떤 자리의 형성을 야기하지 않는, 이질적인 요소들의 횡단-주체적이고 횡단-언어적 운동을 지칭한다. 반대로, 그것은 어떤 주체적인 혹은 공동체적 자리를 방해하고 "그것의 생산이 실행되는 공간을 가리킨다"(1984: 117). 이것이 바로 오이디푸스와 함께 부상한 경계성이 "새로운 윤리"로 복무할 수 있는 이유이다. 크리스테바에 따르면 "어떤 언어와 혈통에도 뿌리를 두지 않는, […] 가지각색의 인증된, 그러므로 군인인 시민들에게 도전하는[할 수 있는]" 것은 오직 "국경의 남자들과 여자들", "새로운 언어와 혈통의 존재들"뿐이다(2000b: 168~169).

야만적인 삼각형

크리스테바의 오이디푸스로의 귀환에 대한 논의에서, 나는 우리가 그녀의 제3자의 (재평가와 갱신으로 이해되는) 혁명이라 부르는 것의 세 가지 다른 순간들을 분리하려고 시도하였다. 여러 방식으로, 이 순간들은 오이디푸스 삼각형의 각 요소들(부권적 기능, 태곳적 어머니, 부상하는 주체)을 재개념화하려는 크리스테바의 시도를 나타낸다. 그러나 그들은 들뢰즈와 가타리에 따르면, "열린 사회적 장"을 텅 빈 구조적 위치들이거나 "글로벌 개인들"로 축소시키는 "아빠-엄마-나" 삼각형을 재구성하지 않는다(1983: 78, 96). 우리가 알아본 바와 같이, 각각의 세 순간들은 사실상 이것들, 상호-이해관계가 있는 눈, 질문하는 목소리, 분열된 신체의 잔여물인 것에 초점을 둔다. 글로벌 개인들보다 신체 부위들, (반대의) 위치들보다 부분적 장소들인, 이 잔여물들은 하나의 혹은 다른 가족 행위자의 소유물이 아니다. 그리고 그들은 모두 "열정적인" 그리고 "질문하는" 동맹의 가능성을 열어 둠으로써 형성되고 사회적 장을 가능하게 한다.

흥미롭게도, 원시적이고 사회적인 기계에 대한 논의에서, 들뢰즈와 가타리는 우리에게 대안적 삼각형을 살짝 보여준다. 원시적이고 사회적인 동맹을 봉인한 이 삼각형은 "그저 메시지 가치를 지니기만 한 것은 아닌" 기호들에 의해 의식적으로ritually 새겨진 신체, 이야기하기보다는 읊조리는 동맹의 목소리, 그리고 "신체에 새겨진 기호와 얼굴로부터 나오는 목소리 사이의 미묘한 관계성을 홀로 이해할 수 있는" 눈으로 형성된다. "이것들은 야만적인 삼각형의 세 변이다"라고 들뢰즈와 가타리는 말한다.

분열된 신체의 열정, 노래하고 질문하는 목소리, 그리고 불신을 유예하면서 정치적인 것을 야기하는 시선에 대한 그녀의 오이디푸스적 반항의 다른 순간들을 구성하면서, 크리스테바는 야만적 형태의 동맹을 복구하고 있는가? 우리가 이 말을 충동의 태곳적 그리고 무시간적 힘에 대한 그 뿌리를 잊지 않으면서 상호적 존재inter-esse의 가능성을 확보하는 동맹으로 이해한다면, 그렇다. 진정 크리스테바가 자신의 가장 최신 글에서 복구하려는 유대가 야만적인 것이다라고 가정한다면, 이것은 그녀가 그것을 자신이 "신성한 것"이라고 부르는 것, 그것의 **모호성**(비밀과 사회적인 것, 순수한 것과 불순한 것, 삶과 의미에 대한 그것의 중간적 성격)의 모든 폭력과 그것의 **폭력**(경계를 수립하고 불안정하게 하는 것 둘 다)에 대한 모든 모호성에서 고려되어야만 하는 경험에 열어두기를 강력히 요구하기 때문이다. 이런 점에서 들뢰즈와 가타리가 그들이 설명하고 있는 원시적이고 사회적인 동맹을 새로운 기억, "발화된 단어의 집단적 기억"의 부상과 연결짓는 점은 주목할 만하다(1983: 190). 이것이 그녀의 오이디푸스에 대한 재검토에서 일부를 구성하는 반항에 관한 크리스테바의 현재 작업에서 현안이 되는 것이라고 주장하는 것은 부당하지 않을 것이다. 두 책에서 반항은 회상, 혹은 그녀가 말한 대로, "재현할 수 있는/생각할 수 있는/옹호될 수 있는 것의 한계로의 [⋯] 회고적인 귀환"이라는 점에서 정의된다(Kristeva, 2002a: 7). 그것은 이 회고적인 귀환이 크리스테바가 정신분석을 그녀가 설명하려고 애쓴 새로운 동맹의 패러다임으로 논의하기를 조금도 주저하지 않은 분석적 계약(중요하게도, 단어의 공유를 통해 형성된 계약)의 중심에 있기 때문이다. 프로이트의 오이디푸스 서사가 더 이상 이 동맹의 맥락에 "기정사실"로 간주될 수 없다 하더라도, 크리스테바의 재서술은 그것이 여전히 용서될[기정사실을 위한for given] 만하다는 것을 암시한다. 다시 말해 그것은 여전히 선물(기억할[다시-구성원이 될re-memebering] 만한 유산)로 혹은 또 하나의/다른 사람an/other만이 대답할(대답하기를 선택할) 수 있는 질문으로 새로이 제안될 수 있다.

3장

다른 이름으로 사랑과 죽음…

(사랑과 멜랑콜리아에 관하여)

_존 레흐트

사랑에 관한 질문에 있어서 크리스테바의 입장은 상당히 독특하다. 사랑의 이러한 정의 측면들을 평가하기 위해서 우리는 그것을 우리의 저자가 그러하듯이 우울과 비교한다. 우울한 개인은 사랑을 할 수 없는 어떤 사람이다. 왜냐하면 그/녀는 사랑이라는 일상적 개념의 상당 부분인, 언어를 포함한 대부분의 상징적 형식들에 대해 축소된 감정적 투자를 하기 때문이다. 그러나 그렇다면 "사랑이란 무엇인가"를 말하는 것이 가능한 것인지 궁금할 수 있다. 왜냐하면 사랑은 대체로 정의상, 분석적인 시선을 벗어나는 바로 그 상태 아닌가? 이것은 사랑이 불가사의하고 알 수 없는, 혹은 심지어 신비로운 것이라고 말하는 것이 아니다. 그것은 단지 사랑의 세계, 혹은 더 정확히 연인들의 세계가 쉬이 재현될 수 없는 것이라는 점을 인정하는 것이다. 크리스테바가 주장하는 대로 사랑은 사랑의 상연이다. 거기에 현실에 부합하거나 부합하지 않는, 사전의 관계(이미-존재하는 모델, 혹은 상태들의 집합)는 없다. 연인들에게 사랑은 그것 외부에 어떤 자리도 없는 그물망이다. 이것이 그것의 상연으로부터 분리될 수 없는 사랑의 의미이다.

사랑에 대한 그러한 실존주의적 접근은 개별성과 정체성에 밀접하게 연결된 것으로 그 이후에 나타나기 때문에 18세기에 인지되었던 방식과 확연히 다르다. 예를 들면 루소에게 사랑은 "마음속에" 있다. 이는 사랑이 이미 연인들에게 그들이 그 주제에 대해 표현하기 전에 (그들이 사랑을 상연하기 전에, 그리고 분명 그들이 "성관계를 갖기" 전에) 현실이라는 것을 의미한다(Rousseau, 1964 참조). 의심하는 자에게 "무릎을 꿇고 너의 입술을 움직여 기도하라. 그러면 당신은 믿게 될 것이다"라고 말했던 파스칼의 뒤를 따르면서, 크리스테바는 사랑이 그것의 상연이라는 사실을 강조한다. 이 이유로 그녀는 발화행위énonciation의 개념과 이것에 연결된 주체성의 형성에 대단한 중요성을 부여한다.

"전환소shifter"(오직 그 상연, 혹은 문맥에서만 의미를 지니는 언어의 요소)의 개념을 분석하면서 에밀 벵베니스트(1971: 217~222)는 시간과 장소의 지표들은 대명사를 포함하여, 오직 서술되는 행위 속에서 의미를 얻는다는 점을 지적한다. "나", "너", "이것", "저것", "지금", "여기", "거기", "어제", "오늘" 등은 그들 자체로 혹은 추상적으로 이해될 수 없고, 그들이 사용되는 문맥 안에서만 이해될 수 있다. 전환소는 사실상 근본적으로 실존적 현상이다. 이것은 진정 "상연"이라는 생각 속에 암시된다. 그러나 사랑의 상연은 여러 요소들을 수반한다.

사랑의 세 가지 측면

1. 사랑 이야기: 신화, 이야기, 판타지 그리고 서사는 연인들의 상호작용을 구조화하고 그들의 관계에 색조를 준다. 예를 들면 종종 사랑은 또한 아름다움과 바람직함desirability에 대한 개념들에 관한 것이면서, 견뎌내어 극복되어야 할 장애물에 대한 것이다. 혹은 사랑 이야기는 연인 관계의 한 명이 상대방이 그 사랑을 깨달을 때에서야 비로소 현실에서, 사랑은 결국 보답받을 수 있다는 것을 경험하는 보답 없는 사랑과 고통에 대한 것일 수도 있다.

2. 분리는 (루소나 괴테에서 그러하듯) 낭만적 사랑의 감정들에 자극제 역할을 한다. 여기서 장애물은 (기사도적 사랑의 유산에서처럼) 무의식적으로 의지에 의해 결정되어 창조된 텅 빔the void은 상징적 형식들(시, 노래)에 의해 채워질 수 있는 것처럼 보인다.

3. 근대적 연애 관계의 특이성singularity(개별성)은 이제 사회의 사회적 관계들이 적응하게 하고 따라서 더욱 복잡해지게 하는 기제로 간주된다. 이것은 또한 크리스테바에게 상징적이고 상상적인 능력들의 보강하기를 수반한다. 니클라스 루만의 관점(1986: 18~33; 48~57)은 연인들은 그들 자신의, 특이한 공동체를 구성한다(Blanchot, 1988)고 말한, 모리스 블랑쇼의 관점에 투영된다. 그들은 그렇게 함으로써 세 번째 요소(아버지?)를 배제한다.

이 마지막 주장은 크리스테바의 접근법의 일부를 이해하는 데 특히 중요하며, 그것은 사랑의 근대주의자적 실천에 관한 니클라스 루만의 주장에서 간략히 살펴볼 가치가 있다. 역사적 접근법을 택한 루만은 처음에 사랑이 "열린 체계"의 체화인, 말하자면 그들 자신의 규칙들을 창조하려 애쓰는 연인들의 개별성과 차이에 직면한 채, 사회가 새롭고 더욱 미묘한 사랑의 약호들과 인간관계들을 총체적으로 발전시키도록 강요받는 18세기에 초점을 둔다. 크리스테바 역시, 《사랑의 역사》(1987b: 13~14)의 초반에, 사랑을 각 개인이 다른 사람(=차이)과의 계약의 관섬에서 정신의 변형을 겪는 열린 체계로 언급한다. 루만은 거기에 사랑 약호의 복잡화가 있다고 주장한다. 그러나 사랑의 약호마저도 사랑이 연인들의 헤어짐을 전제한 어떤 것이라는 것을 암시한다. 그리고 이것은 확실히 동시대 사랑의 경험과 과거의 사랑 사이의 큰 차이이다. 왜냐하면 오늘날 사랑, 친밀함 그리고 익숙함은 함께 가기 때문이다. 사랑이 대신 실행될 때 사랑의 표현은 필요 없게 된다.

루만은 계몽주의 시대 "열정"이 복잡한 소통의 유사어가 되고, 사랑이 처음에 사회적 관습으로부터의 일탈이라고 주장한다. 그것은 확실히 결혼 동맹의 적절성을 보장하려는 귀족 가문의 명백한 노력으로부터의 일탈이다. 그리하여 루소의 시대에 연인들은 사회적 규범 밖에서, 어떤 규칙이나 관습도 예정하지 않은 열정으로 움직일 때 모순적이게도 열정적 사랑amour-passion의 약호화가 마침내 생겨날지도 모른다. 실제로 처음에는 기존 사회적 실천들과 규칙들에 의해 다루어질 수 없는 것이 결국 궁극적으로 약호화되고, 그러므로 사회적 영역을 더욱 복잡하고 섬세하게 된다.

　그녀의 입장에서 크리스테바는 이 점을 개인의 정신과의 관계에서 논의하면서, 정신적 공간의 재구성에 의해 초래된 풍요로움을 지적한다. 역사적이면서 개인적인 복잡성은 강화되고 보강된 인간의 경험을 낳는다. 포스트모던의 맥락에서 이어받은, 이 분명히 근대주의적인 과정의 또 다른 결과물은 자기-지시성이다. 각각의 연인은 그/녀 자신의 말이 상대에게 느껴지는 방식을 고려한다. 이것이 사랑의 반성적 순간이다.

　(우리가 주장하듯 크리스테바의 이해에 관련된 접근법을 취한) 루만에게, 사랑은 요구되는 소통의 복잡성 때문에 실패할 수 있다. 차별(근대적 민주주의)의 층화된(귀족주의의 전통) 양식에서 기능적인 양식으로의 움직임이다. 이상화idealization는 시간화temporalization로 바뀐다.

　루만은 그리고 나서 사랑을 자기-지시적으로 간주한다. 연인들이 변화되는 한 그들의 정신이 더욱 복잡해지게 되기에, 크리스테바에게 사랑은 또한 자기-지시적이다.

　루만이 말한 대로(1986: 48) 이제 그 문제는 개별적 독특성과 차이가 사회적 구조의 일부가 되는 방식에 중점을 두지만 그전에, 개별적 차이는 사회적 구조에 위협이 될 것으로 생각되었다. 사랑은 정확히 여기에서 등장하고, 사랑과 우정은 개별화 그리고 심지어 특이성의 언어가 된다.

쥘리아 크리스테바의 사랑 이야기

"사랑 이야기"는 사랑의 표현으로서 그리고 분리에 근거한 상징으로서 사랑이다. 이것은 크리스테바의 정신분석 접근법에 부합한다. 그러나 이것은 거기에 있는 유일한 종류의 사랑이 아니다. 거기에는 또한 동일시와 융합으로서 사랑도 있다. 크리스테바의 작업은 우리에게 이것을 의식하게 한다(1987b: 23~49). 그러한 동일시는 말들 자체의 교환을 통해 발생할 수 있다. "사실상 정신분석의 대상은 다름 아닌 말들의 교환이다"(Kristeva, 1987a: 1, 수정된 번역). 이는 정신적이고 육체적인 변경을 일으킨다. 여기서, 그 분석에서 우리는 "살이 되는 말들", 즉 욕망 혹은 신체적인 면을 지닌 말들에 대해 이야기하는 것이다. 혹은 크리스테바의 용어를 빌어 말하자면, 말들은 상징적인 만큼 (욕망에 기반한) 기호적이다(이전 1장 참조).

우리는 그래서 기독교의 사랑이 선물(상호적이지 않은 어떤 것, 불균형)이라는 것을 알아본다. 이것에서 그리고 다른 종교적 맥락에서, 사랑은 동일시이자 타자와의 융합이 된다. 이것은 사랑의 "기호계적" 측면이다. 그것은 분리를 전제한, 상징적 측면과 비교될 수 있을 것이다.

종교적 열정에 영감을 받은 사랑은 융합(=동일시)의 요소를 유지한다. 사랑에서, 분리와 대립되는 것으로서 융합의 대중적인 예는 다이애나 왕세자비의 죽음 이후 감정의 분출에 있을 것이다. 상징적 사랑(사랑 이야기 속의 사랑) 속의 동일시 역시 있을 수 있지만, 그것은 "서사" 혹은 사랑의 표현적인 면보다 덜 중요하게 여겨진다. 사랑 이야기에서, 사랑의 표현은 거의 사랑 그 자체와 동등한 것이 된다.

사랑의 기호계적 형태에서, 표현은 동일시로 바뀐다. 동일시는 비非서구적 문화에서 특히 강하다. 이들은 종종 신의 가면이 사람을 신으로 변하게 한다고 가정하는 (브리시티 콜롬비아, 알래스카, 뉴기니) 가면의 문화들이다. 요약하면, 거기에 융합이 있다. 마찬가지 의미에서 우리는 정신분석 대상자가 분석가와 동일시하는, 전이적 사랑이라는 정신분석적 개념에 대해 말할 수 있다. 그 상황은 최소한 연루된 양측 중 한 명이 다른 한 명의 현실에 결코 무관심하지 않은 것이다.

루만처럼 크리스테바는, 우리가 알아본 대로 "열린 체계"로서 사랑에 대해 말한다. 한 사람이 다른 사람과 사랑으로 만날 때, 그 사람은 그 만남에 영향을 받게 될 것이다. 이는 "더 높은" 차원에서 정신의 재안정화로 이어진다. 그 경험은 갱생 혹은 부활의 경험이다(Kristeva, 1987b: 15). 이 재구조화는 자아 혹은 의식의 전조들 하에서 완전히 발생하는 것은 아니다. 왜냐하면 자아와 의식은 둘 다 사랑이 수반하는 정신적 변형의 과정의 부분이기 때문이다. 거기에 전체 과정을 관리하는 어떤 지배적인 실체는 없으며 오직, 이미 논의된, 크리스테바의 초기 작업에서 나온 이 적절한 구문처럼, "과정/시험-중의-주체"만 있다.

크리스테바가 또한 말한 대로, 사랑은 "은유의 비행이다. 그것은 문학이다"(1987b: 1). 사랑은 일련의 부활들, 분리들이다.

바르트(1984)와 에코(1984)처럼, 크리스테바는 낡은 도덕적 약호들이 사라지거나 변형된, 오늘날 회의적인 세계에서 사랑이 어떻게 표현될 수 있는가에 대한 문제를 제기한다.

사랑은 본질적으로 상상적인 것으로 간주되고, 정신분석 상담 세션에서 작용하는 것이다. 그러므로 상상적 능력이 흔들린다면, 사랑하는 능력도 그러할 것이다. (포스트 모더니티의) 오늘날, 우리의 저자가 말하길 사랑 담론이 너무 피폐해졌기 때문에 우리는 위기에 처해 있다. 우리는, 크리스테바에게 있어서, 스펙터클의 사회가 될 사회 속에서(이후 5장 참조) "거짓 이미지의 폭포 속에 익사하는 중"이다(Kristeva, 1987b: 375). 그러나 그 "익사"는 "부활", 일종의 언어의 힘에 대한 신념의 갱신으로 이어질 수 있다.

이것보다 더 나아가, 정신분석과 신념에 대해 말하도록 촉발될 때, 크리스테바는 치료의 중요한 원칙이 정신분석 대상자가 다시 사랑할 수 있게 하고 상처받은 자기애에 의해 억압된 능력인 사랑할 능력을 가질 수 있게 하는 것이라고 상당히 명확하게 말한다(Kristeva, 1987a: 5). 계약이 타인과 (우선 어머니와) 체결되는 매개체로서, 언어는 늘 양가적이다. 그것은 거리와 분리의 표시이다. 마치 그것이 또한 본래의 멜랑콜리에 의해 분열된 인간에게 남겨진, 그러나 이번엔 말들 속에서 한 번 더 위안을 찾을 유일한 수단인 것처럼. 크리스테바 같은 분석가에게 말은 그저 언어적 의미화(소쉬르의 기호 이론에서 기표와 기의의 자의적 관계)의 매개체가 아니라 또한 정동의 매개체이다.

어떤 사전의 감정에서 이미 생겨난 것으로서 사랑이라기보다 상연으로서, 발화행위로서 사랑에 강세를 두면서 사랑의 주체와 객체는 혼란스러워진다. 은유는 여기서 "의미의 교통수단", 혹은 의미의 상연이 된다. 《사랑의 역사》에서 은유에 관한 핵심 구절 속에 있는 크리스테바의 주장이 바로 그러하다. 사랑의 상연은 크리스테바가 사랑의 "탈脫존재화de-ontologisation"라고 부른 것을 수반한다. 왜냐하면 존재론 속 존재와 달리, 사랑은 다시 말하지만 그것의 상연 전에 존재하지 않는다. 이 사랑의 개념은, 말이 난 김에 말하자면 또한 "만들어진 사랑"의 초현실주의적 경험을 환기한다(Breton, 1978 참조).

크리스테바의 아리스토텔레스 논의에서 닮음의 문제는 그리스 철학에서 발생하는데, 이것은 은유의 문제를 환기한다. 만약 닮음이 그것의 모형과 비교되는 사물의 이미지라면, 존재론이 전제되어 있는 것이다(모형=진정한 존재). 만약 반대로 닮음이 은유라면, 아리스토텔레스에 의해 주어진 은유의 좀 더 열린 정의는 활용될 수 있다. 은유는 "사물들의 상연을 의미한다". 크리스테바는 자신의 논의에서 후자를 발전시키려 모든 노력을 다한다. 그래서 아리스토텔레스와 그리스 철학이 전반적으로 사랑의 근대적 개념의 중심에 놓여 있다고 여겨짐에 틀림없지만, 그 텍스트들의 재해석은 아리스토텔레스가 도전받을 수 있다는 것에 대한 지배적인 관점들 또한 보여준다. 사랑의 존재론은 사랑의 상연을 발생시키는 것으로 이해되는 행위에 의해 뒷받침된다고 볼 수 있다. 사실 거기에 아리스토텔레스의 갈등이 있다. 그의 생각의 한 측면은 사랑이 이상적 연합에 근거하고, 사랑의 우연적 경험에 언제나 이미 존재하는, 이상적 사랑의 기억recollection인, 플라톤에 의해 선언된 존재론의 전통에 빚지고 있다. 다른 측면은 행위act이자 행동action으로서 존재의, 그 행위에 대한 아리스토텔레스의 가치화valorization 속에 포함된다. 여기서 사랑의 우연적 순간, 그 상연은 이상향만큼 혹은 그보다 더 중요해진다. 크리스테바는 아리스토텔레스가 은유와의 관계에서 "행위는 움직임이다", 혹은 운동이라고 말한다고 주장한다. 이는 충분치 않다.

> 그럼에도 불구하고 존재론이 "힘"과 "행위"를 정의하면서 맞닥뜨릴 난관들에 봉착한 채, 우리는 다음의 문제를 각오해야 할 것이다. "행위로서 존재"는 오직 타인과 함께 상징적 접촉 중인, 다시 말해 운동 중인, 전이 중인 주체에게만 적용될 수 있다.(Kristeva, 1987b: 274, 수정 번역)

은유는, "문자적인literal" 것과 "형상적인figural" 것 사이의 차이가 중요한 특징이 되는 존재론적 이상향을 환기하는 대신에, 지속적인 운동이 된다. 거듭 말하지만 은유로서 사랑은 문자적인 것과 형상적인 것에 대한 것이 아니다. 왜냐하면 아리스토텔레스는 은유의 근간 역할을 하는 본래의 용어에 대한 이해가 없었다. 아리스토텔레스에게 은유는 그러므로 하나의 발화행위에서 다른 발화행위로의 운동이 된다. 이것은 상연 그 자체 속에 수반되는 운동으로서 발화행위이다.

　게다가 은유성은 "일자One가 상연했던 존재"로 이해될 뿐 아니라, 오히려 지시체의 불확정성에 대한 발표처럼, 반대로 읽혀진다(Kristeva, 1983b: 256). "처럼 되기"(은유의 근간)는 이제 담론("문자적인 것"과 "형상적인 것"의 기원)의 바깥에 있는 외재적 실체의 확인으로서가 아니라, 독특한 존재가 담론 자체의 "제약들"을 폭로하는 방식으로서 이해된다(Kristeva, 1987b: 273). 이것은 담론이 본래의 실체를 포획하려는 행위가 아니라, 담론이 늘 이미 독특한 존재로서 늘 상연 중인 실체에 뒤처진 것을 알게 된다는 점을 암시한다. 이런 이유로 그 프랑스어 원문(1983b: 256)은 존재être가 탈존재désêtre("부不존재debeing", "비존재unbeing" 혹은 "복수의 존재", 우연에 열려 있는 존재, 또는 우연의 작용과 유사한 존재, 그 상연을 통해서만 "있는" 존재, 오직 은유적으로만 말하는 "중인"(즉 고정된 정체성을 지닌) 존재가 되는 존재)가 되게 한다. 존재는 심지어 《시적 언어의 혁명》에서 이전에 크리스테바가 분석한, 말라르메의 시에서 환기된 개념인 "주사위 던지기coup de dés"가 될지도 모른다(1984: 227~228).

　그렇지만 좀 더 일반적으로 크리스테바는 은유, 그리고 그것에 매여 있는 사랑의 비非형이상학적이고 복잡한 개념에 대해 탐구한다. 그리고 우연은 그녀의 시각에서, 분석 세션이 그러하듯 그녀에게 이를 제공할 것이다. 그러므로 《사랑의 역사》의 중요한 구절에서, 그녀가 말하길 "은유적 역학"은,

필연적으로 존재로 축소할 수 있는 지시체의 지정에 의해서가 아니라, 발화하는 주체가 발화의 행위 동안 대타자와 맺는 관계성에 의해서 수립된다. 그 발화행위는 분석가의 위치에서, 나에겐 담론의 의미와 의미화를 위한 유일한 근간인 것처럼 보인다.(1987b: 274, 수정 번역)

담론의 행위는 분석 세션에서 의미와 해석의 단 하나의 근간이 된다. 이것은 정신분석 대상자와 분석가의 상징적이고 상상적인 세계와 능력들을 야기하는 세션의 능력에 상당한 무게를 둔다. 둘 다 그러므로 분석의 경험에 의해 영향을 받는다. 심지어 분석은 해석의 틀 안에서 작동한다(오이디푸스 콤플렉스 등). 이 틀은 분석 대상자들의 가장 개인적인 것을 충분히 잘 다룰 수 있을 만큼 유연한 것으로 여겨진다. 사실상 분석은 개인화와 차별화를 강화하는 작업의 결과로 보여진다. 크리스테바의 반항에 관한 차후 작업은 바로 이것에 대한 확언이다. 반항하면서, 주체는 공동체와 집단으로부터 그 혹은 그녀의 차이를 확립한다. 이 토대 위에서 크리스테바는 아들이 법의 수립에서 아버지에게 반항하는, 프로이트의 원시집단에 관한 논문(《반항의 의미와 무의미》(2000a: 11~15) 참조)을 읽어낸다. 그 입장에서 사랑은 이 개인화 과정에서 다른 요소가 된다.

여기서 "주체는 그저 지시적 외부를 마주한 내부가 아니다"(Kristeva, 1987b: 274). 이것은 두 가지 이유에서 그러하다. 첫째는 "내부"가 이미 주어진 그리고 사전 요소의 지위를 지닌 어떤 것이라는 생각을 환기하는 반면, 상연의 개념은 이것에 반한다는 점이다. 둘째, 우리는 은유와 관련된 지시 대상은 본래의 현실이 아니라 "지시체의 불안정성"의 틀에서 유사한 것에서 유사한 것으로의 끊임없는 움직임이다. 그래서 이 문제에 대해 아리스토텔레스적이라기보다 플라톤적이지 않는 한, 크리스테바도 그렇지 않는데, 담론의 영원하고, 본래적인 외부는 없다. 요컨대 크리스테바처럼 그것들을 가장 철학적인 것으로 본다면 "존재론은 대타자와의 전이적 관계에 있는 특정 주체를 지속시키는, 의미화 구조에 종속된 것으로 보인다"(1987b: 274). 상기해 보라, 존재론은 상연에 대립한다.

그러면 크리스테바의 은유, 욕망 사랑에 대한 정신분석적 접근법은 어떻게 라캉의 접근법에 필적하는가? 그것은 여기서 차이들을, 간략하지만 구체화하는 데 유익하다. 라캉에게 대상은 욕망의 대상이고, 그것은 환유적인 운동을 구성한다(욕망의 대상은 결코 정확히 "저것", 결코 정확히 목적이 된 그것이 아니다). 크리스테바에게 "사랑의 대상은 주체의 은유(그것의 구성적인 은유, 그것의 '단항 특징')이다"(Kristeva, 1987b: 30). 이는, 주체의 은유로서 사랑의 대상은 또한 사랑의 상연에서 주체에서 대상으로의 운동을 발생시킨다는 것을 암시한다. 은유는 그러므로 사랑의 상연에 앞선 사랑의 대상은 없다는 것을 보여준다. 게다가 이 상연에서, 연인들의 결합이 있을 수 있다. 혹은 심지어 더 강하게 크리스테바는 이 연인들의 융합의 맥락에서 아버지에 의해 생겨나는 분리가 아닌, 어린아이의 어머니와의 관계가 사랑의 원형인 것처럼 말한다.

반대로 환유로서 욕망이라는 개념과 함께, 주체와 대상은 돌이킬 수 없이 분리된다. 왜냐하면 대상은 영원히 상실되기 때문이다. 분명히, 이 라캉적 상황은 주체가 연합이 결국 일어날 수 있는 것처럼 그 시나리오를 상연할지라도, 바로 분리 때문에 사랑을 열망과 고통의 시간으로 보는(괴테의 《젊은 베르테르의 슬픔》과 비교), 본질적으로 낭만적 관점의 사랑의 반복이다. 크리스테바가 주장하길, 욕망은 어떤 경우든 사랑과 동일한 것이 아니다. 사랑은 우리가 알아본 바와 같이, 환유적인 것이 아니라 은유적이다. 욕망과 그것의 환유가 이야기 혹은 서사로서 사랑의 환상적 측면을 구성하는 데 도움이 될지라도, 사랑의 진정한 시적 요소는 은유 속에서 "결정체를 이룬다". 여기서 시적인 것의 욕망의 측면이 은유 또한 라캉의 좀 더 이성적인 접근이 열외로 취급하려 하는 또 다른 측면인 기호학적인 것에 연결된다는 것을 암시한다는 점을 상기해보자. 그래서 환유는 좀 더 수사적인 관점의 은유(문자적인 것과 형상적인 것 사이의 관계)에 어울리는 것처럼 보이지만, 은유는 그렇지 않다. 대신 거기에는 "실행된 의미"와 "이질적인 정신적 장치 내부의 이질성의 표류"가 있다(1987b: 37). 게다가 사랑과 은유를 좌우하는 동일시는, 크리스테바에 따르면 "비非대상적"이고 이상화는 오직 고도로 "복잡한 과정"으로 발생한다.

대타자는 "순수 기표로서가 아니라" (다시 한 번 라캉에게는 미안하지만,) "은유적 변환의 바로 그 공간, 그들에 반대하고, 그들을 넘어서며, 사라지는 비재현적인 충동의 이질성뿐만 아니라 의미 특질의 압축으로 이해되어야 한다"(1987b: 38).

헤겔의 관점에서 "직접적인" 것의 문제

일차적 동일시의 직접성immediacy, "세계-내-존재being-in-the-world"의 직접성은 상연으로서 사랑의 반대편에 있는 것처럼 보일지도 모른다. 왜냐하면 직접성 또한 "이전에" 있는 것이기 때문이다. 그것은 상연의 환경 그 자체이다. 크리스테바의 사랑의 개념은 어떻게 직접성과 관련되는가? 상상계에 관한 우리의 이후 논의와 관련지어, 유의할 점은 주체가 늘 직접성 내부에 있다는 것이다. 직접성은 주체 안에 주어진 것이 아니다. 비체적 어머니처럼, "개인 전사의 아버지"(Vater der persönlichen Vorzeit)(애정 어린 아버지)는 직접성("늘 이미 거기에 있는")이다. (긍정적인) 애정 어린 아버지는 그러므로 (부정적인) 비체적 어머니와 평행을 이루고 있다. 여기서 핵심적인 지점은 두 인물 모두 그들의 직접성으로, 은유가 사랑의 상연에서 그러한 것처럼 상징계 질서를 그냥 지나친다. 크리스테바에게 상징적 기능은 주체의 형성 이전에 존재하지만, 거기에는 이것의 "다양한 양상들"(1983b: 48, 크리스테바 강조), "다양한 정신적 구조"(Ibid.)에 순응하는 양상들이 있다. 달리 말하면 우리가 상징계에 있는 방식은 우리가 그것 안에 있다는 점보다 더 중요하다. 이 정도까지는, 주체의 상징계 내 존재하기 역시 크리스테바가 발달("évolution") 혹은 운동이라 부르는 상연이다.

직접성으로서 절대자라는 헤겔 개념의 상술(정의대로, 절대
자는 매개 없는 것이다)은 여기서 이해하는 데 도움이 되는데, 왜
냐하면 그것은 주체가 언제나 이미 그것의 영역 안에 있고 언제
나 이미 "주어진", 개인 전사의 아버지에게도 역시 관찰되는 특
징이라는 것을 암시하기 때문이다(Kristeva, 1987b: 39~40). 헤
겔의 절대자는 단지 주체에 대한 힘일 뿐만 아니라 주체가 직접
성으로 참여하는 힘이기도 하다. 절대자인 것은 어떤 매개의 형
식도 지니지 않는다. 크리스테바가 말하듯이 우리는 "그것과의
'관계성'을 만들어내기 전에, 파루시아parousia* [그리스도와 비
교] 안에서 직접적으로 '언제나-이미' 있다"(1987b: 39). 이것은
다소 주체가 이미 그것의 대상에 존재하는 칸트의 초월적 영역
의 개념처럼 들릴지도 모르지만, 크리스테바는 애정 관계의 특
정 측면들 안에, 말하자면 후자가 매개를 암시한다는 점에서, 아
무 관계성도 없다는 것을 보여주기 위해 그것을 택한다. 상상
계-아버지와 같은 종류의 사랑은 절대적으로 직접적이다. 그것
은 "언제나-이미" 주어진 것이다.

의심의 여지 없이 우리는 여기서 사랑이 종종 연인들 사이
의 분리가 존재하지 않는 것 같은, 신비로운 경험으로 체험되거
나 특징지어지는 이유를 환기한다. 조르주 바타유의 글은 우리

---

* 고대 그리스어로 '도착', '출현'을 뜻하고, 기독교에서는 '그리스도의 재
  림'을 의미한다.

를 바로 이 지점에 이르게 한다. 그리고 비록 《사랑의 역사》에서 크리스테바의 바타유에 대한 접근법이 서사가 성적 과잉을 다룰 수 있는 법에 초점을 두는 것임에도 불구하고, 에로티시즘에서 터부들이 회피되고 개인성의 불연속성이 죽음 상태에 있기라는 연속성을 야기한다는 바타유의 생각을 통해, 사랑의 직접성에 대한 더 깊은 통찰력을 얻는 것은 틀림없이 있을 수 있는 일이다. 여기서 연속성은 헤겔의 절대자의 "직접성"과 같다. 그리고 바타유가 깨달음을 낳는 절대적 매개와 동등하다고 간주하는 것이 바로 헤겔의 절대자이기 때문에 다소 역설적이다. 크리스테바의 헤겔 읽기에서, 그러나 하이데거에 영향을 받은 것 중 하나인, 직접적인 것과 절대자는 서로에게 이질적이지 않고 그러므로 상황의 핵심에 있는, 바타유가 고취시킨 모호함의 개념과 이질적이지 않다는 점은 인정되어야 한다.

여기서 사랑을 바라보는 다른 방식은 동일시의 형식이다. 크리스테바는 프로이트가 한쪽 부모가 누군가 되고자 하는 것이었던 주체 동일시, 그리고 타자가 누군가 갖고 싶은 것인 대상 동일시에 대해 언급했던 것을 지적한다. 주체 동일시는 "일차적"이라 불리고 "개인 전사의 아버지"와의 교류에 부합하는 반면, 대상 동일시는 이차적인 것으로, 요약하면, 음악이 사랑의 "언어"이자 직접성의 언어, 그러나 언어적 의미에서 언어가 아닌 것이라 말할 수 있다. 음악은 그러므로 일차적 동일시에 연루될 것이다. 그것의 분석 불가능한 특징은 그 효과의 직접성의 지표이다. 우리는 언제나 음악 "안에" 있고, 음악은 우리 존재의 일부이다. 음악은 우리가 가진 어떤 것이 아니다. 그렇다면 음악은 뛰어난 기호의 장으로서, 대상을 갖지 않으며 그것은 쉬이 대상으로 변할 수도 없다. 대신 우리는 이미 리듬(요람 위의 아기와 비교)이나 노래를 통해 음악적 장 안에 있다. 그리고 최종적인 시적 몸짓으로서 음악은 사랑과 만나고, 사랑으로부터, 특히 존재의 핵심으로서 사랑으로부터 분리될 수 없다.

융합, 향수, 공감각으로서 그리고 마지막으로 유추로서 보들레르의 사랑의 개념과 함께(Kristeva, 1987b: 318~340), 우리는 사랑이 타자와의 융합 그리고 자기와의 결과적 해체로서 상연된다는 것을, 혹은 오히려 구성된다는 것을 알게 된다. 은유는 자기 상실을 수반하는 상연으로 무한 속에 있다. "'모든 것은 수이고 그 수는 모든 것 안에 있으며, 그 수는 개별적인 것이다'"(1987b: 323). 혹은 크리스테바가 주목하듯이, 구성주의적 형태의 무한은 "예술이 '數이고 수는 공간의 번역'이기 때문에", 수가 예술을 발생시키는 것으로 간주된다는 점에서 작동 중이다(1987b: 323). 궁극적으로 "무한성의 건설자가 無의 건설자이다"(1987b: 325).[1] 은유에서 중요한 것은 그것이 기호들에 의해 전달되는 무한한 의미들로 구성된(구축된?)다는 점이다. "유일한 의미의 손상"으로서 은유(1987b: 336), 그것은 "무한으로 넘어져 떨어지기의 증후", "바로 사랑의 담론이다"(Ibid.).

콜레트가 말한 사랑

크리스테바의 2002년 콜레트 연구는 산 경험lived experience으로서 그리고 사랑의 심리학에 대한 통찰력의 일부로서 사랑에 대한 질문을 검토한다. 여성 천재에 관한 세 권은, 그중 하나가 콜레트에 관한 것인데, 각각 사실 사랑에 대한 질문에 상당한 지면을 할애한다. 아렌트의 생애와 전집에 대한 연구(Kristeva, 2001a)는 특히 아렌트가 (대상의 "무엇"에 대립하는) 행동의 "누구"-주체의 맥락에서 취하는 헤시이티hecceity(단독성) 이론에서 둔스 스코투스에 의해 다뤄지는 주제인, 행동으로서 사랑으로의 길에 열려 있는 것으로 보이는, 성 아우구스티누스의 아렌트 연구에서 나타나는 사랑의 개념을 살펴본다. 아렌트의 사랑의 개념은 또한 공동체의 외부인[singularité quelconque]으로서 타인의 사랑을 특징으로 한다. 멜라니 클라인 연구(Kristeva, 2002b)는, 결국, 특히 어린 시절 우울의 맥락에서 한쪽의 부모(특히 어머니)와 아이 사이의 매개하는 힘으로서 사랑을 바라본다. 사실상 아렌트와 멜라니 클라인 둘 다에서 보이는 사랑은 대체로 도구적까지는 아니더라도 매개하는 지위를 지닌다.

콜레트의 글에서, 다른 한편으로 "글을 쓰는 것은 사랑을 재발명하는 것이다"(Kristeva, 2002c: 325). 이것은 변화될 수 없는 사랑의 고정된 모델은 없다는 것을 암시한다. 오히려 사랑은 그것이 쓰여질 때, 즉 그것이 의미화의 장에서 표현될 때 나타난다. 글쓰기(스타일과 열정)를 통해, 우리는 그저 진술(énoncé)의 주체가 아니라, 발화행위의 주체에 접근할 수 있게 된다. 그러나 콜레트 또한 그녀가 "재발명"으로 사용하는 은유들의 망을 통해 사랑을 해석한다. 게다가, 사랑은 일상생활의 실존적 경험 안에 새겨진 감정들에 대한 묘사들 속에 조심스럽게 설명되어 있다. 심리적 세부 사항이 축적되어 있는 것이다.

사랑을 동반하는, 혹은 사랑에 새겨진 섹슈얼리티의 양상들은 콜레트의 정반대의 평판에도 불구하고, 자유주의론적이지 않고 그다지 포르노적이지도 않으며 "육욕적 애정을 원하는 방랑"(vagaboundage amoureux)을 구성한다(2002c: 343). 전반적으로, 여성들이 역사적으로 대체로 사랑의 언어들을 발명해왔음에도 불구하고, 20세기가 되어서야 비로소 여성들이 (포르노적인 것과 매우 다른) 자신들의 에로티시즘, 동시대 미디어가 섹스에 주는 명백한 우위에도 불구하고 발생한 어떤 것을 표현하게 되었다. 그녀의 입장에서, 콜레트의 말은 "은유의 방식을 따르기" 때문에 근본적으로 자유롭다(2002c: 331). 사실 콜레트는 은유들을 넘쳐나게 쓴다. "넘쳐나는 은유들의 쓰기는 사랑의 '언어'가 아니다. 그것은 사랑 같은 것, 다시 말하면 불가능하고 불가피할 정도까지, 말들에 의해 동반되는 관능이다"(2002c: 332, 저자 강조). 크리스테바의 이전 공식들을 계속 유지하면서, 은유는 그러므로 그것의 글쓰기 안에 사랑을 상연한다. 은유 이전에 사랑은 없다. 그래서 은유는 사랑의 "언어"가 아닐 뿐만 아니라, 사랑의 표현 또한 아니다. 이것은 수사법에 관한 이후 논점과 일치한다. "La cristallisation de l"amour est inseparable d"une révélation rhétorique"["사랑의 결정화는 수사적 표출로부터 떼어 낼 수 없다"](2002c: 361). 그것은 또한 살아가기living 혹은 명명하 기naming의 기술을 발생시키는 것이다.

사랑의 대상에 대한 애도는 있을지라도, 이것이 콜레트 혹 은 그녀의 주인공들을 우울증에 빠지게 하지 않는다. 확실히, 말 들에 열정을 불어넣을 가능성은 멜랑콜리아에 빠지는 것을 피 하는 것에 달려 있다. 콜레트는 여기서 양성성으로 보일 정도로, 종종 우울에 빠지기 쉬운 많은 여성들과 다르다(2002c: 357).

여기서 크리스테바의 글쓰기 대부분은 해석적이라기보다 묘사적이다. 그녀는 예를 들면 콜레트의 관능성이 무엇보다도 구술적(2002c: 346)이라는 점을, 콜레트에게, 처음에는 시기하 고, 폭력적으로 경험되며, 그 후 소멸하는(2002c: 348) 그 사랑은 행복의 반대편에 있다는 점을, 콜레트가 젊은 시절 양성애를 인 식하고 그녀의 성격과 개인적 삶 속의 이 영역을 탐구한다는 점 을 주목한다. 나아가 (그리고 이것은) 크리스테바에게, 핵심적인 통찰로 여성적 동성애는 그 자신을 콜레트의 글쓰기에서 어머 니와 딸 사이의 관능으로 제시한다. 항우울제는 에로틱한 어떤 것이라기보다 상실을 다루는 방식인가.

"여성"의 자화상에 관한 한 콜레트는 (초현실주의 혹은 큐비 즘에서의) 콜라주를 제공한다(2002c: 358). 그러므로 "복수의, 복 잡한, 다면적인 것으로서, 여성성은 부활의 무한한 과정처럼 살 게 된다"(2002c: 359).

콜레트의 글쓰기와 삶, 글쓰기로서 그녀의 삶에서 가장 놀라운 것은 누구에게도 뒤지지 않는, 그녀의 상상적 재능이다. 이는, 어느 정도는, 콜레트가, 거의 드물게, 언어를 생명력과 충동 에 너지를 주입할 수 있다는 것을 의미한다. 요컨대, 기호계(리듬과 소리)와 상징계(의미화의 수준) 사이의 양방향 흐름이 있다. 사실 상 콜레트는 "의미와 감정"(2002c: 420) 사이의 관계, 그리고 "이 성sense과 감각sensation"(2002c: 423) 사이의 관계를 쓰고 있다.

전반적으로, 작가가 인간 경험에 대한 그녀의 고통과 괴로 움을 쓰고 있지만, 콜레트의 글에서 사랑은 결코 붕괴의 지점에 가깝지 않은, 상상적인 것의 생명력으로 나타난다. 이것은 언제 나 다른 측면을 통해 작동하는 형식이다. 그것은 멜랑콜리아를 저지하는 것과 같은 것이다. 그러나 우울증은 어떻게 하나?

멜랑콜리아

멜랑콜리아는 사랑의 필연적인 결과물이다. 크리스테바가 이론 화한 대로,

> 기호학은, 상징주의의 영도에 관한 한, 불가피하게 성적 상태 뿐만 아니라 그 필연적 결과, 멜랑콜리아 또한 숙고하게 한다. 동시에 그것은 육욕적인 것이 아닌 다른 글쓰기가 없다면, 멜 랑콜리가 아닌, 혹은 은밀히 멜랑콜리한 상상력은 없다는 것을 알아낸다.(Kriteva, 1989: 6)

멜랑콜리아는 모든 발화하는 존재에 의해 경험되는 분리에서 어머니의 상실이라는 극단적 감각이다. 잃어버린 것은 재현 불가능하고, 상징화될 수 없기 때문에, 잃어버린 대상 혹은, 크리스테바가 선호하듯이, "무명의 사물unnamed Thing"(1989: 13)에 대한 깊은 애도가 있다. 유일한 판단 기준으로서, 그 사물은 슬픔 그 자체이다. 멜랑콜리아에서, 주체는 그것이 욕망의 협곡에서 분명해지기 때문에 대상의 단계에 이를 수 없다. 슬픔은 대상의 장소에 서서 일종의 생존 전략의 근간이 된다. 왜냐하면 그것은 멜랑콜리하거나 우울한 개인이 매달려야만 하는 모든 것이기 때문이다. 우리는 진정 최소한 가능성의 측면에서, 대상화와 그러므로 기쁨이 시대의 풍조인 사랑의 반대편에 있다.

그래서 사랑에서, 멜랑콜리아의 슬픔에서처럼 "개인 전사의 아버지", 일차적 동일시의 근간은 중요한 요소가 되지만, 그것은 존재의 결핍감과 그에 따른 동일시 과정의 실패를 야기하기 때문에 "연약한 것으로 보인다". 이 사물의 장소는 어떻게 접근할 수 있을까? 크리스테바가 주는 대답은 음악을 떠올리게 한다. 왜냐하면 "멜로디, 리듬" 그리고 시적 양식의 "의미론적 다원성"을 통하여 일종의 사물에 대한 영향력이 획득되기 때문이다. 크리스테바가 부르는 대로 (인용문 안에서), 분리의 "정상적인" 사례가 모든 복잡성과 다양성 속에서 상징적 형식들, 잃어버린 것으로서 어머니의 대체물로 이해되는 형식들의 수립을 발생시키는 반면, 우울한/멜랑콜리한 사람은 상징계를 믿는 것이 불가능함, 즉 그것을 원래의 상실에 대한 적절한 대체물로서 그리고 느껴진 슬픔의 현현으로 받아들일 수 없음으로 인해 고통받는다.

　그래서 멜랑콜리 환자들은 자신의 방식으로, 특히 음악 분야에 있는 예술가들인가? 근대적이고 시적인 작품들(말라르메, 조이스)이 언어의 의미 형식들(언어의 의미 가치와 대조되는 리듬과 노래)을 실험하고, 따라서 언어와의 멜랑콜리한 관계를 환기해온 것이 사실이지만, 깊은 멜랑콜리아는 극히 뒤떨어진 형식의 예술적 열정을 생산할 수 있을 뿐이다. 이것은 멜랑콜리아가 종종 상징계의 은유적 상대의 아주 약간의 기미를 제외한 모든 것을 몰아내기 때문이다. 여기서, 크리스테바가 지적한 대로, 은유는 운송하다transport를 의미하는 그리스어 메타포라metaphorein에 "상응한다". 그녀는 이어서 말하길, "언어는 처음부터 번역이지만, 정서적인 상실, 재결합, 혹은 균열이 발생하는 곳과 이질적인 수준에서 그러하다"(1989: 41). 크리스테바의 다른 글들에서, 언어는 상실 그 자체로부터 상당히 구분되면서도, 상실의 번역으로 작동해야만 한다. 이것이 바로 위대한 예술가가 다룰 수 있는 것이면서도 진정한 멜랑콜리아가 억압하는 것이다. 멜랑콜리한 사람에게, 어떤 번역도 가능하지 않다. 그러므로 예술은 가능하지 않다. 정동affect은 은유화되고 (특히 의미 과정의 범위 안에서) 예술적 목적을 위해 사용될 수 있지만, 멜랑콜리한 사람은 전적으로 이 가능성의 바깥에 있다. 상실은 멜랑콜리한 사람에게 실재적real이고, 거기에 상실 외에, 즉 슬픔과 고통 이외 어떤 현실reality도 없다. 좀 더 형식적 맥락에서, 크리스테바는 우울하고 멜랑콜리한 사람들이 자의적인 기호들을 받아들일 수 없다고 주장한다. 기호가 현실이 아니라면, 멜랑코리한 사람들에게 그것은 쓸모없고 무의미하다. "멜랑콜리아는 그렇다면 상징언어상실증, 의미의 상실로 끝나게 된다. 만일 내가 번역하기 혹은 은유화하기를 더 이상 할 수 없다면, 나는 침묵하게 되고 죽는다"(1989: 42).

기호의 자의적 지위(그것이 의미하는 것과 어떤 물질적 관계도 지닐 필요가 없다는 의미)는 또한, 자의적이면서도 그것이 대체하는 실재와의 접촉의 방식 둘 다인, 부인denegation/부정negation이다. 그러므로 기호는 상실의(상실된 것으로서 어머니의) 지표이자 잃어버린 대상회복의 지표가 된다. 우리는 그러므로 부인에 대해 말한다. 한편에서 주장된 것이 다른 한편에서 부인된다. 어머니는 상실되기 때문에, 기호들은 이 상실을 환기한다. 그러나 그들은 또한 상실된 것의 대체물 역할을 한다. 크리스테바가 말한 대로, 어머니의 상실을 인정한 후에, "발화하는 존재"는 바로 상실의 초기 인정이 있기 때문에 어머니가 기호들로 다시 되돌아갈 수 있다는 것을 말하는 것처럼 보인다. 이 상실이 없다면, 어머니는 기호들로 되돌아갈 수 없다(1989: 43).

크리스테바가 말하길, 언어사용이 종종 불가능해지는, 정신병 환자와 반대로, 우울한 사람들은 그들이 언어에서 소외된다고 느낄 정도로, 약하고 모호한 아버지 기표(라캉의 용어로 아버지의 이름)와의 관계를 유지한다. 후자는 두 번째 본성, 어머니의 언어가 결코 될 수 없다. 멜랑콜리한 사람들과 우울증 환자들은,

결과적으로, 말들은 의미를 갖지 않는다거나, 혹은 그들은 자신들이 외부로부터 사건들을 보고 있는 것처럼 느낀다고, 이 사건들이 실제로 그들을 연루시키지 않다고 종종 말한다. 혹은 그들은 그들이 아무것도 아닌 것nothing이 되는 죽음의 경험을 한다.

크리스테바는 부정과 부인, 특히 거세의 부인에 대한 우울한 사람들의 태도 역시 많이 이해한다. 우울증에서는, (잃어버린 대상의) 부재를 환기하는 기표의 역할을 받아들이기를 거부한다. 이것은 또한, 라캉의 이론에서, 아버지의 존재가 분리와 실재 대상의 상실을 선언하는 상징계 질서의 존재 동등한 것이 되는, 어린이와 어머니 사이의 관계에서 세 번째 요소로서 아버지의 기능에 대한 부인이다. 그렇다면 부인의 핵심 효과는 "재현들과 행동들[sic]* 또한" "무기력하게 하는 것"이다(1989: 47). 이 무기력화devitalization는 또한 우울증에서 사랑을 어렵게 만드는 것은 의심의 여지가 없다. 왜냐하면 사랑은 사랑받는 자의 재현이 단순한 재현이 아닌 것처럼 이것과 동일시하는 능력을 수반하기 때문이다. 어떻게 보면, 언어는 사랑의 맥락에서 가장 충만하고 풍부하고, 반대로, 멜랑콜리아 또는 우울증에서 총체적으로 황폐화된 것으로 경험된다.

달리 말하면 멜랑콜리한 사람은 그/녀가 부정을 부인하기 때문에 끊임없이 분리의 상처를 재경험한다. 그것은 마치 그것

---

* 'sic'는 다른 곳에서 가져온 말에 어떤 오류가 있지만, 원문 그대로 썼음을 나타내기 위해 그 말 뒤에 붙인다.

이 어제 발생한 것 같다. 임상적으로 우울하지 않은 사람들의 경우와 마찬가지로, 트라우마의 억압은 없다. 오히려 이것들이 내면적으로 경험되든 외부로 표현되든 오직 눈물, 슬픔 그리고 고통만 있다. 그렇다면 정동은 멜랑콜리한 존재를 지배한다. 즉 정동(혹은 크리스테바가 부르는 대로, 사물)이 좌우한다. 살아 있는 죽음에 인접하면서, 이것은 또한 죽지 않기의, 목숨을 내걸지 않기의 방식, 그러나 살아남기의, 심지어 어렵지만 불가능하지는 않은 삶의 틀 안에서 계속 살아가기의 방식이다.

심지어 거기에는 이익이 있을 수 있다. 왜냐하면 최종적으로 정동에 의해 지배되고 깊은 슬픔으로 고통받음에도 불구하고, 우울한 혹은 멜랑콜리한 사람은, 우리가 말한 대로, 여전히 상징계 질서와 관계가 있기 때문이다. 후자는 비어 있고 의미 없다고 여겨질지도 모르지만, 정신병에서 그러하듯이, 그래도 그것은 배제되지 않는다. 결과적으로, 멜랑콜리한 사람들은, 그들에게 또한 무기력해진 상징과의 관계에서 정동이 깃들어 있지 않기 때문에, 종종 "추상적일지라도, 눈부신 해석을 할 수 있다"(1989: 64). 그들은 사실상, 지적으로 사는 것이 아니라 진짜로 위기인 것이 없기 때문에, 자유로이 폭넓게 추상, 좀 더 신경증적 기질을 가진 타자들에게 그러할 수 있듯이, 관심 혹은 매혹의 목적이 아닌 상징적 형식들에 관여한다.

새로운 분리들과 상실들은 본래의 고통과 상실을 부활시킬 수 있고, 슬픔 속에 그것을 나타낸다. 그래서 그것은 오로지 개인의 환상적 삶fantasy life에 기반한, 늘 전적으로 내적인 슬픔의 문제가 아니다. 우울하지 않은 사람들의 경우에 그러하듯, 삶의 사건들은 영향을 준다. 게다가, 그렇지만, "통과하기"의 방식으로 경험되는 슬픔 또한 크리스테바에 따르면 증오를 억누르고, 증오가 정신적 공간을 지배하지 않게 한다. 현실에서, 증오는 폭력과 유사하다. 그래서 슬픔은 폭력적 경향들을 억제한다.

흥미롭게도, 슬픔의 상황에서, 일차적이고 기호적인 과정이 또한 우세하다. 심지어 상징계와의 관계에서 발생하는 무기력화에도 불구하고, 멜랑콜리한 담론은 "리듬, 두음, 응축[⋯]"에서 분명한 정동에 의해 추동된다(1989: 65). 이것들은 또한 시詩에 스타일과 실체를 주는 과정들이므로, 크리스테바는 시가 "정복된 우울"을 나타낼 수 있다고 추측한다(1989: 65).

매우 다른 결과들이 있겠지만, 사랑과 우울 둘 다 같은 영역, 즉 기호계의, 일차적 과정의 그리고 일차적 동일시의 영역에서 표현된다는 것은 분명하다. 그 차이는 사랑에서 기호계가 상징계(은유)와 연인을 위한 의미의 영역으로 이끌어주는 반면, 의미와 이상화에 관한 한, 우울증 환자는 실제로 아무런 성과를 얻지 못한다는 점이다. 특히 완전히 멜랑콜리한 사람이 그/녀의 삶에서 타자를 인지할 수 있는지 의심스럽다. 멜랑콜리아와 우울증, 비슷하게도 후자가 어느 정도 상징계 질서에 접근하기를 포함하는 한 예술적 생산에서 브레이크가 되는 것처럼 보일 것이다. 이것에도 불구하고, 멜랑콜리아와 우울에 관한 그녀의 책에서, 극복된 멜랑콜리아를 가리키는 예술과 문학 둘 다 속 예시들이 있다는 것을 보여주는 것이 크리스테바의 목적이다.

예술과 멜랑콜리아

부인의 맥락에서 크리스테바는 멜랑콜리와 예술에 관한 자신의 논의를 시작한다. 승화의 근간으로서, 아름다움은 잃어버린 대상을 대체하게 된다. 승화는 일차적 과정, 욕망 행위의 자리와 연결된 이상화를 생산한다. 이상적인 것은 덧없는 의미화와 기표들과 동질적인 것으로서 아름다움이다. 오직 죽음만이 영원히 지속된다. 잃어버린 대상에 대한 현저히 우세한 상징적 대체물로서, 덧없는 아름다움은 죽음에 저항한다. 그러나 그것은 일종의 죽음의 경험을 가능하게 함으로써 그렇게 한다. 이것이 아름다움이 그렇게 자주 아름다움의 순간적인 본성의 감각에 의해 유발되는 슬픔과 연결되는 이유이다. 그리고 근본적으로, 크리스테바는 아름다움이 덧없는 것으로서 기호들 속의 즐거움이라는 점을 보여준다. 기호들은 대상을 강렬하고, 덧없는 섬광처럼, 그러나 물론 그저 찰나적으로 다시 불러온다. 이 점에서 크리스테바의 분석은 삶이라는 것이 죽음의 일시적 극복이라는 생각을 환기한다. 이것은 멜랑콜리를 극복하기 위한 그것의 의미, 그 아름다움의 원천 그리고 그것의 잠재력일 수 있다. 알레고리 역시 이 부인의 경제에서 중요한 자리를 떠맡는다. 왜냐하면 그것은 의미화의 "우울/경시depreciation"와 "그들의 큰 기쁨(비너스는 기독교적 사랑의 알레고리가 된다)"(1989: 102) 사이의 긴장이기 때문이다. 심지어 게다가, 알레고리는 백인의, 평범한 말들로부터 비유적인 언어를 생산하기 때문에 상상력의 작동과 같은 그런 것이다. 알레고리로서 상상력은 멜랑코리아에 대한 승리이고, 이런 점에서 그것은 잠재적으로 기호들 속 부활을 위한 수단이다. 달리 말하면, 천국에 이르기 위해, 조이스가 말한 것처럼 우리는 지옥을 여행해야만 한다.

한스 홀바인의 〈무덤 속의 그리스도〉(1521)는, 크리스테바의 손으로, 극복된 고통(멜랑콜리), 상징적 부활, 즉 상징계에서 주체의 부활을 구성하는 멜랑콜리에서 발견된 예술적 작품의 예증이 된다. 그러나 우리는 이것들을 이해한다 해도, 크리스테바의 작업에서 파생된 한가지 중요한 지점이 여기서 강조될 만하다. 그것은 상상적 능력들이 위축되게 하고, 그러므로 아름다움이 예술로부터 철수하게 하고, 이상향에 철저하게 무관심하게 되며 기호들에 대한 믿음을 상실하게 한다는 점이다(이것을 허락하는 것은 사회적 유대들의 위축과 언어의 황폐화를 부추기는 것이다).

홀바인의 그림은 십자가에 못 박힌 직후 무덤에 홀로 남은 실물 크기의 그리스도를 그린다. 십자가 위의 느릿한 죽음의 그 번민과 고통이 분명히 시각화된다. 머리는 뒤로 젖혀져 있고 눈과 입은 아직 열린 채 오른쪽으로 약간 뒤틀려져 있다. 죽음이 가져온 뒤틀림을 숨기려 하지 않는다. 크리스테바가 인용한 문구에서, 도스토옙스키는 홀바인의 그리스도가 분명히 "십자가 위에서, 자연의 법칙에 완전히 완벽하게 종속되어" 있었다고 말한다. 그리고 도스토옙스키의 서술자는 그 시체가 너무나도 죽음과 같아서 다가올 부활의 어떤 가능한 암시, 견뎌낸 고통을 보상해줄 초월의 어떤 징후도 주지 않는다고 덧붙인다. 실제로 그것은 사람들이 자신의 신념을 잃게 만들 수 있다. 관람자는 그/녀 자신의 유한성(언젠가는 죽어야 함)을 상기하게 되지만, 구원에 대해서는 그렇지 않다. 이것은 그 작품의 "리얼리즘"의 효과이다. 그 그림은 관객이 죽음의 화신인 그리스도의 몸에 초점을 두게 유도하면서, 동시에 그것에 접근하지 못하게 한다. 그것은 신체에 새겨진 고립의 구성을 통한 분리로서 죽음을 보여준다.

크리스테바에게, 홀바인의 "리얼리즘"은 서구 예술에서 카타르시스적 차원(죽음의 경험)을 열어준다. 그 카타르시스는 천국에 들어가기 위해 우리가 첫 번째로 지옥을 통과해야만 한다는 것을 암시한다. 지옥을 통과하는 것은 그것을 기호들로, 상징적 형식으로 표현하는 것과 연관된다. 그런 다음 천국은 지옥을 상징들과 재현들로 표기하는 바로 그 행위가 된다. 비록 죽음이 진짜로 기호들 속에서 나타날 수 없을지라도(기호들은 결국 그저 기호들일 뿐이다), 그것은 그것이 서구 문화 기저에 있는 역동성, 멜랑콜리아와 우울의 깨어남 속에 좌초되는 위험을 각오한 역동성을 구성하는 것이 나타나게 만들려는 노력이다. 그래서, 기호들과 이미지들이 부인을 의미할지라도(기호들은 그저 기호들이지만, 나는 그들의 리얼리즘을 믿는다), 이것을, 홀바인이 보여준 것처럼, 어떤 리얼리즘의 정신으로 받아들일 수 있다는 것은 중요하다.

정리하면, 우리는 크리스테바의 《검은 태양》에서, 멜랑콜리아가 살아 있는 죽음이라고 말할 수 있다. 에로스는 말들로부터, 언어로부터 (삶으로부터) 떼어내진다. 멜랑콜리아는 죽음과 욕망의 측면에서 차갑고, 그리고 완전한 수동성, 애도 그리고 슬픔을 향하려는 경향이 있다. 멜랑콜리아 혹은 그것의 좀 더 순화된 형식으로 인해 고통받은 사람에게, 우울증은 상징계에 간신히 매달려 있고 완전한 정신병의 발병 이전에 명명할 수 없는 것에 맞서는 방식이다. 말들의, 취향의, 동기의 상실은 심각한 절망, 이미 언급된 애도의 근간을 형성하게 된다. 이것은 절망이 의미하고 있는 나르시시즘의 다른 얼굴이다. 반대로 사랑은 상징계에서 외재적 대상과의 결합이다. 그러므로 그것은 멜랑콜리 환자들의 세계에서 발붙일 곳이 없다. 오히려 멜랑콜리 환자는 거의 분별할 수 없는 타자, 즉 어머니를 전적으로 내면화한다. 만약 사랑이 분리의 표시이자 절망에 대한 해독제라면, 멜랑콜리아는 애정 어린 자기loving self가 도래하지 못한 것, 분리의 실패이다. 그러므로 크리스테바는 어떻게 그녀의 분석 대상자들 중 한 명인 헬렌이 분리의 상징화를 가로막고, 그래서 그녀의 어머니가 언제나 그녀의 "내부에" 남아 있게 하는지 설명한다 (1989: 77). 멜랑콜리아의 언어는 그 의미와 그 리듬과 멜로디 모두에서 단조롭고 반복적이다. 크리스테바는 그것이 "상징언어 상실증의 공백으로 침잠하는" "소박한 음악성"임을 보여준다 (1989: 33).

과거에 관해서, 멜랑콜리 환자는 그것을 상징화하지 않고, 향수에 젖어 실패한 상징화 혹은 재현으로 과거를 "산다". 멜랑콜리 환자는 그러므로 일종의 시간 왜곡 안에 사로잡힌다. 그/

녀는, 파우스트에서처럼, 그 장소 혹은 더 구체적으로 그것을 재현하고 의미하는 대상들은 아닌, 그런 시간으로 다시 돌아가기를 원한다. 다시 한번, 대상은 오직 여기서, 있다 하더라도, 부재 속에 나타난다.

무엇보다도, 그렇다면 멜랑콜리는 어머니로부터 분리의 부인denial, 크리스테바가 이제 유명하게 말한, "우리의 근본적인 필요인" "모친살해"의 부인이다(1989: 27). 그것은 상징계에서 정서의 기입의 실패에 이른다. 이 부인은 그것이 또 다른 것, 즉 (잃어버린) 대상으로부터 거리두기와 그것으로의 접근 둘 다로서 언어의 부인의 부정을 함유하기 때문에 중요하다. 언어는 내가 나 자신의 외부에 있는 대상을 재현할 수 있게 한다. 그것은 내가 내 어머니의 상실, 즉 어머니로부터 나의 분리를 상징화할 수 있게 한다. 그녀는 나에게 나의 첫(잠재적으로 에로틱한) 대상이다. 고통을 말할 수 없으면서 고통의 상태에 고정된 채, 멜랑콜리 환자는 그저 대상의 대용품, 크리스테바가 멜랑콜리 환자의 사물이라고 부르는 것을 만난다(1989: 13). 그 사물은 명명할 수 없는 것과 마찬가지의 것으로, 그러한 것은 재현할 수 없는 것이다. "성공적으로" 이 분리를 실현하는 사람들에게, 언어는 그들이 상실감과 그에 따른 고통을 상징화할 수 있게 하게 된다. 그러므로 순수한 투명성 이상이 되면서, 언어는 모순적이게도 각 주체를 세계와 "접촉"하게 하면서, 그 어머니에게 다시 한 번 돌아가게 한다.

본래의 대상으로 어머니의 상실이 언어의 상징적 기능의 바로 그 존재에 의해 확인되는 한, 그 상실을 말하는 것은 단지 이미 그것을 극복하는 것의 실제 불가능성을 확인해 줄 뿐이다. 문화적 수준에서, 서구는 끊임없이 본래의 대상을 기호들로 번역한다. 왜냐하면 언어는 그저 언어이기 때문이다. 다른 한편으로, 그것을 상징화하는 것은 그것이 분리된 정체성의 근간이자 그러므로 분리의 현실의 인정이라는 점에서 상실을 보상한다. 그렇다면 언어는, 단지 언어가 아니다. 충분한 의미에서 주체가 되는 것은, 이 부인의 결과물이 되는 것인데, 이는 심리적으로 그것을 부인하기보다 그것과 타협할 수 있게 되는 것을 의미한다. 그렇다면 크리스테바에게, 멜랑콜리아는 충분히 서구 주체화의 핵심에 있는 이 부인의 부정이다. 좀 더 도발적으로 말하자면 멜랑콜리아는 언어에 대한 믿음의 실패이자, 초월성의 기호들의 부재이다. 그리고 서구 형이상학의 비판이 부지불식간에 서구 사회에서 멜랑콜리적 성향, 기원과 언어에 대한 믿음과 그저 시뮬라시옹(보드리야르가 설명한 대로, 시뮬라크라 혹은 닮은 것(외관)의 정수)으로서 언어의 개념 사이의 극적인 흔들림에 의해 일부 생성되는 성향의 등장에 기여해왔을 것이다. 거기서 시뮬라크럼simulacrum은 실재와는 관계없는 그 자신의 진실이다.

쟁점들

크리스테바의 정신분석에 입각한 사랑과 멜랑콜리아 이론에 대한 논평과 해설을 하고 나서, 우리는 이제 크리스테바의 접근법에 의해 제기되는 쟁점들이 무엇인가 질문할 수 있다.

아마도 가장 명백한 쟁점은 크리스테바가 그녀 방식의 프로이트적 정신분석 틀 안에서 많이 작업한다는 것이다. 이것은, 무엇보다도 오이디푸스 콤플렉스 이론과 함께 어머니-아버지-아이 삼각관계의 구성에 대한 강한 강조를 수반한다. 많은 정신분석 비평가들이 주장한 대로, 이것은 동성애적 혹은 더 넓게는 공통의 유형이든 아니든, 대안적 관계들의 집합을 위한 공간을 남겨두지 않는 선험적 원리로 작동할 것이라는 점에서 극히 제한적이 될 수 있다. 다른 한편으로, 크리스테바는 언급된 한계들이 조정될 수 있고, 대체로 용어의 문제라고 주장한다. 상징계를 위한 자리 표시자로서 어머니와 아버지로부터의 분리에 관한 쟁점들에 관한 한 그녀가 언급하는 것과 같은 효과들은 삼각관계의 문자 그대로의 상정하기와 다른 맥락들에서 관찰될 수 있다. 다양한 종류의 학교, 공동체 활동들 혹은 예술과 정치에의 참여 또한 쟁점이 되는 오이디푸스와 다른 콤플렉스들의 해결해줄 수 있다. 이것은 동일시가 매우 유연하여 다른 맥락들을 가로지르는 빠른 움직임을 가능하게 하기 때문이다. 환상 또한 최종적이고, 비평적인 거리를 두고 수반된다면, 영화계 스타 연예인과 동일시하기는 긍정적인 분석적 효력을 가질 수 있다. 그러나 좀 더 섬세한 이 대답에도 불구하고, 프로이트에서 그것이 등장하는 최초의 맥락이 그렇지 않더라도, 같은 삼각 구조가 특권화된다는 사실은 여전히 남는다.

크리스테바의 비非정신분석적 성향의 독자들 일부에게 문

제가 될 법한 다른 쟁점은 한편으로 사랑과 멜랑콜리아의 묘사와, 다른 한편으로 이들에 영향을 미칠 수 있는 사회적 관계들(혹은 이들이 사회적 관계들에 영향을 미치는 방식) 사이의 관계이다. 때로 크리스테바는 (오이디푸스 구조는 제쳐놓고) 사랑과 멜랑콜리아의 복잡성이 구체적인 사회-역사적 조건들로부터 파생한다고 주장하는 것처럼 보이지만, 그녀는 또한 좀 더 심리학적 시나리오가 작동 중이라는, 즉 개인에게 사랑이 중요해지는 방식이 그 후 사회 전체에 영향을 미칠 것이라는 점을 암시하는 것처럼 보인다. 그러나 우리는 크리스테바의 말들이 때때로 사실을 잘못 전달할지라도, 그녀의 주체 이론의 정신은, 최소한, 개인 혹은 사회에 대한 질문이 아니라 그들 사이의 상호작용에 관한 질문에 있어서 변증법적이라고 말해왔다. "열린 체계"로서 사랑이라는 생각은 언제나 이미 사회적 대우주 안에 새겨진 단독성으로서 개인에 대한 크리스테바의 강조가 그러하듯이, 단지 이것을 확인시켜주는 것 같다.

당연히, 중요한 것은 크리스테바의 작업 자체를 변호하는 것이라기보다 이 전작이 주체성과 사회에 대해 이해하는 데 관심 있는 이들에게 심도 있는 관심을 받을 만하다는 것을 보여주는 것이다.

4장

폭력, 윤리 그리고 초월성

크리스테바와 레비나스

_존 레흐트

이 책이 쥘리아 크리스테바의 연구를 소개하고 있지만, 비교접근법은 직접적인 설명이 할 수 없는 방식으로 주제들을 명료히 할 수 있다. 예를 들면 윤리라는 개념이 크리스테바가 예술과 사회에 대해 생각하는 기본구조에 장착되어 있지만, 이를 명료하고 완전하게 끌어내기 위해서 에마뉘엘 레비나스의 연구와 비교하게 된다. 마찬가지로, 크리스테바가 사랑에 대해 이야기하면서 존재론에 반대하는 레비나스에게 자극받지 않고 존재론에 반대했다고 누가 생각했겠는가? 이런 점에서, 크리스테바의 생각이 심지어 반反하이데거적이라고 누가 생각했겠는가? 여기서 더한 반전이 있다. 크리스테바가 사랑을 고찰할 때 반反존재론적이지만, 정체성을 다룰 때보다는 덜 노골적으로 그러하다. 그러나, 이 점에서 레비나스에 의해 제기된 질문들에 의해 크리스테바의 의도들(이것들이 의식적이든 아니든)을 뒷받침하는 반反 혹은 비非존재론적 역학의 가능성이 열리게 된다. 그러므로 우리는 크리스테바의 생각의 주요한 측면들에 대한 이해를 더욱 세심하게 하기 위해, 레비나스의 생각과 비교하는 것이 그 노력에 보답하는 것 이상이 되리라 믿는다.

우선 우리는 크리스테바와 레비나스 각자의 접근법들 사이에 분명한 차이가 있다고 말할 수 있다. 크리스테바는 사회적, 문화적, 그리고 정치적 삶에 영향을 미치는, 사회의 역사적, 물질적 기원의 이해를 고수하는 반면, 레비나스에게, (폭력을 포함한) 물질성은 그저 인간 존재의 한 차원이고, 초월성의 영역, 대타자, 무한성 그리고 차이의 영역은 다른 차원이다.

크리스테바와 레비나스가 다르게 다루는 주제들

두 사상가의 연구 용어들에 관한 조사는 그들이 각각 유사한 어휘의 핵심 용어들을 활용하는데, 때때로 매우 다른 의도로 사용한다는 것을 보여준다. 그 용어들을 아래와 같다.

1. 욕망desire은 레비나스에게 계시revelation이고 크리스테바에게 환유이다.

2. 분리separation는 크리스테바에게 어머니로부터 분리로 (기호적이고 상징적인) 의미화 실천을 통해 환원될 수 있는 데 반해, 레비나스에게 의미화는 돌이킬 수 없는, 특히 대타자로부터의 분리이다. 또한 레비나스에게 분리는 실세계로부터 초월하는 것으로서 형이상학의 분리이다.

3. 사랑love은 크리스테바에게 정신분석 대상자와 분석자가 처음으로 (최상의 경우) 역전이의 시점까지 가까운 유대를 형성

하는 정신분석 세션에서 중요하다. 그것은 또한 차이로서 타자와의 조우이며, 이는 정신적 공간을 변형시킬 수 있다. 반대로 레비나스에게, 사랑은 육욕적인 욕망 혹은 관능적인 타자에 대한 사랑과 달리 개념을 지니지 않는다. 사실 사랑은 끝나지 않고 주체-대상 혹은 나-너(moi-toi)*의 양상을 지니지 않는다. 게다가 사랑은 (결국 초월적이기 때문에) 의미화하지 않는다. 그것은 지혜에 대한 사랑(철학)에 관한 질문일 뿐만 아니라 사랑에 대한 지혜 혹은 "그 자신을 사랑으로 제시하는 지혜"에 대한 질문이다.

4. 내재성interiority은 크리스테바에게 정해진 것given이 아니라 상연된다. 레비나스에게 내재성의 특정 형식에 제한되지 않는 것이 중요하며, 이는 결국 전체성을 구성할 것이다. 무한성과 초월성으로서 외재성은 그의 철학의 좀 더 예언적 양상에 있어 중요하다.

5. 정체성identity은, 어떻게 보면 점적으로 정해진 것punctual given으로서 정체성이라기보다 정체성의 형성에 대한 크리스테바의 관심사로, 그녀를 레비나스와 가까워지게 한다. 그러나 레비나스는 책임과 더불어, 존재Being(=정체성)에게(와 다른) 다름otherness이 절대적으로 정체성에 우선한다는 사실에 대해 확고하다.

6. 크리스테바에게 폭력violence은 최초의 것인 반면, 레비나

---

* 타인에 대한 책임을 지닌 자아와 타자의 관계로서 나-너.

스에게 존재와 본질에서 발견되는 최초의 전쟁은 "존재가 아닌 방식"으로 초월된다.

7. 크리스테바에게, 차이difference는 언제나 자기-타자라는 한 쌍에 관련되고 따라서 존재에 새겨진 것이지만, 레비나스에게 다름으로서 차이는 존재와 존재론을 넘어서는 것이다.

8. 자기self/나moi(자기the self/에고ego)는 크리스테바에게 과정-중인-주체의 형성의 일부인 반면, 레비나스에게 에고로서 자기는 에고들(=존재)의 전쟁에 그리고 동일자the Same의 질서에 가차 없이 새겨진다.

9. 크리스테바에게, 부정성negativity은 그녀가 헤겔로부터 물려받은 중요한 용어로, 역동적인 과정(과정-중인-주체와 비교), 논리적인 부인과 대조를 이룬다. 부정성은 차이와 접촉하는 길을 열어준다. 레바나스에게, 부정성은 (헤겔처럼) 변형적인 에너지(일)로 그것이 변형한 세계, 동일자의 세계에 이미 뿌리를 두고 있기 때문에 초월성과 동일한 것으로 볼 수 없다.

10. 무한성infinity은 크리스테바에게 경험적 무한성과 대조적으로 무한성이 전체와 같은 것으로서 부분의 힘인, 게오르크 칸토어의 초한수transfinite numbers* 이론과 매우 밀접하게 연결되어 있다. 레비나스에게, 무한성은 결국 존재에 근거하는 것으로서 어떤 경험적 전체성을 넘어서고, 전체성을 넘어 철저히 외

---

* 모든 유한수보다 크지만 절대적 무한은 아닌 수.

재적인 것이다. 그것은 최고의 초월성이다. 그것은 또한 절대적으로 다른 것이다.

11. 직접적인immediate/매개적인mediate. 크리스테바에게 이 전문용어 조합의 의미는 사랑에 관한 그녀의 글에서 가장 잘 드러난다. 거기서 이 용어들은 일차적 그리고 이차적 동일시를 지칭하고, 각각 첫 번째는 은유와 연결되고 두 번째는 상징적 질서(프로이트의 이차적 과정)에 연결된다. 레비나스 또한 의미화를 매개로 보지만, 얼굴의 초월성은 모든 매개를 넘어 신의 출현(직접성)으로 경험된다.

12. 의미작용signification은 크리스테바에게 타자(어머니)를 더 가까이 가져오는 반면, 레비나스에게 그것은 절대적 분리와 다름을 구성한다.

13. "실재"하기뿐만 아니라 망명exile은 크리스테바에게 근대 지식인이 사회 비판에 참여하거나 새로운, 상상적 창작물들에 연관되는 한 그/녀의 운명이다. 레비나스는 망명을 부과된 것 혹은 고통받은 것이라기보다는, (오디세이와 달리) 목적지가 알려져 있지 않고 근본적으로 알 수 없는 여행에 대한 기회로 본다. 실제로, 망명은 초월성으로서 "외재성"을 환기한다.

14. 크리스테바에게 성체화聖體化, transubstantiation는 자기가 다른 것이 "되는(=융합fusion)", 동일시와 관련되어 있다. 레비나스에게 중요한 것은 자기가 다른 것이 되지 않고 차이가 만연하다(융합은 없다)는 점이다.

15. 주체성subjectivity은 그것이 정체성의 근간이라는 점에서

크리스테바에게 본질의 일부인 반면, 레비나스에게 그것은 본질로 축소될 수 없고 환영welcome이며, 절대 타자(Autrui)에 대한 환대와 책임이다. 실제로 주체성은 (동일시를 통한 내재성이 아닌) 외재성과 절대 타자와의 관계이다. 주체성은 따라서 그것이 자기-정체성self-identity과 연결되기 전에 초월적인 윤리와 연결된다.

16. 의미화signifiance(프랑스어)는 크리스테바에게 의미화하는 실천의 충동적 측면을 나타내는 반면, 레비나스의 글에서 그것은 "말하기"를 환기하는데, 이는 "본질 이전에 의미화"하고 그 말하기의 "의미화하기signifyingness"이기도 하다.

17. 신성한sacred. 레비나스는 신성한 것에 대한 폭력적이고 객관적인 관점을 거부한다. 반대로 크리스테바의 관점에서는 희생, 아브젝시옹, 모호함 그리고 사회의 이전以前역사에 연결된 것이 신성한 것의 개념이다.

18. 율리시스Ulysses. 레비나스는 율리시스를 그 자신에게 되돌아가는 자기라는 고전적인 은유로 보는 반면, 크리스테바는 율리시스를, 조이스의 소설을 통해 타자와의 동일시로 보는 경향이 있다.

19. 자유freedom는 레바나스에게 "선택되지 않은" 것이지만 (초월성인) 주체성의 기원이 아니다. 크리스테바에게 원인 없이 생긴 것이다.

20. 종교religion/신학theology. 크리스테바에게 종교(들)의 민속지학이 가능하지만, 레비나스는 종교를 현실에서 실질적 현

현incarnation을 넘어서는 경험으로 본다. 그것은 《공포의 힘》 (1982)(크리스테바)과 탈무드 읽기/해석하기(레비나스)의 대결 이다.

21. 얼굴face. 크리스테바의 에세이들 중 하나에서(Kristeva, 1998a 참조), 얼굴은 예언의 상연인 "표상figura"으로서 "투영" 에, 그리고 "변신transfiguration"에 연결된다. 그러므로 거기에는 순수하게 얼굴의 현상론적 개념과 거리가 먼 어떤 운동이 있다. 레비나스에게 얼굴은 근본적으로 초월적이고 비非현상적인 지 위에 있다.

22. 타자other. 크리스테바에게 타자는 "자기가 아닌 다른" 것인 성향을 보인다. 그러나 충동 안의 포괄적인 차이라는 그녀 의 (생각이 아닌) 개념은 이것을 복잡하게 만든다. 레비나스에게 타자는 개인적인 절대 타자이고 내가 가진 어떤 다름 혹은 차이 라는 생각과 극단적으로 다르다. 거기에는 자기와 절대 타자 사 이의 근본적인 비대칭이 있다. 이 절대 타자는 나를 받아들이고, 심지어 나를 지배하고 나를 인질로 잡아둔다.

일단 우리가 다채로운 그리고 숨겨진 보물들을 지닌 텍스 트인, 탈무드에 대한 레비나스의 독해들 의 엄격함을 이해한다 면, 《공포의 힘》(1982)에서 구약 성서에 대한 크리스테바의 접 근법은 인류학적인 것이 되고, 심지어 구조적으로도 그러하다 (논리적 이견들(1982: 99)과 자연/문화(1982: 102)에 대한 것은 참 고문헌 참조). 즉 텍스트의 의미는 해석학적 차원에서 그것이 말하는 것 속에 있다기보다 그것의 무의식 속에 있다. 그러나 우리는 레비나스의 윤리학과 윤리적인 것에 대한 철학을 타당하게 크리스테바의 핵심 관심사들과 비교할 수 있을까? 여기서 우리가 해줄 대답은, 위에서 말했던 것을 다시 말하자면, 단호히 그렇다는 것이다. "쥘리아 크리스테바의 글들의 윤리적 동기와 방향을 알지 못한 채 그녀의 연구를 이해하는 것은 불가능하다"(Graybeal, 1993: 32)라고 말한 평론가의 다소 과장된 표현에 동의하지 않을지라도, 주요 질문들에서 레비나스와 크리스테바가 따르는 궤적들이, 비록 그들이 종종 의견이 서로 다름에도 불구하고, 자주 교차한다는 것은 분명 사실이다. 그것이 의미하는 것은 그들 사이의 차이들이 두 사상가의 생각들을 분명히 밝히는 데 도움이 된다는 것이다.

크리스테바-레비나스의 관계를 명료히 다루는 한 연구에서, 에바 지아렉(1993)은, 크리스테바와 대조되는 레비나스의 입장에 대한 노련한 정리 후에, 각각의 사상가들의 연구에서 성차의 측면으로 되돌아간다. 지아렉은 여러 다른 이들과 함께, 레비나스가 섹슈얼리티는 양측 모두가 타자를 동일자로 축소하도록 요청한다고 말하기 때문에 그가 남성적인 것을 특권화한다는 것을 알아낸다. 결과적으로, 언제나 자기 자신에게로 되돌아오는 율리시스는 레비나스의 비유를 사용하자면, 결코 집으로 이어지지 않는 아브라함의 끝없는 여행을 제압한다.

지아렉의 독해에서 레비나스는 성차에 대한 그의 분석에 부족함이 있음이 드러난다. 타자성alterity에 대한 진정한 평가에 의해 통치되기를 열망한 것은 그저 너무 쉽게 레비나스를 "자기 자신을 찾기" 불가능한 채로, 늘 여행 중인 아브라함이 아니라, 자신에게로 되돌아오는 율리시스(동일자의 질서의 현현)의 자리에 놓는 것처럼 보인다. 요약하면 레비나스는 남성의 자리에서 성차에 대해 말한다. 그리고 실제로, 데리다는 1960년대 출판된 레비나스에 관한 그의 글의 말미에 같은 주장을 했다(Derrida, 1978: 320~321 n.92).

지아렉이 말하길, 처음에 가능해 보였던 것보다 크리스테바의 연구와의 밀접한 관계로 이어질 수밖에 없는 또 다른 차원, 죽음의 차원이 있다. 그러나 지아렉이 언급한 크리스테바의 죽음의 차원은 대체된다. 왜냐하면 그것은 멜랑콜리아, 어머니로부터의 분리를 애도하기를 나타내는 멜랑콜리아에 의해 환기되는 죽음이기 때문이다. 그렇지만 이 관점을 받아들인다면, 우리는 멜랑콜리아가 다름의 영역, (포괄적인?) 타자로서 어머니의 영역(혹은 그것은 대자타인가?)에서 고통으로 구성된다는 것을 받아들여야만 할 것이다. 그러나 물론, 크리스테바의 연구는 고통스럽게 이것과 정확히 반대되는 것, 즉 멜랑콜리 환자에게, 영구적인 내재성의 상태를 구성하는 것이 어머니로부터의 분리되고 따라서 언어와 상징적 질서에 적절히 진입하는 것에 대한 실패라는 것을 주장한다. 이것은 바로 나르시스의 딜레마이다. 그는 그것이 그저 이미지로 밝혀지기 때문에 이 "타자"의 상실을 애도하는 만큼, (자신으로부터 분리될 수 없는) 그 자신의 이미지를 사랑한다는 사실을 애도한다. 나르시스는, 정확히, "불완전한 자기"(Kristeva, 1989: 12), 다시 말해 아직 에고가 아닌 것이다. 여러 가지 정신병으로서, 멜랑콜리아는 내재성으로의 몰입으로서 분리의 실패이다. 요약하면 멜랑콜리아 환자는 집으로 돌아가기는커녕 심지어 떠날 수도 없다. 이것은 아브라함의 망명과 끝없는 여행하기의 기미조차 없는 율리시스의 신화이다.

게다가 지아렉은 굉장히 정확하게 (아이의 어머니로부터의) 분리와 크리스테바의 주체 형성의 해석 속에서 폭력과의 관련성을 환기한다. 앞서 말한 대로, 크리스테바는 "모친살해는 우리의 필수적인 필연성"이라고 말한다(1989: 27). 그것은 크리스테바의 정신분석적 틀 안에서, 어머니로부터의 분리가 언어 형성의 전제조건이기 때문에 그러하다. 언어(기호들)은 잃어버린 대상(어머니)을 대체물이 된다. 폭력은, 그러므로 사회적 형성의 근간에 있을 뿐만 아니라, 개인과 주체 형성의 근간이다. 이에 대해 크리스테바의 연구의 다른 부분들을 호출하여 좀 더 상세히 살펴보도록 하겠다.

갈등과 폭력에 대한 크리스테바의 설명

레비나스의 연구와의 진정한 연관성을 이해하기 위해서는, 우선 갈등과 폭력이 사회와 개인에 관한 크리스테바의 이론의 핵심에 얼마나 있는지를 이해하는 것이 중요하다. '초월성이 어느 정도 그 그림의 일부가 되는가?'라고 우리는 질문해볼 수 있다. 혹은 초월성은 분석자에게 단지 주체성으로부터 전쟁과 평화에 이르는 모든 것에 대한 이상적인 설명을 환기하는 어떤 것인가?

《시적 언어의 혁명》(1984)에서, 부정성, 공격성, "일차적 사디즘"과 "일차적 마조히즘"이 작동한다.

> 부정rejection [헤겔의 부정성]이 의미하는 것은 바로 이 영구적인 공격성의 기호적 양상이자 그것이 상정되고 갱신되는 가능성이다. 그것이 파괴적이지만 ("죽음 충동") 부정은 재활성화, 긴장, 삶의 바로 그 메커니즘이다. 긴장의 균등화를 향하면서, 무력inertia과 죽음의 상태를 향하면서, 그것은 긴장과 삶을 영속시킨다.(Kristeva, 1984: 150, 크리스테바 강조)

정신분석에서 "진정한 주체가 무의식의 주체"(1984: 164)라면, 이는 레비나스의 초월성 개념과 아주 거리가 먼 내재성의 형식이고, 그것은 폭력은 아닐지라도 공격성의 근원으로서 충동의 차원을 포함한다.

크리스테바는 또한《시적 언어의 혁명》에서 구강기의 "어머니에게로의 회귀"와 떼어놓을 수 없는 동성애적 씨족집단에 대해 말한다. 그것은 아버지의 살해자라는 관점에서 일자the One(상징계 법)의 시행의 근간이다. "하나의 논리, 하나의 정치, 하나의 도덕성, 하나의 기의와 비판적이고, 전투적이며, 혁명적인 다른 것을 시행하기 위해서"(1984: 153, 수정 번역). 그러한 것은 프로이트가 환기한 원시부족 속 형제들에 의해 생성되는 장면이다. 원시부족 신화는 반항에 관한 크리스테바의 글 중 1990년대 중반 그녀의 연구 속에서 되돌아온다. 그 신화에서 문명화 이전의 시기에 한 남성은 힘과 가부장의 위치를 통해 그의 친족 관계를 지배한다. 그는 그의 부족의 여성들, 죽음의 위협 아래 아버지가 그 자신 이외에 접근을 거부한 여성들과 함께 많은 아들의 아버지가 되었다. 요컨대 아버지는 야수 같은 힘을 통해 모든 여성들을 취하고 그들을 그의 재산으로 만들었다. 아들들은 아버지에 반대하고 그의 여성들을 갈망한다. 그들이 좌절하면서 결국 함께 뭉치고 그를 죽인다. 그러나 죽음 이후 즉시 그 아들들은 심각한 회한을 느끼고, 다시는 죽이지 않겠다고 맹세하는 협약을 체결한다, "아버지-의-이름으로". 그 아들들은 그러므로 살인을 금지하는 대문자 법the Law을 제정한다. 그래서 이 최초의 폭력으로부터, 이 내재성으로부터 초월적인 것으로서 대문자 법, 일자법이 생겨난다.

그녀의 후기 연구에서 크리스테바는 그 속에 내포된 반항의 개념을 다듬기 위해 이 신화의 면면들을 다시 연구한다(Kriste-va, 2000a: 20~31 비교). 반항은 개인성의 구성에서 근본적인 제스처가 된다. 그것은 어머니로부터의 분리의 순간이자 상징적 질서에서 인간의 모습을 한 초월성에 대한 추구와 같은 것이다. 예전에 반항은 (아마도 심지어 1968년 파리까지도?) 대문자 법의 폭력적인 위반을 수반했지만, 크리스테바는 매우 복잡한 사회에서, 위반 그리고 따라서 반항은 심리적 관점에서 볼 때 가능하다고 주장한다. 분석하기, 소설 쓰기, 예술작품 만들기, 격렬하게 사랑에 빠지기, 이 모든 것들은 반항의 근간이자 심리적 공간을 재구성하고 풍요롭게 하는 계기가 될 수 있다. 반항은 그러므로 자기와 주체성의 형성에 핵심이 된다. 크리스테바 자신도 그녀의 소설 《소유》(1998b)가 좀 더 섬세한 의미에서 반항의 형식이라 주장한다(Kristeva, 2002a: 4; 그리고 1998c: 17). 그것은 부재의 부정적 효과들이자, 심지어 크리스테바가 소위 매개된 스펙터클의 사회(20세기 후반과 21세기 초반의 사회)를 특징짓는 것으로 믿었던 반항의 불가능성이다.

반항 능력의 상실은 또한 우리 자신의 행동들의 내용을 공상하고 해석할 능력의 위축을 의미한다. 크리스테바가 말한 대로, 그녀의 정신분석 환자들 중 하나를 언급하면서, 사람들은 실질적인 방식으로 기호들을 해석할 능력을 상실한다. 즉 재현된 피투성이 싸움의 그림이 폭력으로 해석되지 않고, 대신에 캔버스 위의 인물들로 이해된다.

여기서 중요한 점은 다른 이들이 사회에 대한 그들의 설명이 일종의 결정론의 덫에 빠지는 것처럼 보일까 두려워서 혹은 덜 섬세한 정신분석을 낳게 될까 두려워 그것을 덜 중요하게 다루기 시작했을 때조차도, 원시 부족의 신화가 크리스테바의 전작을 통틀어 변함없는 일관된 것이라는 점이다. 우리는 라캉이 그의 연구의 주요 부분에서 프로이트의 인류학적 글들을 인류학적 글로 언급했는가? 라고 궁금할 수 있다. 그리고 프로이트의 원시 부족과 클로드 레비 스트로스가 분석한 신화들 뒤에 있는 폭력적인 현실 인식을 원하는, 르네 지라르는 이런 면에서 라캉의 이성주의적 편향을 맹목의 한 형식으로 소환한다(Girard,

1987: 5~6 참조). 좀 더 일반적으로, 지라르는 그의 이전 연구인
《폭력과 성스러움》(1977)에서 사회와 같은 것의 형성에서 폭력
의 우선성을 문제 삼는다.

그러나 크리스테바에게 그것은 사회의 기원에서 폭력적인
순간(또한 개인과 사회의 분리의 기원인 순간)은 내재적으로 중요
한 상징계 질서에 의해 관리되는 방식이다. 왜냐하면 그것은 또
한 언어 속에 그리고 언어로서 타자 재현의 출현, 혹은 주체와
대상의 상징계 속 구분의 독단적 순간의 근간이기 때문이다. (특
히 후설의 연구에서) 현상학이 주체성의 진화에 앞선 초월적 에고
를 상정하는 방식과 대조적으로, 과정/심판-중의-주체라는 크
리스테바의 생각은 주체와 주체성이, 역사적일 뿐만 아니라 계
통적phylo-으로, 그리고 개체발생적으로, 말하자면 (논제 속에서)
상정되지 않고, 생겨나고, 그래서 특정 과정이 전부 미리 예견될
수 없는, 그리고 작은 변형들이 중요한 장기적 결과들을 낳게 되
는, 인공적인 삶이라는 면에서 발생적인 것이 된다.[1] 어느 정도
폭력은 이것의 추동력, 이 모든 것의 "기원"이다.

우리가 말했듯이 원시 부족 신화는 또한 타자, 일원론과 일
자의 동질성에 도전하는 자를 환기한다. 일자와 대문자 타자는
불가분의 관계가 된다. 대타자는 또한 지금은 억압된 폭력(심지
어 그것의 산물)을 상기시키는가? 우리가 여기서 다루고 있는 것
은 언제나 잠재적으로 폭력적인 대타자인가? 그렇게 보일 수도
있다. 그러나 그 쟁점은 대타자가 또한 코라에, 이종성에, 거부
혹은 (부인에 대립하는) 부정성에, 기호계에, 19세기 후반과 20세

기 초반 아방가르드 시와 문학(말라르메와 조이스)에 연루되어 있기 때문에 간단하지 않다. 크리스테바는 바타유의 영향력을 보여주면서, 이 대타자가 성스러운 것과 희생(성스러운 것의 폭력적 얼굴)에서 환기된다는 점을 인정한다. 대타자는 충동들을 통해 구성되는 실제의 대타자를 환기한다. 상징적 질서를 통해, 충동의 영역에 현존하는 "질서짓기ordering"는 상징적 질서, 특히 언어와 의미작용의 대문자 법의 근간이 된다. 크리스테바가 말하는 어머니가 기호들 속에서 우리에게 돌아올 수 있는 것은 바로 상징계를 경유해서 그렇다(기호들에 대한 믿음(정서의 투입)이 있는 한, 즉 상상계가 적절하게 작동하는 한 말이다).

기호들, 상징적 차원(A/비非A)에서 부인negation의 발상지는 기호계 차원, 다른 곳에서 드러난 대로(1장 참조), 언어의 리듬과 노래 속에서 분명히 나타난 차원에서 충동 활동의 발상지이기도 하다.

《시적 언어의 혁명》에서 레비 스트로스와 마르셀 모스의 연구를 명료하게 언급하면서, 크리스테바는 레비 스트로스가 언어를 단번에, 사회 그 자체의 기원에 두면서 상징계를 너무 많이 특권화한다고 지적한다(그에 앞서 이것은 철학이 이미 해버린 것이 아닌가?). 구조주의자는 (언어의 구조주의적 본성과 관계있는 탁월한 분석적 이유들 때문에) 상정된 초월적 에고에 대한 일반화된 형태의 후설적 주장을 제시한다. 후자처럼, 사회의 상징적 영역(그리고 따라서, 전체로서 사회)은 진화하지 않는다. 그것은 언어의 등장과 함께, 최종적으로, 정해진 것이다. 언어와 함께 의미가 온다. 갑자기, 그 주장이 진행되면서, 세계는 기호가 되었다. 이것은 성서의 해설(구약과 신약)과 그렇게 다른 것일까?

이 해설에서 두 가지가 무시되고 있다는 것을 크리스테바가 보여준다. 첫째는 희생과 그 희생자, "폭력을 끝내게 하는" 폭력적 행위, 그리고 두 번째는 상징적 질서의 개시(최초의 부친살해라는 프로이트 이론의 반향)이다. 그러나 이것이 단순히 그 문제를 대체하고 있다고 주장될 수 있을까? 왜냐하면 그 최초의 희생이 그저 그것과 마찬가지이기 때문이다. 사형집행인의 도끼 한 방에 영원하게 되는 기원인 것이다. 그러나 다음과 같이 중요한 문단에서, 희생이 폭력, 동시에 희생자로 인해 상징적인 폭력에 연루된다는 것을 명확히 한다.

이 폭력적인 행위는 이전의 (기호계적, 전상징적) 폭력을 끝내게 하고, 희생자에 대한 폭력에 집중함으로써, 상징적 질서 위에서 이 질서가 발견되는 바로 그 순간 그것을 대체한다. 희생은 상징과 상징적 질서를 동시에 만들고, 이 "최초의" 상징, 살인자의 희생자는 언어 난입의 구조적 폭력을 단지 신체의 살해자, 신체의 변형, 충동들의 전술로 나타낸다.(Kristeva, 1984: 75, 크리스테바의 강조)

결과적으로 크리스테바에게 사회와 개인성의 기원에 폭력만 있는 것도(지라르의 논제), 상징만 있는 것도(레비 스트로스의 논제) 아니다. 대신 거기에는 모호하고 양가적인 상태의 희생이 있다. 희생, 이 용어 자체는 사회에게 기원, 즉 상징적 과거를 부여한다. 상징적인 것으로서 "기원"은 상징의 기원이다. 폭력은 기원 같은 것을 지니지 않지만, 상징적 질서에 의해 그것에 부여된 기원을 가져야만 한다. 이것은 또한 폭력의 끝 혹은 한계이다. 그러나 거기에 그 이상의 것이 있다. "독단적 기능의 두 가지 측면들", 한편으로 언어에 의한 주이상스 금지와 다른 한편으로 예술을 통해 주이상스의 언어로의 도입을 나타내면서, 종교적 현상으로서 희생 그리고 예술을 서로 접촉하게 하는 실천이 있기 때문이다. 종교는 금지의 편에 있지만, 예술은 기호계가 상징적 질서에 진입하도록 허락한다. 예술은 더 이상 상정하기의 행위로서 (폭력적인) 독단적 기능과 조우하는 것이 아니라, 이제 그저 다른 것들 중, "논리-언어-사회"의 형식 속의 논제와 만난다(1984: 81).

크리스테바는 기호계적 힘들(충동들)과 상징계 질서짓기 사이의 상당히 섬세한 유형의 관계(기호계나 상징계 둘 다 순수한 형식으로 한 번도 존재하거나 마주치게 되지 않는다는 논지)를 만들기 위해 애쓴다. 이 두 영역 사이의 변증법적 관계는 크리스테바가 말하길 문학이라는 가장 분명한 형식에 있는 "의미화 실천"에서 분명히 나타나 있다(1984: 82). 여기서 최소한 말할 수 있는 것은 결코 초월적이지 않은, 대타자가 자기 형성의 바로 그 구조 속에 연루되어 있다는 것이다. 대타자는 사실상, 자기의 억압된 대타자이다. 실제로, 일종의 전체성으로서 일자와 대타자(양가성)는 크리스테바의 의미작용 이론을 지배한다.

텍스트로서는, 그것이 관습적인 의미에서 발신자에게서 수신자에게로 메시지 전하기로 이해되는 소통적 기능을 "복수화하고, 분쇄하며, '음악화musciate'할"(1984: 233) 때 분명해지면서, 윤리는 부정성의 과정에 얽매인다. 역설적이게도, 윤리적 기능은 언어와 철학의 이상화하는 힘들이 위험에 처했을 때 작동하기 시작한다. 게다가, 핵심 문구에서, 크리스테바의 전작의 맥락에 늘 지속되는 것은 아니지만, "주체는" "그저 의미화 과정이고 의미화하는 실천으로서만, 다시 말해, 그가 사회적, 역사적, 그리고 의미화하는 활동이 전개되는 밖의 위치에 없을 때만 나타나기" 때문에 주체는 "결코 없다"라고 선언된다(1984: 215, 크리스테바 강조). 그래서 주체는 현상학에서도 그러하듯이, 사전에, 선험적으로, 초월적으로, 정해진 것이 아니다. 레비나스는 아마도 이것에 동의하지 않는 것은 아닐 것이다. 그러나 그에게, 대타자는 사전에 (모든 주체성에, 모든 우연성에 앞선, 포격과 희생에 앞선다는 의미에서) 정해진 것이다.

일차적 과정들(응축과 전치)은 의미화의 과정에서, 그리고 따라서 심판 중인 과정−중인−주체의 "비非존재하기non-being"에서 중요한 역할을 한다. 말해왔듯이, (사회의, 언어의) 기원은, (레비 스트로스의 언어 이론의 방식에서) 처음으로 발생한 것처럼, 본질적으로 상징계적이다. 영원하고, 본래적인 순간은 상징계적이다. 이것은 시간화를 의미하고, 영구적인 순간은 시간의 외부에 있기 때문에, 그것은 역사를 갖지 않고 따라서 엄밀히 말하면 어떤 순간이 아니다. 첫 번째 과정은 주체의 역동적 측면의 일부이다. 그것은 상징계적인 것이 아니라 무아지경으로, 시간 속에 있는 주체이다. 첫 번째 과정 그 자체처럼, 무아지경의 주체는 인식할 수 없다. 달리 말하면, 그것은 인식론적 범주가 아니다, 혹은 아직 아니다.

타자에 대한 크리스테바의 접근법을 이해하기 위해서, 이제 우리가 대타자를 상징계의 타자로 이해할 필요가 있는지에 관한 질문이 떠오른다. 기호계는 상징계의 타자인가? 상징계는 기호계의 타자가 될 수 있는가? 그 대답으로, 의존적이라는 의미에서, 상징계와 기호계가 서로에게 매여 있다는 점에 주목해보자. 이것은, 그러나 타자성에 존재한다 혹은 존재하지 않는다는 점에 관한 질문에 답하는 것은 아니다.

"차이"의 개념은 물론, "타자성"에 면밀히 맞춘 것이다. 특히 《시적 언어의 혁명》(1984: 140~146)에서, 크리스테바는 자크 데리다의 "차연différance"의 철학에 관련된 쟁점들을 제기한다. 그녀는 특별히 차연을 헤겔의 부정성과 나란히 놓는다. 후자는 크리스테바에 의해 "기호적 운동"과 동등한 것으로 받아들여지고(1984: 117), 순수하게 논리적인 개념인, 정적인 부인과 혼동 되어서는 안된다. 역동적인 부정성("부인의 부인")과 정적인 부인 사이의 혼동을 피하기 위해, 크리스테바는 "부정"이라는 용어를 사용한다(1984: 119). 부정은 일원화된 주체에 도전하고 그것을 움직이게 하며, "의미화하는 주체를 초과하는"(Ibid.) 과정을 개시한다. 그래서 크리스테바는 차연을 부정성과 동등한 것으로 간주하면서, 또한 차연이 또한 사물들을 움직이게 한다고 주장한다. 차연의 예로서, "흔적trace"은 존재에 앞서며, 크리스테바가 말하길 "모든 개체에 앞선 시간anteriority"을 표시한다(1984: 143, 크리스테바의 강조). 차연의 개념이 간과하는 것은, 그러나 "이종성"이다. "이질적인 요소는 상징화하는 사회구조(가족 혹은 다른 구조)가 파악할 수 없는 신체적이고, 생리적인, 그리고 의미 가능한 자극이다"(1984: 180).

분명하게, 크리스테바는, 우리가 그녀를 제대로 이해했다면, 차연이 욕망의 차원, 기호계와 타자 모두를 품어주는 차원을 고려하지 못했다고 주장하고 있다. 왜냐하면 부정성은 부정에 몰두하고, 부정은 "절단scission, 분리"의 과정이기 때문이다(1984: 146). 그것은 "대상의 기호-되기로의 그리고 초자아의 도입하는 과정의 조치"이다(1984: 151).

차연의 개념으로 인해, 그러나 존재(기호)와 부재(대상)의 대립, 일반적으로 기호의 근간이라 간주되는 대립은 관련성이 없어진다. 이제 정신분석에 따라, 주체의 형성에서 이 부재하는 "대상"은 어머니이고, 따라서 타자이다. 그 의미는, 사실상, 정신분석이 이 이분법적 대립을 넘어서지 않고, 따라서 레비나스라면 동일자에 의해 지배되는 범주라고 말할, 의미작용의 범주에 갇혀 있다는 것이다. 동일자의 논리 속에서 타자는 재현될 수 있고 개념화될 수 있다. 크리스테바의 "타자"는 이 질서와 정확히 같은 것은 아니다. 왜냐하면, 우리가 말해왔듯이, 일자(동일자의 질서)에 대한 도전이기 때문이다. 그것이 상징계 질서로 통합되는 양상의 것을 통해 통합된다고 해도, 이질적이고 따라서 재현 불가능하다.

현상학과 다른 철학적 틀들과 대조적으로, 주체는 의식과 무의식의 작용들 이전에 이미 정해진 것이 아니다. 점적인 주체는 없다, 달리 말해 오진 과정/심판-중의-주체만 있다. 그러나 우리는 또한 과정-중의-주체가 바로 타자가 아닌 쟁점이 되는 것이라는 점에 주목해야 한다. 실제로, 이 점에서 바라본다면, 타자(예를 들면 어머니)는 오직 주체 형성의 일부로서 나타난다. 그것은 엄밀히 말하자면, 레비나스가 제안한 것처럼, 자율적인 실체가 아니다. 실제로, "부정"(부정성)에서 중요한 부분이고, 분리의 과정에서 중요한 항문기 충동은 어머니를 (어머니로부터 주체의) 분리와 관계있는 대상으로 전제한다. 크리스테바가 말하길 "충동은 전오이디푸스적 기호계 기능들과 신체를 어머니에게로 연결하고 지향하게 하는 에너지 분출들에 연루된다"(1984: 27). 그리고 그녀는 계속 이어나간다.

어머니의 신체 주변을 지향하고 그 주변에서 구조화되는, 구강기와 항문기 충동들 모두는 이 감각운동의 체계를 지배한다. 어머니의 신체는 따라서 사회적 관계들을 조직화하는 상징계 법을 매개하고 파괴, 공격성, 그리고 죽음의 길 위에 있는, 기호계적 코라의 명령하는 법칙이 되는 것이다.(1984: 27~28)

나아가 "우리는 항문 부정기 혹은 상징기의 구축에 선행하고 그 전제조건이자 억압된 요소 인, '항문기'의 중요성을 강조하고자 한다"(1984: 149).

분리되고 억압된 대상이 되는 타자로서 어머니는 과정-중의-주체의 궤적 일부를 형성한다. 어머니의 신체는 참으로 "상징계 법을 매개하고" 따라서 그 자체로 목적이라기보다 수단이다. 그러나 두 가지 타자가 있다. 분명한 언어로 "표시되는", 상정된 대상과 재현될 수 없는 이질성과 동등한 것인, 대문자 "O", 대타자, 억압된 대타자이다. 달리 말하면 상징계적 타자와 기호계적 대타자가 있는 것이다. 그리고 이 두 질서 사이에, 크리스테바가 한자리에서 말하길 변증법적 관계성이 있다(Kriste-va, 1977b: 76). 결국, 그러므로 기호계와 상징계는 이질적인 대상이, 예를 들면 유아의 "첫 음성모방"을 통한 의미화 과정에서 인식 가능하게 되는, 일종의 전체성을 형성한다(1977b: 158).

"텍스트"에 대해 말하자면, 상징계적 타자는 현상론적 텍스트pheno-text에서 분명해지는 반면, 기호계적 이질성이 리듬과 노래가 두드러진 특징을 이루는, 혹은 페이지 위의 단어 배치(말라르메)가 관습적으로 소통적인 측면보다 언어의 물질성에 관심을 두는 발생적 텍스트geno-text, 시적 언어의 텍스트 속에서 분명해진다.

대부분, 기호계 속 폭력의 질서짓기는 기호계, 그리고 특히 이질성을 멀리하는 차단의 체계로서 대문자 법의 단일성과 비교되고 대조될 수 있다. 크리스테바의 거의 모든 연구는 (1990년대 후반 시작한 여성 천재에 관한 세 권의 책을 포함하여) 이 연구들 안에 위치해 있다. 최근의 예를 인용하면, 콜레트의 글쓰기에 관해 논의하면서 크리스테바는 관습적인 의미가 동시에, 실질적으로 느낌과 감각들의 충동 에너지인 것을 주입하는, "무한하고 이질적인 열정(의미/감각)"(Kristeva, 2002c: 425)을 언급한다. 나아가, 비록 이것이 조이스와 같은 풍의 근대적 텍스트의 음악성의 맥락에 있지 않긴 하지만, 크리스테바는 콜레트의 글쓰기를 "바커스 축제"(그 기호적 측면에 대한 명백한 암시)로 묘사한다. 다른 한편으로, 콜레트의 내레이션(이야기)은 숭고한 폭력을 향한 것으로 간주된다.

> 유아가 어머니에 대한 음성 모방을 분명히 하자마자, 이 주문은 이미 문장일 뿐 아니라(그런 멜로디는 "나는 엄마를 원한다"는 것을 의미한다), 갈등, 시련, 목적 추구, 만족, 혹은 좌절로 번역되는 환상("나는 엄마를 먹고 있다")일 것이다.(2002c: 268)

유아는 이미 (잠재적으로 폭력적인) 기호적 충동과 상징적 표현 사이의 긴장을 통해 주체로 구성된다. 좀 더 가시적인 차원에서, 1982년 책 《공포의 권력》에서 설명한 대로 아브젝시옹abjection은 잠재적으로 폭력적인 것으로서 분리의 과정을 묘사한다(이는 분리가 또한 근친상간의 회피에 기반할 뿐만 아니라, 결과적으로 대문자 법에 대한 존중에 기반하기 때문에 모순적이다). 그러나 어머니의 축출로서 아브젝시옹은 언어의 획득(라캉의 거울 단계)이 의미하는 분리의 상징계적 형식을 지지한다. 달리 말하면, 그것은 두 가지 핵심 차단들의 이성적 근간이 되기에 충분하지 않다. 그 두 차단 모두 근친상간의 그리고 잠재적 살인의 영역에 발 딛는 것이 폭력적 저항과 만날 정도로, 혐오의 감정에 의해 강화되어야 한다. 《반항의 의미와 무의미》(2000a)에서 크리스테바가 주장하길, 근본주의적이고, 종교적인 집단들은 대부분, 아브젝시옹의 범위에서 생겨나는 격렬한 감정들을 이용한다. 이론가들은 더 나아가 특정 경우들에서, 사회 전체가 명확히 표현된 대문자 법보다 혈연관계를 조직하고 사회 질서를 보장하는 방식으로서 아브젝시옹에 더 의존할 수 있다는 점을 지적한다(Kristeva, 1982: 64). 그런 사회들에서 신성한 것은 그러한 폭력이 "의식상의 정화ritual purification"를 통해 원칙적으로 기피된다고 할지라도, 서구 스타일의 정치 형태들의 사례처럼 보이기보다 희생(즉 폭력)에 더욱 밀접하게 묶여 있다(1982: 82). 결과적으로, 기본적인 사회적 질서에 관해, 대문자 법보다 더욱 근본적인 기호계를 야기할 수 있는, 기호계와 상징계 사이의 변증법을 관리하는 구체적인 방식이 위태롭게 된다.

폭력과 그 파생물들(충동들, 정동)은 전체 사회 구조에게 역사적이지는 않을지라도, 역동적이고 우연적인 특징을 준다. 이것은 크리스테바가 그것을 이해하는 바와 같이, 폭력을 전적으로 무시하거나 언어적 실천에서 충동 요소에 너무 적은 비중을 둠으로써 상징적 질서를 특권화하고 인간의 언어적 기능을 축소하는, 라캉의 몹시 이성적이고, 언어적으로 지향된, 정신분석적 틀에 대항하는 그녀의 주요 요지가 될 것이다. 크리스테바가 다시 강조하길(2000a: 31), 희생과 "그것 안에 사회적 유대와 문학의 자리에 접근하는 구체적인 방식을 또한 포함하는 것이 바로 충동 요소이다"(2000a: 31, 수정된 번역).

언어의 세 가지 이론

언어와 의미화의 어떤 이론에 기호계를 포함시키기를 바라면서, 크리스테바는 프로이트에게 언어의 세 가지 이론이 있고, 라캉이 개괄한 대로, 상징적 질서를 특권화하는 것은 그 중 하나일 뿐이라는 것을 보여주고자 한다. 첫 번째는 "언어적인 것과 성적인 것" 사이의 "불균형"이 있고, 그래서 무의식이 직접적으로 말하여질 수 없다는 생각에 기반한 것이다. 게다가, 사물의 재현과 언어의 재현 사이에는 차이가 있다. 후자는 청각적 이미지와 시각적 혹은 그래픽적 이미지로 나뉠 수 있다. 이것은 (교육을 받아) 글을 쓸 수 있는 누군가를 상정하기 때문에, 글쓰기의 운동적 측면의 재현은 또한 (라캉이 거의 무시한) 언어 속 "다성polyphony"과 "이질성"을 야기하게 된다고 크리스테바는 주장한다. 이 언어 이론은 소쉬르가 언어를 기표와 기의의 영역으로 분할한 것과 매우 다르다. 중요한 것은 말들의 감각적 이미지들은 "기표"의 개념에 포함될 수 없고, 또한 사물의 재현은 말들의 재현 같은 종류의 재현으로 동일시될 수도 없다는 점이다. 각 층위에서 관여되는 재현들은 서로 매우 다르다. 실제로, 사물의 재현과 함께, 재현들의 복수성이 발생한다. 더욱이, 이 언어 이론은 의식과 무의식의 과정을 설명하는 한 방식으로 "속박된bound" 그리고 "해방된unbound" 에너지의 개념을 다루는, 프로이트의 1895년 프로젝트의 시기에 발전한 것이기 때문에, 크리스테바는 프로이트의 언어 이론을 해석할 때 이것이 반드시 고려되어야 한다고 말한다. 유감스럽게도, 이는 라캉이 "무의식은 언어와 같이 구조화된다"라는 유명한 주장을 했던, 구조주의 이론에서는 나타나지 않았다. 언어와 무의식을 이 층위로 축소시키는 것은 언어에서 신체의 역할을 무시하는 것이다. 그렇다면, "에너지론"은 프로이트가 정신을 생각하려던 자신의 초기 시도에서 개괄한 것처럼 신체를 환기하고, 따라서 이질성을 환기한다. 에너지 충전과 그러므로 이질적인 결과들에 기반한, 프로이트 언어 이론의 이 측면을 제대로 다루기 위해, 크리스테바는 《시적 언어의 혁명》에서 그녀 스스로 구두적이고 구두외적인infraverbal 재현의 이질성을 지적하기 위해 "기호계와 상징계"를 표시했다고 말한다(2000a: 38, 크리스테바의 강조, 번역으로 이해하기 어려움).

크리스테바가 개괄한 프로이트의 두 번째 언어 모델은 1899년 《꿈의 해석》(영문 번역 1900)의 근간이 되는 것이다. 여기서, 언어는 의식과 무의식적 과정들의 중재자가 되고 소쉬르의 기의와 기표 사이의 자의적 관계로서 기호 이론에 합치한다. 이 시기 프로이트 연구는 무의식이 언어처럼 구조화된다는 라캉의 공식을 확실하게 해주는 것처럼 보인다. 사실상, 충동들은 이 과정들 자체가 의식의 통제하에 있지 않더라도 의미화하는 과정의 완벽한 통제하에 있게 될 것이다. 크리스테바에게, 이 차원은 전혀 무관한 것이 아니다. 오히려 그 반대이다. 라캉은 진정 일리 있다. 그러나 그는 프로이트의 언어에 대한 접근법을 이소쉬르적인 측면 하나만으로 축소시키려 시도하면서 너무 멀리 나간다. 신체 (재현들의 이질성) 역시 고려될 필요가 있다. 프로이트가 (라캉이 은유(응축)과 환유(전치)에 대한 야콥슨의 이론에 비유한) 응축과 전치의 "일차적 과정들"이라 부르는 것에 관해, 크리스테바는 이 과정들과 충동 활동 사이의 근본적인 (심지어 최초의) 연결고리가 또한 있다는 것이 기억될 필요가 있다고 강력히 주장한다. 그들은 그저 고전적인 수사법의 인물들로 축소될 수 없다.

언어로서 무의식에 대한, 따라서 언어로서 꿈에 대한, 마지막 요지는 원칙적으로 무의식이 완전히 해석될 수 있다는 것을 전제한다는 것이다. 이것은, 그렇다면, 무의식의 투명성을 전제한 언어로서 무의식의 이론이다. 크리스테바는 그러므로 그것을 언어의 "긍정적" 모델이라 부른다.

프로이트의 세 번째 언어 모델은 처음 두 개 모델보다 섬세하고 더욱 복잡한 것이다. 그것은 기호적 작용들에 의해 지지되는, "언어횡단적이고," 충동에 기반한, 언어의 전前구두적 차원의 언어를 이용하는, 의미화의 과정에 주입된 언어 모델이다. 그렇지만, 흥미롭게도, 크리스테바는 《반항의 의미와 무의미》에서 더욱 구체적이다. 왜냐하면 거기서 그녀는 의미화의 과정을 프로이트에서 동일시(Einfühlung), 승화 그리고 이상화와 동등하게 간주되는 것과 동일하게 여기기 때문이다. 이 영역들의 각각은 의사소통이 언어학적으로, 혹은 라캉의 상징적 질서로 축소될 수 없게 한다.

크리스테바의 의도는 언어 실천은 가장 넓은 의미에서 신체와 충동들을 포함하는 과정들, 폭력적이지 않더라도, 갈등적인 "전前언어적인" 경향들을 또한 수반하는 과정들, 상징계적 질서의 점적인 주체의 단일성에 도전하는 과정들을 수반한다는 것을 보여주는 것이다. 원래 1973년에 출판된, 그녀의 초기 "procès de la signifiance"[의미화의 과정]의 공식에서, 크리스테바는 프랑스 19세기 아방가르드적이고, 시적인 텍스트들은 "점적인 주체가 구두화를 보장하는 (언어를 구성하는) 필수적인 장대가 되기 위해서 (시간 순서대로는 아니지만, 논리적으로 언어의 현상에 앞서는) 우리가 의미화의 과정이라 부르는 것에 의해, 즉 충동과 전前언어적인 기호적 작용들에 의해 몰입되고(미장아빔mise en abîme), 액체화되며, 초과되는 실천을 표시했다고 주장한다(Kristeva, 1977b: 56). 분명, 의미작용의 과정이 잠재적으로 창조적인 만큼 파괴적이고, 자기-같은 주체의 형성적인 만큼 "타자적"이며, 아버지의 이름에 근거한 통일된 상징적 일자인만큼 급진적인 차이이다. 요컨대 처음부터 크리스테바의 이론적 글들의 본질적인 부분으로서 이 폭력적인 기호계의 차원은 시적 언어라는 그녀의 개념에 역동적인 측면을 주는 한편, 그녀가 레비나스식의 어떤 급진적인 초월성에서 물러나는 방식을 가리킨다.

이것을 말하면서, 우리는 크리스테바의 연구의 수용에 있어 어떤 아이러니를 인정해야 한다. 왜냐하면, 정말로, 크리스테바는 그녀가 자신의 연구에서 기호계적 과정을 특권화한다는 점을 강경히 부인하고 (예를 들면 사랑과 반항에 관한) 글들을 근거로 들 테지만, 사실상 그 글들은 상징계의 중요성을, 그러므로 특정한 종류의 초월성을 강조하는 것이기 때문이다. 그러나 정신분석과 철학에서 생각하기의 방향을 바꾸어서 충동에 기반한 기호계를 고려해두면서, 크리스테바는 종종 기호계의 발견으로 축소된 그녀의 독창성이 결국 상징계 과정들의 갱신에도 초점을 둔 글에 피해를 주는 것을 보게 된다.

그녀의 연구의 특징인 기호계와 상징계의 조합으로 인해, 급진적인 초월성의 가능성이 배제된 것은 사실이기도 하다. 이제 세계 시민주의로서 국가에 대한 1980년대 후반 크리스테바의 글에 관하여 이 주제들을 살펴보기로 하자.

언캐니로서 자기로의 회귀

다시 한 번, 그것은 프로이트의 전통에서, 전면에 내세우는, 따라서 크리스테바의 정신분석적 관점의, 공동체까지는 아닐지라도, 횡단개인적 기반을 설명하는 사회와 사회성의 이론이다.

(우선 이것을 첫 번째로 다뤄보면) 《Etrangers à nous-mêmes(우리 안의 이방인들)》(1988)의 핵심 주제는, 언캐니(이질감foreignness)가 우리 안에 있다는 것이다. 따라서, 언캐니(타자)를 찾는 것은 우리들 자신에게로 되돌아가는 것이다. 레비나스

의 말대로, 그 자신에게로 회귀하는 오디세우스 신화라는 것보다 더 명료한 서술이 있을 수 있을까? 레비나스는 "나는 타자가 아니다. 나는 완전히 혼자이다"(Levinas, 1987: 42, 레비나스 강조)라고 말하는 반면, 크리스테바는 반대로 "누군가 자기 자신에게 이방인이 되는 법을 알지 못한다면 어떻게 이방인을 참을 수 있겠는가?"(1988: 269)라고 묻는다. 게다가, 언캐니에 대한 그녀의 논의에서, 크리스테바는 우리가 죽음의 재현이 그 자체로 일종의 죽음의 부인이라는 것을 주지할 필요가 있긴 하지만, 무의식이 죽음과 그 재현들을 거부하면서 절대적으로 내재한다는 것을 보여준다(1988: 273). 어떻게 크리스테바는 근대 사회에 대한 자신의 분석에서 이 점에 도달하는가? 그 대답은, 대체로, 근대 국가가 차이와 다양성, 한마디로 "타자"를 제대로 다룰 수 있는지 그리고 그렇다면 어떻게 다룰 수 있는지를 질문하는 것이다(이 논쟁에 대한 심도 있는 논의는 쥴리아 크리스테바와의 인터뷰 참조).

또 하나의 질문은 첫 번째 질문 뒤에 숨어 있다. 정해진 상징계 틀(예를 들면 법에 기반하고 시민의 권리를 보장할 사명을 띤 틀)은 그것이 차이에 민감할지라도, 문화적 다양성을 다루는 데 있어 "미세 조정"되어 있을지라도, 특정 차이의 사례들을 (비록 부지불식간이기는 하지만) 필연적으로 배제하는 경우가 늘 일어나는 것은 아니지 않을까? 프랑스 세속 국가가 이슬람 소녀들에게 (이슬람 머리 스카프와 같은) 종교적 휘장을 두르는 것을 금지하는 것은 생각과 행위에 있어 차이에 대한 것은 아닐지라도, 종교적 차이의 표현에 관한 딜레마를 만들어낸다. 크리스테바의 접

근법은, 첫째로, 공동체와 차이의 관계성에 대한 논쟁을 역사적
으로 연구하고, 그러고 나서 근대 국가에 대한 함의들을 끌어내
는 것이다. 그녀의 전제는 다나오스의 딸들처럼, 폭력이 공동체
의 기원인 곳에서조차 혹은 (고대 그리스에서처럼) 외부인들에게
적의를 나타내는, 차이에 대한 일반적인 거절이 있었다고 여겨
지는 곳에서도, 그리스 헬레니즘 시대와 스토아 학파 시대(기원
전 335~264)의 "세계시민주의cosmopolitanism"가 보여주듯이,
(환대의 법률에서처럼) 차이의 인식 그리고 차이의 존중을 허락
하는 기제들을 발견하게 된다는 것이다. 이 도시의 세계시민주
의는 18세기의 "자유주의 세계시민주의" 전조가 된다고 여겨진
다. 그것은 "동일자"의 공동체에 연결된 "외부"와의 조우를 통
한 통일성의 유대교적 구성의(1988: 102), 그리고 성바울이 개시
를 알린, 기독교적 시민의회ecclesia의 선조이다. 후자의 입장에
서, 그것은 차이 속 통일성이자 배제된 자, 이방인들의 공동체
이다(1988: 117). 단테와 마키아벨리의 르네상스부터 계몽주의
와 프랑스 혁명에 이르기까지, 크리스테바는 세계 시민주의의
계보와 타자에게, 이방인에게, 외부인에게 명백한 차이를 지워
버리려고 애쓰는 역逆경향성 앞에서도 작동하는 차이의 수용을
이끌어낼 수 있다. 결국 크리스테바의 주장은 서구 문화의 역사
는 "동일자"의 세계 속에 차이와 다양성의 수용을 중심으로 만
들어지므로 역사를 이방인에 억압적인 조치들에 대한 합리화
로 언급하려는 사람들은 다시 생각해야 한다는 것이다. 특히 이
것은 프로이트의 언캐니(unheimlich) 이론에 따르면서, 크리스

테바가 말하길, "타자는 나 (자신의) 무의식"(1988: 271)이기 때문에 정신적 차원에서 인정되어야 한다. 이는 타자성이 내재적이고 자기로의 근본적 회귀라는 취지의 이전 주장에 공명한다. 정체성의(동일자의) 질서에 위치한 타자성 외에도, "우리 내부"로서 타자성이라는 이 개념은 정체성이 정체성의 재구성을 위해서일지라도, 늘 타자성과 차이에 의해 방해된다는 것을 암시할 수 있다. 혹은 모든 정체성, 모든 공동체, 모든 통일성은 (차이 없는 정체성은 없기에) 언제나 이미 차이를 기반으로 한다는 것을 의미할 수 있다. 이방인, 타자성, 혹은 낯선 것의 형식에서 차이를 지우려는 자들은 이 독해에서 그야말로 그 경우의 본질을 이해할 수 없다. 여기서 사람들이 자기(자신)의 무의식의 증거에 저항하듯이 차이에 저항하는 것은 의심할 여지가 없다. 실질적으로, 낯선 것(unheimlich)은 한때 익숙했던 것처럼, 무의식은 한때 억압되지 않고 의식적이었던 것이다. 자기는 그 자신에게 되돌아온다. 여기서 레비나스가 말하는 의미의 초월성은 없다.

언캐니를 유발하는 구실들은 죽음, 여성적인 것과 충동들(1988: 274)이고, 그러한 것들은 처음에 광범위한 타자성(심지어 죽음)처럼 보이는 것이 비록 그것이 차이를 연상시키는, 잊혀지지 않는 동일자의 일부로 여겨져야 할지라도, 동일자의 질서의 일부로 판명된다는 것을 의미한다. 그래서, 죽음은 탄생 이전의 주체-자기의 생명-없음과 동등하게 된다. 이것은 무의식이 적극적으로 거절하는, 다가올 죽음이 아니다. 사실, (인종차별주의와 같이) 타자에 대한 적대감은 타자성, 우리 안의 타자성이 접근하지 못하게 하는 억압의 허약함을 입증한다. 즉 "이방인은 우리 안에 있다. 그리고 우리가 도망가거나 이방인과 싸울 때, 우리는 우리의 무의식과 싸운다"(1988: 283). 우리는 이제 어떻게 크리스테바의 이론에서 타자와의 진실한 조우가 발생할 수 있는지 의심하기 시작할 것이다. 타자는 우리 안에 있다고 말하면서 크리스테바는 단지 진실로 근본적인 타자는 결국 없다고 주장하면서 진실한 조우의 문제를 해결할 수 있을 뿐이다. 오직 자기와 그 무의식만 있을 뿐이다. 그녀는 더 나간다. "언캐니는 우리의 정신병 잠복기의 지표가 될 것이다"(1988: 276).

그러나 크리스테바는 또한 나 자신과 "나에게 충격을 주는" 타자 사이의 심연에 대해 말한다(Ibid.). 하지만, 이 심연은, 정말로 혼란스럽고 심지어 유령처럼 출몰하지만, 사실 환상에 불과하다. 왜냐하면 내분이 일어난 것으로서, 의식이 무의식을 그것의 영역 안으로 통합할 수 없다는 사실로 인해 명백해진 것으로서 주체에 기반하기 때문이다. 타자를 마주할 때 자기에 의해 경험되는 불쾌한 감정들의 기저를 이루는 것은 무엇보다도 언캐니이기 때문에 우리는 이렇게 말할 수 있다. "언캐니의 변종들은 다양하다. 이들은 모두 내가 자신을 타자와의 관계에 위치시키면서 겪는 어려움을 반복한다"(Ibid.). 결국 크리스테바는 만약 타자가 내 안에 있다면, "우리는 모두 이방인"(1988: 284)이며, 그래서 타자 같은 것, 혹은 최소한 어떤 절대적 의미에서, 레비나스가 제시한 타자는 없다고 말한다. 게다가 레비나스는 이것이 동일자의 철학에 기반한 총체적 담론, 자기(moi)가 절대적으로 그 자체를 넘어서는 어떤 것에 의해 구성되는 그 순간 동안 궁극적으로 초월성에 대한 여지를 남기지 않는 담론의 예시라고 주장할 것이다.

나중에, 《반항의 의미와 무의미》(2000a)와 《사적인 반항》(2002a)에서 원시 부족에서 반항을 다룰 때 유사하게 초월성이 부재한다. 현대판 반항과 같은 것은 "정신적 재구성"을 야기할 것이다(Kristeva, 2002a: 8 참조). 이것은 또한 폭력, 부정성 그리고 거부의 형식이다(2002a: 9). 코라는 과정-중의-/ 심판 중의 주체의 "실험적인 정신병"(2002a: 10)이다. 반항은 법("행위의 세계")의 공공연한 위반으로서 정치적이길 멈추고, 정식적 삶에 영향을 끼치고 종종 어떤 종류의 자기의 위기를 암시하는 기억 작용과 정신분석의, 시적 언어, 소설 쓰기와 많은 지적이고 예술적인 활동들의 형식을 취하면서, 친밀한 의미를 상정한다.

《사적인 반항》에서 기호들은 어머니의 대체물이 된다. "우울증 환자는 자신의 대상을 잃어버리기를 원하지 않는다"(2002a: 23). 우울증 환자는 사실 재현(기호들)을 통해 자기로의 회귀에 저항한다. 어머니는, 하지만, 이질적인 것이 되고, 타자가 된다. 그러므로 크리스테바는 우리의 내면적 삶에 대한 호기심이 만발할 때(그녀가 말하길, 동시대 정보사회가 놀랄 정도로 억제하는 어떤 것), 친밀성 역시 타자성, 이질적인 요소라는 것을 알았다. 우리는 우리의 가장 사적인 자기들에 출몰하는 낯섦을 발견한다. 사실, 우리는 자신을 우리 자신에게 낯선 이들로 만들어야 한다. 오직 이렇게 하면서 우리는 "잠재적 정신병들"과 싸울 수 있다"(Kristeva, 1998c: 85). 이것은 그것의 공공연한 정치적 형식들이 통용되지 않을 때 계속되는 반항의 근간이다. 우리는 이 우리 안의 타자성과 함께 그리고 이에 대항하여 반항할 필요가 있고 그래서 정체성이 매개체 그 자체로 용해되지 않고 순수한 무無가 된다.

윤리로의 회귀?

이미 우리는 크리스테바에게 윤리가 시적 언어의 기호계가 가져온 상징계 질서 속 균열들을 수반한다는 것을 지적했다. 이것은 개인 행동에 맞춰 구성된 논리정연하고 일관된 원칙들로서 윤리와 다르다. 그것은 거의 도달하기를 희망할 수 없는 이상적 상태로서 올바른 윤리적 행위라는 생각과도 다르다. 마지막으로, 그것은 분석 철학과 그것의 공리주의적 선조에서 발생한 것처럼, 상정된 전제들과 변수들의 집합들로부터 윤리적으로 올바른 행동을 연역하려는 분석적 접근법과도 매우 다르다.

그래서, 크리스테바의 윤리적인 것에 대한 개념을 좌우하는, 시적 언어는 소통적 언어 속 충동들의 효과뿐만 아니라 의미화 과정 속에서 발견되는 물질성의 질서짓기를 포함하여 매우 폭넓게 이해되어야 한다. 가령, 우리는 발화의 음악성, 페이지 위의 글자들의 배열, (소묘와 형식에 대립하는 것으로서) 그림의 색깔과 표면, 춤추는 신체, 냄새, 극장, 어린 시절과 일상의 리듬, 사진과 영화 속에서 질서 지어졌으나 여전히 형식이 없는 표시로서 이미지를 예로 들 수 있다. 기호계는 코라의 질서짓기라는 특징으로, 상징계의 법률에 반대되는 것으로 경험된다. 도법圖法과 원근법을 따르는 미켈란젤로나 렘브란트의 소묘와 비교되는 색채(질서짓기)를 이용한 어린아이의 손가락 그림. 따라서, 상징계의 법을 방해하는 기호계적 질서짓기 역시 윤리적 개입이다. 이것이 크리스테바의 요지이다(Kristeva, 1980: 23~24 참조). 일반적으로 예술은 윤리적일 수 있다. 그리고 우리는 그것에 복종한다기보다 관습과 순응을 전복시키는 실천들(예를 들면 시적 언어의 실천)을 통해 그렇게 될 수 있음을 알게 된다. "달리 말하면, 하나의 실천은 그것이 의미화하는 과정이 사회-상징적 실현 속에서 굴복하는 것에 대한 저 자기도취적 집착들을 없애버릴 때 윤리적이다"(Kristeva, 1984: 233). 그러므로 전복이 심오한 것이 되려면, 예술적 실천들은 변형된 상징적 질서로의 가교로서 역할을 하는 윤리에 의해 뒷받침될 필요가 있다. 윤리적 실천은, 그렇다면, 상징적 질서 그 자체의 변화들을 야기하는 기호계를 활용하게 된다. 기호계적 과정들을 물신화하려는 그리고 그러므로 그들을 목적 그 자체로 다루려는 유혹은 물리쳐져야만 한다고《시적 언어의 혁명》에서 크리스테바는 주장한다.

사실상, 타자성과 차이는 궁극적으로 동일자(상징계)의 질서에 (재)진입해야 한다. 예술이 결코 재현들만으로 해방시킬 수 없는 반면, 기호계적 과정들을 결국 재현으로의 길, 전복적이고, 윤리적인 실천에 의해 도전받는 상징계 질서에 의해 가능해진 길을 찾아야만 한다. 혹은 크리스테바가 말한 대로 "어떤 텍스트도, 아무리 '음악화'되어 있을지라도, 의미 혹은 의미작용이 없는 것은 없다"(1984: 65). 텍스트를 물신화하지 않으려 노력으로 새로운 의미 혹은 의미들을 끄집어 내는 것은 그러므로 윤리적 실천의 일부가 될 것이다.

이 모든 것은 중요한 것이 그러한 기호계가 아니라는 것을 의미한다. 중요한 것은 기호계적 충동들을 경유하여 상징계 질서를 재편하는 것이다.

레비나스와 추가 부분적 비교

우리는 이제 크리스테바의 이론적 입장을 좀 더 명확히 하는 방법으로 명확하게 레비나스의 철학에 의지한다.

레비나스 역시 윤리를 관념론적이거나 경험주의적인 혹은 이성주의적 전통들에서 출발한 것으로 보지 않는다. 앞서 보았듯이, 그 이유는 그에게 윤리가 (후기 연구에서 "이웃"으로도 불리는) 대타자, 가장 광범위한 의미에서 비非자기non-self와 관련이 있기 때문이다. 자아/자기 그리고 진정한 타자 사이에는 어떤 관계도 있을 수 없다. 더 나아가,

• 레비나스에게는 자기와 타자 사이에 혹은 동일함과 차이 사이에 어떤 화해(어떤 인식)도 없기 때문에 그는 절대적으로 비非헤겔적이다. 위에서 말했던 바와 같이, 근본적인 비대칭이 있다. 그에 비해, 크리스테바의 연구의 어떤 지점들에서 그녀는 기

호계와 상징계의 변증법적 관계를 상정한다는 점에서 그녀는, 그리고 라캉도 전적으로 헤겔적이다.

• 레비나스의 연구에서, 진정으로 떠오르는 타자성과 차이의 실패에 대한 유의어들은, 전체성(전체로서 총체화된 일자와 타자), 욕구/결여로서 욕망, 사회와 역사(초월성의 부재), (동일자의 논리에 의해 지배되는) 정체성, 동일시 그리고 이기주의이다. 말하자면 (절대적인) 대타자는 서구의 사고와 유사해진 바로 저 영역들에서는 나타나지 않는다. 유사성은 그들이 더 이상 사상적 충격 혹은 "사건"이 아니라는 것을 시사한다. 크리스테바에게, 대타자와의 조우가 발생하는 곳은 바로 이 영역들이다. 그리고 그러한 조우는 근본적으로 자기-의식적인 차원에서 발생할 수 있다는 점을 덧붙여야 할 것이다. 그것은 특히 정신분석가가 분석 대상자의 무의식과 관계 맺고 해석하는 분석 세션에서 발생한다. 혹은 다시 한 번 (우리가 이질성과의 관계에서 개괄했던 것처럼 크리스테바의 접근법에 단서를 주는) 프로이트의 언캐니와 함께, 타자가 자기 안에 나타난다.

• 다시 레비나스에게, 본질적으로 내재적인 것으로서 무의식(은 자기 안에 내장된 타자성과 차이이고, 정신분석에서는 주체를 형성하는 데 중요한 것이다). 분석가에게 아이러니하게도 레비나스의 의미에서 포괄적 타자는 없다. 왜냐하면 예언적 철학에서, 진정한 타자는 전적으로 초월적이기 때문이다. 이것은 충동들도, 또한 내재적인 것으로서 레비나스에게 포괄적으로 다른 것이 아닌 반면, 분석가인 크리스테바에게 충동들은 바로 타자성

과 차이의 자리이다.

- 크리스테바는 가장 포괄적인 차이조차 (근대적 문학에서 보여지듯이) 상징적 질서의 변형을 통해 의식과 화해할 수 있다는 전망을 유지하는 데 반해, 레비나스는 그런 전망을 하지 않는다. 대신, 의식의 자리인, 자아-자기는 절대적으로 세상에 홀로 있으며, 대타자의 볼모이자 그에 대한 책임이 있다.

- 사실상 레비나스는 타자성(포괄적인 혹은 절대적인 다름)이 동일자에 의해 삼켜질 위험을 무릅쓴다는 이전의 주장을 확인한다. 그가 말하듯이 "동일자가 단순한 타자에 대한 대립에 의해 그 자신을 수립한다면, 그것은 이미 동일자와 타자를 아우르는 전체성의 일부가 될 것이다"(1969: 38, 레비나스 강조). 전체성이 일자와 대타자 모두를 포함할 것이라는 점에서 늘 이 총체화의 위험이 있다. 우리는 위에서 정신분석과 사회의 기원들에 대한 크리스테바의 접근법과 비교하여 이 쟁점을 살펴보았다.

- 결과적으로 《전체성과 무한》에서 레비나스에게 질문은, 어떻게 동일자가 타자에게 그것의 타자성을 빼앗지 않은 채 타자와의 관계에 진입할 수 있는가(1969: 38)이다. 크리스테바에게, 대조적으로, 기호계와 상징계 사이의 변증법적 관계(대략 레비나스에게 동일자의 질서와 동등한 것)는 상징계가 필연적으로 약간 기호계를 탐식해야 한다는 것을 의미한다. 왜냐하면 이것은 사회적인 것의 그리고 문화의 근간이기 때문이다. 언어가 전적으로 그 자신을 위해 사랑받는 준準병리적 의미의 페티시즘을 제외하고, 상징계에서 고립된 기호적 영역은 없다. 정신병자에

게 말들은 사물들이 된다. 프로이트가 개괄하듯이 일차적 과정들은 인간 공동체를 위해 상징계, 이차적 과정들 내부에 틀림없이 존재한다.

• 레비나스의 용어로, 진정한 타자(공식적이지 않지만, 그가 형이상학적 타자라고 부르는 것)는 정체성의 이면이 아니다. 타자성은 달리 말하면 정체성에 내재하는 것이 아니다. 그것은 크리스테바 방식의 이해를 포함하여 정신분석의 사례가 되는 경우가 많기 때문에 분열된 자기에 대한 질문이 아니다.

• 크리스테바의 정신분석 이론은 (어린아이의 어머니로부터) 분리가 정체성, 그리고 따라서 개인성의 동인이기 때문에 인간 발달에 필수적이지만, 레비나스는 좀 더 포괄적이다. 그에게, 한 사람이 다른 사람으로부터의 분리는 의식의 차원에서 자기와 타자 사이의 관계가 없는 지점까지 절대적이다. 혹은 레비나스의 철학은 최소한 동일자의 전체화 효과들에서 탈출하는 서구적 사고 틀의 역사의 수용 능력에 대한 질문을 제기한다. 크리스테바에게 동일자의 옥죄기는 충동에 기반한 기호계에 의해 부서질 수 있다.

• 이로부터 레비나스에게, 타자성(다름)은 동일자에 선행한다는 것은 놀라운 일이 아니다. 크리스테바에게, 기호계 코라는 논리적으로 그리고 연대기적으로 상징계와 그것의 대문자 법에 선행한다. 중요한 것은 코라도 또한 타자성과 차이의 저장소(혹은 그러한 의미)라는 정도까지는 알아야 한다는 것이다. 우리는 위에서 타자성과 차이가 비록 기호계 코라 안에 있지만, 상

징계는 기호계에 숨겨져 있는 차이를 극복하기 위해 독단적인 지점에서 (주체와 객체 사이의 차이를 구성함에 있어 희생의 역할과 비교) 생성된다고 주장했다.

• 초월성은 부정성(크리스테바가 고수하고 있는, 헤겔의 또 다른 거부)이 아니다. 후자는 헤겔의 변증법의 네 번째 조건이고 상징적 과정들의 물질적 측면을 도입하기 때문이다. 게다가 "자기-타자" 관계(분석가-분석 대상자, 선생-학생, 지도자-집단, 남성-여성, (이방인과의 관계에서) 주인-손님)에 대한 견해들에 관해 크리스테바의 상호 인정이라는 핵심 영역이 있는 것에 반해, 레비나스는 전체화하고 그러므로 전적으로 동일자의 철학에 빚진 그런 대립들을 발견한다.

• 인정은 (레비나스에 따르면 "서구 철학의" 핵심 "특징인) 매개와 긴밀히 관련되어 있다. 그것은 거리를 축소하고 오직 거리의 축소로서 이해된다. 크리스테바에게, 인정은 정신분석적 그리고 예술적 틀에서 중요한 위치를 차지한다. 아마도 극단적인 형식으로 인정은 자기가 그 자신을 타자로 느끼고 말들과 사물들이 일치하는 곳인, 성변화聖變化, transubstantiation이다. 반면에 레비나스는 특히 헤겔적 외피 속에 있는, 인정을 동일자 논리의 지배의 추가적 증거로 본다.

• (초기 하이데거의 존재론적 접근법을 포함한) 동일자의 철학에서, 개인성은 개인성이 아니라 일반성으로 이해된다(Levinas, 1969: 44). 왜냐하면, "철학은 자아론이다"(Ibid.). 그것은 자기의 관점에서 세상을 바라보기 때문이다. 게다가, 철학은 언제나 타

자성과 차이라는 주제를 만들려고 애쓰고, 그렇게 하면서 그 목표에 달성하지 못한다. 크리스테바의 연구에서, 충동들은 비非철학적 타자성을 구축한다. 하지만, 기호계와 상징계는 "의미화의 동일한 과정"(Kristeva, 1974: 22)의 일부라는 크리스테바의 진술에서 분명하듯, 충동들은 또한 상징적 질서에서 주제화된다. 그래서 레비나스의 용어로 여기서 발생하는 어느 정도의 전체화가 있다. 아마도 이것은 피할 수 없을 것이다. 아마도 참으로 레비나스는 그가 동일자의 철학에서 거의 벗어날 수 없다고 보면서도 너무 많은 것을 요구하고 있다.

• 크리스테바에게 그것은 과정-중의-주체(다가올 주체)의 측면이 빠져 있기 때문에 정확히 제한된 **코기토**라는 데카르트적, "점적인"(이미 상정된) 주체이다. 이 "점적인" 주체와의 관계에서, 기호계가 침입해왔다. 그에 반해서 신의 존재 증명에 관한 데카르트의 세 번째 성찰은 그것이 초월성을 나타내기 때문에 레비나스에게 큰 영향을 미쳤다. 그리하여 주체는 외부 그 자체에서 궁극적으로 그것이 그 자신의 기원이 아니라고, 심지어 이것이 불가능하다고 생각하고, 이해하기를 강요받는다. 레비나스에게 계시와 예언적 판단들은 점진적인 공개(존재를 환기하는 후자, 그래서 동일자)보다 우선한다. 그러나 크리스테바의 연구는 이 점에서 하이데거를 따르고 존재의 완만한 공개로서 세계를 본다.

• 크리스테바에게 주체는 "과정 중"에 있고, 이 이유로 인해 비非본질적이지만, 레비나스는 진정한 주체성이 "자유로운

그리고 비非자유로운 것 이전에 혹은 그 너머에 있고 이웃에 대해 의무가 있으며, 본질이 무한에 의해 초과되는 한계점"이지만 (Levinas, 1998: 12) 이 "우연성"조차 본질의 일부로 볼 것이다.

• 크리스테바에게 성변화(육화되는 말: 일자와 타자의 융합)는 예를 들면 프루스트의 글 속 현실이다. 주체와 객체는 융합되고, 말들은 그들이 묘사하는 것에 병합된다. 타자성은 통일성 속에서 극복된다. 직접적인 대조를 이루면서, 레비나스는 융합보다 타자로서 주체성을 가리킨다. 즉 "나는 나 자신을 또다른 정체성 속에 가둬두지 않는다, 나는 새로운 아바타에 저항하지 않는다. 의미작용, 근접성, 말하기, 분리로서 나는 어떤 것도 융합하지 않는다"(1998: 14).

• 레비나스적 텍스트는 존재의 유산(동일자의 질서)과 윤리(타자성의 유형) 사이에 있다. 그 목적은 언어학의 산물이 아닌 소통으로서 말하기를 그저 말해진 것의 일부가 아니라 철학적 담론의 일부로 만드는 것이다. 말하기는 본질을 넘어선다. 그것은 초월성을 지향한다. 뱅베니스트로부터 뒤따라온, 크리스테바의 발화행위 개념은 담론의 현실을 지칭한다. 예를 들면 대명사들은 발화되기의 행위에서 오직 의미 혹은 가치를 획득한다. 다시 말해 그들은 맥락과 관계없다. 반면에, 언표 속에서, "나" 그리고 "너"는 문법적 예시들이 아닌 다른 진짜 의미를 갖지 않는다. 크리스테바는 언표의 주체보다 발화행위의 주체에 좀 더 무게를 둔다. 왜냐하면 후자는 주체를 언어에 앞선 존재로 전제하지만, 첫 번째는 주체성을 형성하기 때문이다. 하지만 이 형

식의 말하기는 그것이 맥락 속에서 있는 것처럼 내장되어, 거의 초월적이기 어렵다. 그래서 그것은 "얼버무리기 혹은 수수께끼"(Levinas, 1998: 10)가, 레비나스가 계속 말하길 "말하기와 초월성의 양상 속 분리 불가능한 힘"인 것처럼, 말하기라는 생각에서 레비나스가 의도하는 것과 본질적으로 다르다. "말하기"는 존재론화ontologization에 저항한다(1998: 18). 그러므로 말하기로서 주체는 존재론화에 저항한다.

- 크리스테바에게, 기호계 차원에서 (후자가 신체에 연결되듯이 연관된) 물질화와 육화는 주체성의 형성에 중요하다. 레비나스의 입장은 인간 경험에서 마찬가지로 중심이 되는 것은 물질성을 넘어선 초월성이라는 것이다. 그렇지만 레비나스의 초월성 개념의 추상적 성격을 다룰 필요가 있다.

- 또한 레비나스가 연구 대상으로 한 일반화 같은 것을 다룰 필요도 있다. 왜냐하면 어느 수준에서 그는 ("내가 여기 있다me voici"의 방식처럼) 자신의 목소리로 말하기 때문이다. 그렇다면 Autrui("대타자"), le prochian("이웃"), 책임, 말하기와 말해진 것 등등의 지위는 어떤가? 이 쟁점이 크리스테바에 대한 우리의 해석하는 이 자리에서는 가능하지 않지만, 더욱 상세한 분석이 필요하다는 것은 의심할 여지가 없다.

- 크리스테바의 랍비적 텍스트들의 독해는 인류학적이고 모호함의 역할을 (또한 근친상간의 환기도) 강조한다. 레비나스는 텍스트의 내용에 집중하면서, 더욱 해석적이다.

- 1974년의 크리스테바의 글에서(Kristeva, 1977b: 359 참조)

윤리는 언어의 대문자 법의 한계에서 작동하는 것을 의미했다. 윤리는 시적 언어 그 자체이다. 이것은 일종의 초월성인가? 분명 아니다.

• 〈여성의 시간〉에서, 크리스테바는 윤리를 희생에 연관된 것이라 지적한다. "내가 '미학적 실천들'이라 부르는 것은 확실히 도덕성이라는 영원한 질문에 대한 근대적 대답에 다름 아니다. 최소한 이것은 우리가 그것의 질서가 희생적이라는 사실을 의식하는 윤리를 이해하는 법이다"(Kristeva, 1986: 210~211). 반면, 레비나스는 이것을 정치적 영역의 일부라고 본다.

• 전통적인 방식으로, 크리스테바는 직면하게 된 새로운 사회적 문제들(마약, 인공수정 등)이 있기 때문에 새로운 윤리가 요청된다고 말한다(1986: 211).

이 장의 목적의 일부는 폭력, 역사, 물질성이, 적어도 1974년 《시적 언어의 혁명》에서 여성 천재에 대한 세 권의 책들 출간에 이르기까지 크리스테바의 이론적 용어들을 지배하는 방식을 자세히 살펴보는 것이었다. 그리고 나서 레비나스와의 명백한 비교에서, 우리는 레비나스의 용어로, 크리스테바가 대체로 서구 철학 전통의 동일자의 질서 안에 머무른다고 주장했다. 이런 관점에서 우리는 레비나스의 예언적 철학의 매우 추상적인 성격의 문제를 제기했다. 레비나스가 주장하는 것을 기반으로 어떻게 세상에 개입할 수 있을까? 의아할 수 있다. 추가적 주장은, 데리다가 주장한 것처럼, 레비나스의 연구에서 "아버지의 살해"

의 요소가 있는데, 그아버지 역할을 하는 인물이 하이데거라는 점일 것이다. 그러므로 레비나스는 하이데거의 존재 철학의 지배력을 방해하는 데 너무 열중하여 그가 사실상 얼마나 전적으로 그것에 신세를 지고 있고, 따라서 그가 반대하는 것이 아니라 피해 가려 한 바로 그 철학적 전통에 빚지고 있을 수 있는지 이해하지 못한다. 그것은 마치 초월적이고 예언적인 철학이 절대적으로 성공할 수 없는 곳에서 비롯되어야만 하는 것처럼 보인다. 누구의 언어로도 쉽지 않은 일이다.

이런 식으로 검토되면서, 그러므로 크리스테바의 연구는 동시대 사회와 상당히 관련성이 있는 것처럼 보일 뿐만 아니라 더 중요한 것을 제공할 것이다. 바로 윤리적 문제들에 적극적으로 개입하는 방법 말이다.

5장

상상계와 스펙터클

크리스테바의 관점

_존 레흐트

쥘리아 크리스테바의 연구[1]는 우리가 기 드보르의 개념인 스펙터클의 사회의 시대에 상징계가 무엇인가를 가늠할 수 있게 한다(Debord, 1987). 크리스테바와 (필리프 솔레르가 이끄는) 랑피니그룹의 주요 회원들 모두 동시대, 드보르의 이론의 면면들을 동시대 서구 사회 비판의 기반으로 만들면서 이어받는다. 스펙터클의 사회는 인간관계들이 이미지에 의해 매개되는 장소이고, 드보르가 독자들에게 자신의 주장의 함의를 유추하게 남겨두면서, 진실로 완전히 스펙터클이라는 그의 개념을 구체화하지 못함에도 불구하고, 그 주장은 분명히 사회적 행위의 작용 속에서 외양이 존재를, 이미지가 현실을 그리고 복제품이 진품을 대체하게 되었다는 것이다. 그러나 무엇보다도, 미디어는 사회가 대면하여 만나는 행위자들로 구성되지 않고 사회적 관계들이 재현을 통해 간접적으로 경험되는, 스펙터클의 중요한 요소이다. 게다가, 드보르에게, 상품화와 시장은 그들이 실체보다 외양을, 생산된 사물의 내재적 가치보다 시장 가치를 우위로 가치 평가하기 때문에 스펙터클과 혼연일체가 된다. 그녀의 입장에서, 환상fantasm과 영화를 논의하면서, 크리스테바가 말하길 "스펙터클의 사회는" 만족스럽지 못한 가족 관계들과 결합되어, 환상화하는 능력을 피폐하게 한다(Kristeva, 2002a: 68). 충동들과 근원적 환상들은 정신 속에서 재현되지 않는다. 대신 그들은 행위들, 종종 폭력의 행위들 속에서 표현을 발견한다.

같은 맥락에서, 크리스테바는, 비록 기술적 해석을 할 수 있는 것이었지만, 이미지를 해석하는 능력을 지닌 디디에의 임상 사례를 인용한다. 정확히 왜 이것이 그러한지 그 이유는 완전히 확실하지는 않지만, 니힐리즘(즉 상대주의와 신념의 부재)이 심화되면서, 이미지들에 내장된 이야기, 혹은 장면과의 연결감이 없다고 가정할 수 있다. 그것은 마치 한 장의 사진(어떤 것의 이미지)의 내용을 볼 수 없고, 그저 그 사진의 사실을 기술적 현상으로 보는 것 같거나, 페이지 위의 단어들의 물질성을 볼 수 있으되 그들이 의미하는 것을 볼 수 없는 것 같을 것이다.

2000년에 기록된 인터뷰에서 (즉《반항의 의미와 무의미》를 출판하고 4년 후), 크리스테바는 텔레비전이 종종 클리셰를 흡수하여 단기적인 해결책을 얻기 위해 시청된다고 말한다. 이것은 일시적으로 진정 효과가 있지만, 클리셰는 또한 개인적 상상력을 대신하기 시작한다. 게다가, 그녀가 말하길:

이 스펙터클의 제국은, 다른 사회적 문제들과 연결될 때, 내가 "새로운 영혼의 병"이라 부르는 것을 초래한다. 우리 자신과의 갈등을 재현하는 능력, 자유로워지고 반항하며, 내면적 삶, 즉

"영혼", "정신"을 지니는 것이 위협받는다. 상상계는 표준화된다. 폭력, 반달리즘, 약물 중독 그리고 심신의 질병들은 이로부터 비롯된다. 어떤 대책을 강구할 수 있을까? 우리는 열정을 억압하지 않고 승화하는 상상력과 같은 것을 발전시키는 이미지에 대해, 그리고 이미지에 대항하여 연구할 수 있다.(Kristeva, 2001b: 29)

이로써, 미디어가 정치적 삶을 포함하여 일상생활을 지배하게 되었다는 점에서 크리스테바가 현재 사회적 합의들에 내재한다고 믿은 심각한 결과들에 대해서는 의심의 여지가 없다. 1993년(새로운 영혼의 병이 처음으로 프랑스어로 출판된 때) 이후로 크리스테바가 스펙터클의 사회를 별로 언급하지 않은 출판물은 거의 없다. 따라서 콜레트에 대한 그녀의 최근 이론적 연구(Kristeva, 2002c)에서, "기술과 스펙터클"(2002c: 425~426)의 부분에서 완전히 소멸된 오늘날 상상계에 대한 언급이 있다. 그녀의 상상계의 도구로서, 콜레트의 글쓰기는, 그러나 느낌을 말로, 말을 감각으로 표현하면서, "성변화되는transubstantial" 것으로 간주된다(2002c: 425). 콜레트는 따라서 스펙터클에 대항하여 글을 쓴다.

우리가 스펙터클의 (또한 "이미지의 사회"라고 불리는(크리스테바 2002a: 63)) 시대에 있는지 아닌지는 논쟁의 문제이다, 어떤 이들은 그 문구가 과잉 일반화와 동일화를 야기하고, 그것이 루소적 함축들(외양을 넘어선 원래의 인증된 사회적 현실이라는 생각)

185

을 지닌다고 말할 것이다. 다른 한편으로, 그러한 해석적 틀은 감각이 사회적 현실을 구성할 수 있게 한다. 이 "감각"이 기술적 분석을 넘어 사회적 삶에 의미를 부여하는 능력에 따른다.

그렇다면 일단 크리스테바와 함께 스펙터클이 최고로 군림하고 있다고 가정해보자. 그리고 이런 점에서 우리는 그것이 가장 언캐니적인 적들과의 불공평한 싸움을 하는 것처럼 상상계의 변천사를 구성해보려 할 것이다. 나르시시즘과 상상계의 관계성의 면면들을 살펴본 후, 우리는 후설과 초월적 자아(줄리아 크리스테바가 애초에 그녀의 기호계 개념을 발전시키면서 비교하였던 동일한 초월적인 자아)에 대한 그의 개념으로 돌아올 것이다. 이제 우리는 상상계가 본질적인 것이고 우연적 자기의 양상 이상의 것이라면 (현상학적 판단 중지epoche에 의해 성립된) 특정한 종류의 초월성이 필연적이라는 것을 알게 될 것이다. 우리는 또한 무한에 대한 근대적이고 수학적인 이론이 그것에 이론적 실체를 부여하여 상상계에 대한 우리의 이해를 완성한다는 것을 알게 될 것이다. 왜냐하면, 무한은 열린 결말의, 경험적인 현상이 아니라 초월적인 한계이고 심지어 특정한 종류의 신념 혹은 믿음의 기반이기 때문이다. 무한이라는 개념은 크리스테바의 시적 언어에 대한 초기 연구에서 특히 중요했다.

아버지의 유령, 스펙터클의 사회 – 어머니의 죽음

크리스테바의 《새로운 영혼의 병》(1995)에서, 디디에의 상상계는 허물어진다.[2] 디디에는 상위 질서의 예술 작품들을 만들지만, 그가 한 일을 해석할 수 없다. 다시 말해 그는 얼마든지 해석들을 만들어낼 수 있지만, 그것들은 그에게 아무것도 "의미"하지 않는다. 그는 그 자신을 자신의 작품으로 표현하거나 예술가로서 그것과의 강한 연대감을 느낄 수 없다. 우리는 이 붕괴를 무엇과 비교할 수 있을까? 그것은 아마도 감정들을 흉내 낼 수 있으나 그 자신은 아무 감정을 지니지 않은 디드로의 연극배우에 비유할 수 있을 것이다(Diderot, 1951: 1010~1011). 여기 다양한 인물들을 맡을 수 있으나 그 자신의 정체성은 없는, 순수한 스펙터클인, 내내 마스크를 쓴 배우가 있다. 안정적인 자기, 상상적 자기를 결여한 채, 디디에는 작가로서 완전히 "죽어" 있다. 그는 인격화한 "작가의 죽음"일 수도 있다. 분명 막 시작된 우울은 죽음에 대한 이 언급에 함축된다. 왜냐하면 돌이켜보면 우울증 환자들(그리고 그에 더해, 멜랑콜리아 환자들)의 삶은 말과 상징적 형식들에 일반적으로 생기를 주지 못함에 사로잡힌다. 죽은 작가(이는 작가가 의미의 기원이지 않는다는 것을 의미하거나 더 나은 의미로, 즉 텍스트의 의미는 그 자체에서 기원하지 않는다는 것을 의미한다)는, 우리가 알다시피 텍스트의 비밀이 그것의 텅 빔에 있다는 것을 이해하는 [⋯] "진정한 독자"를 낳는다(Eco, 1992: 20). 그러고 나서 디디에는 그 순간의 발견, 즉 오직 무한한 기호현상만 있다는 것을 체화한 것처럼 보인다. 작가의 죽음은 (텅 빈) 텍스트성의 "탄생"을 야기하는 것처럼 보인다. 요컨대 크리스테바에 의해 만들어진 사회적이고 문화적인 현상들과 그녀가 정신과 치료에서 드러난 것으로 보는 그런 증상들 사이에는 연결고리가 있다. 인지되지 않았던 것은 아마도 이 "작가의 죽음"이 또한 (특히 상상계가 상징적 질서에 생기를 불어넣어 주는 능력에 연루된다는 의미에서) 상상계의 죽음을 의미할지도 모른다는 것이었다. 아방가르드이자 동시에 언어의 효과이면서 (라캉이 그러했듯 자아의 지배로 상징적으로 나타내지고 "언어처럼 구조화된" 무의식의 개념에 가치를 두는 "미국적 방식의 삶"에 반대하면서), 우리는 동시에 또 다른 종류의 살인에 동참하게 되어버릴지도 모른다는 것을 의심하지 않았다. 어머니의 살해자, 언제나 이미 죽어 있는 상징적 아버지(아버지의 이름으로Nom-du-père). 바꿔 말하면 우리는 또한 나르시시즘의 성공적 협상이 상상계 능력들의 발전에 수반되는 한, 나르시스의 죽음을 목도할지도 모른다.

사회학적으로, 크리스테바는 디디에(그러나 오늘날, 그는 우리 모두이다)를 "스펙터클의 사회"의 행위자이자 소비자라고 말한다. 따라서, 스펙터클의 사회의 상상계를 없앤다. 스펙터클로 인해, 우리 모두는 환상들이 예술에서 대상화되기 때문에, 우리가 또한 우리의 혹은 타자의 감정에 참여할 수 없는 끊임없는 행위자가 될 위험이 있기 때문에 우리 자신의 환상들의 작가로서 죽게 될 위험에 처해 있다. 정리하면, 우리는 더 이상 삶과 무고하고, 순진하며, 사랑스러운 관계를 확신하지 않는다. 죽은 아버지는 마치 그가 현실인양 그리고 애도하는 일이 완결되지 않거나 심지어 시작되지 않은 것처럼, 매일 밤낮으로 되돌아와 출몰한다. 애도는 대문자 아버지를 상징적으로 만든다. 그리고 그것은 그러므로 우리가 그의 역할("아버지의 이름으로[…]"와 비교)이 아니라, 그의 이름과 동일시할 수 있다는 것이다. 그가 적절하게 묻힐 때까지, 대문자 아버지의 일은 우리 주변에 출몰하고, 우리가 (이미지와 환상이 현실(과 맞먹는 것)이 되는) 나르시시스트적인 잠에 빠지지 않게 하며, 우리가 현상학적 의미에서 세계에 거주하는 능력을 제한하는 것이다. 햄릿, (미칠 때까지) 상상계에서 결코 잠들지 않는 그, "죽느냐 사느냐 그것이 문제로다 […]"[3막, 1장]라는 이 (대답할 수 없는) 질문이 끊임없이 선언되면서, 불면증에 시달리고, 늘 아직 이름이 되지 않은 아버지 때문에 잠에서 깨어나는 그. 얼마나 믿을 수 없을 만큼 세심하게 그런 질문을 제기해야 하는가? 그리고 다시, "잠드는 것, 어쩌면 꿈꾸는 것, 아, 문제가 있네[…]"(Ibid.). 햄릿, 꿈꿀 수 없는 그. 왜냐하면, 출현들에도 불구하고, 아버지의 귀환은 더 이상 악몽이 아니기 때문이다. 그것은 어떤 적절한 상징적 질서의 획득이 발생하기 이전 유령의 형상을 한 진짜 아버지의 귀환이다. 햄릿에게, 어떤 말도 아버지의 자리를 취할 수 없다. 그는 진짜 사람을 원한다. 그렇지 않다면 아무것도 원하지 않는다. 그는 상징계에 대해 회의적이고, 그 때문에 잠재적으로 멜랑콜리 환자이다.

오필리아가 죽고, 그 이후 거트루드가 죽는다. 그들은 결코 되돌아와 우리에게 출몰할 수 없다. 여자 유령은 없다. "출몰하기"는 일반적으로 적절한 애도와 언어와 상징계에 아버지의 각인 이전의 초기 단계이다. 그렇다면, 우리는 거의 근대적 모습의 햄릿인가? 햄릿은 그 잠재적 결과들로서 지대한 영향을 미칠 분석 양상의 개시를 알리기 때문에 근대성의 기원에 있었는가? 아무도 알 수 없다, 그리고 거기에는 문제가 있다! 심오한 불확실성이라는.

　대답의 기반은 언어의 주체 조건을 설명하기 위해 크리스테바가 초기 의미론 학자 미셸 브레알Michel Bréal의 "행위자actor"와 "기획자imprésario"(Kristeva, 1996: 106)라는 용어들을 이어받은, 그녀의 언어와 경계선 상태들에 관한 설명에 달려 있는지도 모른다. 행위자로서 우리는 (상대적으로) 순진한 언어의 발화자/작가이고; 우리는 그러한 행위하기를 인식하지 못하며; 우리는 (보통) 디드로의 무대-행위자와 같은 것이 아니고; 대신 우리는 행위에 연관된다. 기획자로서 우리는, 반대로, 잠재적 관찰자이자 언어적 과정 자체의 분석가이다. 즉 우리는 메타-언어적 입장을 취한다. 행위자와 기획자의 차이는 분열된 주체와 같은 것, 대략 (말에 몰입된) 상상계와 (말과 언어와의 관계에서 초월한, 메타-언어로서) 상징계의 차이와 맞먹는 것이다. 경계성 사례로서, 햄릿은 두 입장들 사이를 빠져나온다. 혹은 오히려, 햄릿은 그의 뒤이은 광기, 그가 모든 것을 투입해 저항하려는 광기에 찬 행위자의 태도에 빠진다. 지각 있는 햄릿은, 따라서, 기획자, 사실상 메타언어학자인 언어학자이다. 미친 햄릿은 기획자의 "분별sanity"을 떠맡는 것에 맞서 싸울 수 없는 (언어적) 상황에 매우 몰입하게 되는 행위자이다. 만약 상징계가 결코 광기의 자리가 될 수 없는 것이 아니라면 이것은 무엇을 암시하는가?

　죽은 자로서 아버지는 그러므로 (필연적으로) 상당히 이해하기 쉽다. (이것이 상상계의 조건이긴 하지만) 그 걱정은 바로 아버지가 살아 있다는 믿음이다. 어떤 의미에서, 그렇지만, 상징적 과정의 실패는 상상계를 없앨 수 있다. 여기서 실패는 상징적 과정들과의 필수적인 연결은 없으며 대신 그러한 과정들은 죽어 있고 텅 빈 것처럼, 의미 없고 무가치한 것처럼 보인다는 것을 의미한다. 햄릿에게, 그의 아버지를 애도하는 것이 무슨 소용이 있는가? 그는 그가 다시 돌아오기를 바란다. 그는 대체재로서 어떤 상징계 형식도 받아들이지 않을 것이다. 햄릿은 정말로 그의 어머니 거트루드 여왕이 죽기를 원한다. 마치 그는 정신분석적 의미에서 여전히 어린아이고 분리에 대한 필요를 수용할 수 없는 것 같다. 이전에 말했듯이 크리스테바에게 "모친살해는 우리의 중요한 필연성"이다. 그리고 우리는 그녀가 이것이 정신분석적 분리와 분리된 정체성의 가정이 언어를 획득하는 것뿐만 아니라 실제 존재들의 대체재로서 언어와 상징적 형식들을 수용한다는 점에서, 상징계 질서에 응하기 위한 전제조건임을 의미한다고 주장했다. 더 넓은 수준에서, 분리는 또한 "망명" 그리고 더 이상 어떤 확정적인 방식의 공동체, 국가 혹은 집단에 속하지 못한다는 느낌에 상응하는 것이다. 선택과 고통으로서 망명은 그녀 자신의 사례를 말할 때 크리스테바의 공식적 표현들 중 하나이다(Kristeva, 2001c: 25).

아마도 거트루드 여왕의 진짜 죽음은 정신적 분리와 더욱 성공적인 상징계로의 진입을 야기할 것이다. 그러나 그것은 (사물을 말로 대체하기를 수반하는) 애도하기가 햄릿이 할 수 있을 법한 어떤 것이 아니기 때문에 결코 확실하지 않다. 정신적이고 상징적인 분리가 필연적으로 실제의, 물리적인 분리와 같은 것은 아니다. 사실, 그 둘 사이에는 아무 관련이 없을 것이다. 텍스트 분석가들은 이미 모친살해에 대해 유죄이다. 왜냐하면, 그들은 (우리는), 역시, 독자/비평가로서 기획자이기 때문이며, 이는 그들의 자리가 아직 미치지 않은 햄릿의 자리와 같다는 것을 의미한다. 그것은 또한, 우리가 이후에 크리스테바의 연구를 명료히 하는 한 방법으로 후설의 현상학에서 살펴볼 것을 고려하여, 기획자의 자리가 (일종의) 초월의 자리라고 말할 수 있을 것이다. 그리고 아마도 햄릿에게도 이 방향에 희망이 있을 것이다. 왜냐하면 그는 결국 그의 아버지의 살해자라는 주장을 무대 위에 올리기 때문이다. 그 때문에, 그는 기획자와 같은 것이 되어야만 한다. 그러나 그리고 나서 제정신의 순간들이 또한 멜랑콜리 환자와 정신분열 환자들의 행동을 특징 짓는다. 그래서 여기서 독단적이지 않은 것이 중요하다.

이 점에서 볼 때, "스펙터클의 사회"는 상징계의 특권적인 매개체인, 텍스트에 의해 탄생할 수 있는가? 크리스테바의 책 《반항의 의미와 무의미》의 첫 번째 장 일부의 "초토화"라는 논지는 그 관점을 지지하는 것처럼 보인다. 왜냐하면 거기에서 위기가 커질 것이라고 하기 때문이다.

이것은 미국과 다른 더욱 이국적인 곳에서뿐만 아니라 프랑스의 최고 대학들에서 교리의 한 형식이 되어버린 텍스트의 개념

(내가 다른 많은 이들과 함께 기여해왔던 것의 정교화)을 넘어
서는 것을 의미한다.(2000a: 8)

후기 연구에서 크리스테바는 스펙터클의 사회로부터 유발
되는 상상계에 대한 위험을 재확인한다. "우리가 살고 있는 스
펙터클의 사회는 모순적이게도 상상계에 위험한, 이미지의 사
회이다"(2001b: 29). 이 관점에서, 우리는 모두 "스펙터클의 사
회"가 야기하는 위험에 시달리고, 마치 스펙터클의 가장 큰 자
극제로 판명된 구조주의적 과거에 시달리는 것처럼 보인다. 스
펙터클 그리고 모든 소비-코드는 밀접한 관련이 있다. 이 모든
것으로부터 이끌어낸 끔찍한 결론은 스펙터클이 우리에게 어
떤 정서를 뽑아내고, 우리를 (죽음처럼) 차가운 상태로, 부조리
한 것으로서 언어의 자의성을 인지하는, 그리고 본질적으로 자
의적인 것으로서 언어와 살아가는 우울증 환자의 자리에 남겨둔
다. "우울한 사람들은 아무것도 말하지 않고, 말할 것이 아무것
도 없다. 대문자 사물物, Res에 접착되어 있기에, 그들은 대상이
없다. 그 전체적이고 표시 불가능한 대문자 사물은 중요하지 않
고, 그것은 그저 무無, 그들의 무, 죽음이다"(Kristeva, 1989: 51).
분명, 아버지와의 행복한 동일시는 우울증을 극복할 것이다. 그
러나 그것은 "상상적 아버지"와의 동일시, 일차적 동일시, 금지
하면서도 사랑을 베푸는 아버지, (아가페적 사랑의) 애정이 넘쳐
흐르고 그 애정의 중심인 아버지, 우리가 알기 이전에 우리에게
온, 텅 비고 활기 없는 껍데기가 아니라, 기호의 자의적 상황의

근간인 아버지와의 동일시이어야만 한다. 상상계의 죽음이다.

여기서, 크리스테바에게 상상계가 상상의 내용물, 회상과 의식에 거의 접근 가능한 내용물에 국한되지 않는다는 것을 인식하는 것이 중요하다. 대신 그것은 개인 전사의 아버지와 연계된 일차적 동일시를 포함한다. 이 측면은, 정신적 영역의 발전에 핵심적일 뿐만 아니라, 기호계에 연결되고, 따라서 압축과 전치의 일차적 과정에 의해 구성되는, 충동들과 정동affect에 연결된다. 후자를 따라가면서, "멜로디, 리듬, 색깔, 냄새"(Kristeva, 1995: 104)의 감각적이고 비非언어적인 측면들은 두드러지게 되고, 따라서 "언어적 의미작용"(="언어적 기호들과 논리-구문론적 조직(Ibid.))을 다룰 수 없는 어린아이는 "기호적 의미"의 차원에서 능숙함을 얻을 수 있다. 상상의 내용물들은 또한 일반적으로 상상계의 일부이지만, 그들은 언어적 의미작용의 차원(또한 적절한 상징계의 일부)에 상응한다.

진실로 여기서 현안이 되는 것을 알아보기 위해, 우리는 이제 스펙터클, "상상계의 표준화"를 야기하는 스펙터클(Kristeva, 2001b: 29)이 지배할 때 잃게 되는 것을 밝혀내기 위해 나르시스와 그의 환영을 재논의해야 한다.

나르시스와 고정으로서 상상계

이야기 속에서, 나르시스는 그 자신과 사랑에 빠진다고 여겨진다. 나르시스는 그 자신을 사랑의 대상으로 생각하는 자이다. 나르시스는 어떤 차원에서, 이 환영이 투명하기 때문에 환영에 고정된 자이다. 평론가들이 종종 상기시켜주듯이, 나르시시즘 속 그 (인지된) 기만은 압축의 주요 요소였다. 나르시스의 나르시시즘이 기만적인 이미지만큼 가증스럽지 않은 것처럼. 우리가 생각하기에, 나르시스는 그 이미지를 살아 있는 실체로 받아들였고, 그것은 그를 실망시켰다. 그것은 서구 윤리의 역사에서, 나르시스는 이미지가 그저 이미지(그것도 그 자신의 이미지)이라는 것을 알아야 했다는 것이 아니라 그가 그 이미지가 기만적이고, 그것의 그물망에 걸리게 되는 사람들을 타락시키도록 구성된 것이라는 점을 깨달아야만 했다는 것이다. 우리는 스펙터클의 사회에서, 스펙터클이 "이미지에 의해 매개된 사람들의 한 사회적 관계"(Debord, 1987: 4절)가 된다는 것을 상기할 수 있다. 이들은 교환가치를 지니지만 사용가치는 없는 이미지들이다. 모순적이게도, 아마도, 아무도 정말로 이미지를 소비하지 않는다. 커뮤니케이션은 결코 진짜로 발생하지 않는다. 스펙터클은 텅 빔과 마찬가지이다.

우리는 오늘날 상상계의 조건의 계시자로서 청춘의 상징적 지위를 강조할 그 상황의 논리와 그것의 의미들이 아직 분명하지 않을지라도, 웅덩이 앞에 있는 형상을 다시 봐야 한다. 참으로, 나르시스는, 필시, 기획자의 자리에 오를 수 없는 자이다.

나르시스는 지표적인 기호의 전형인, 환영 앞에 있다. 지표는, 실제로, 상상계의 일차적 매개체로 이지를 이해하는 방식을 제공한다. 그림자처럼, 환영은 그것의 지시 대상에 매여 있다.

나르시스는, 하지만, 이것을 이해할 수 없다. 그에게, 환영은 자율적이고, 다름 아닌 그 자신의 존재, 정신분석가들과 철학자들에게 나르시스의 태도가 병리학적인가 아닌가의 문제를 제기하는 어떤 것에 매여 있다. 그리고 그들은 그 비극적 인물이 사실에 대한 어떤 통찰도 없이 완전히 그 자신의 투사에 갇히게 되기 때문에 그렇게 한다. 나르시스는 전혀 그 환영을, 예를 들면 **트롱프뢰유**trompe-l'oeil(진짜처럼 보이는 정밀한 그림)로서 대할 수 없다. 후자에 직면하여, (집착하지 않는) 기획자 주체는 바로 그 이미지의 리얼리즘이 그것의 재현적 지위의 기호임을 알고 있다. 이 양가성(혹은, 그 문제에서 어떤 종류의 양가성)을 상정할 수 없기 때문에, 나르시스는 대신에 그가 진짜 타자라고 여기는 자신의 현실을 받아들인다. 이제 함께 가야 할 리얼리즘과 타자성, 즉 나 자신으로서, 나는 무이다(나는 "내"가 존재한다는 것조차 알지 못한다). 오직 타자만이 진짜이다.

만약 나르시스가 사실상 거울 단계 밖으로 이동할 수 없다면, 명확한 언어의 획득의 선구자로서, 상상계의 추정상의 광기에 몰입한다면, 그는 어떻게 상상계의 전형적인 인물이 될 수 있을까? 분명 나르시스는 우리에게 오직 상상계에서만 사는 삶의 위험을 보여준다. 혹은, 우리가 그것의 한계에도 불구하고, 상상계는, 그렇지만, 오직 그것을 넘어서 이동하는 데 필연적이라는 것을 인지하게 된다면, 우리는 그 특징들을 완전히 인식할 수 있을까? 고정된, 불완전한 자아는 초월되어야 하고 그래서 그것은 지속적인 초월에 열려 있을 수 있게 된다. 우리는 기획자의 자리에 도달해야 한다.

그다음의 것들이 여기서 고려되어야 한다. 정신분석의 상상계가 이성과 언어의 사용 이전에 구성되기에 그것은 어떤 의미에서 오직 초월될 수 있을 뿐이다. 그것은 내부로부터 수정될 수 없다. 그것은 우리가 라캉에게 상상계가 (인간의 경험뿐만 아니라 동물의 경험에서) 이마고imago[상상 속의 완벽한 인물상]로서 나타나 동물과 인간의 삶 모두에서 가장의 토대라는 것을 상기할 때 분명해진다. 그리고 라캉과 비교할 때, 크리스테바의 덜 교조적인 접근법에서조차, 상상계는 (프로이트가 칭한 대로) "개인적 전사의 아버지" 혹은 크리스테바 선호한 대로, 상상적 아버지에 가차 없이 연결된다. 아가페적 사랑을 본보기로 삼은, 이 인물은 주체-자아의 형성 이전에 온다(라캉과 달리, 크리스테바는 주체와 자아의 확고한 구분을 하지 않는다). 라캉의 이론에서 이마고처럼, 상상적 아버지는 형성에 중요한 요소이자 자아-자기에 의해 구성되기보다 이를 구성한다. 이마고처럼 또한 상상적 아버지는 우리가 오직 성장하게 하거나 초월할 수 있게 하는 실체이다. 그것은 정상적인 상황하에서 피할 수 없다. 어떤 면에서, 아가페적 사랑과 이마고는, 정신분석에 따르면, 인간 발달의 "말 못 하는 단계"를 구성한다.

게다가, 동일시의 개념을 고려하면서 크리스테바는 단순한 비교가 아니라 주체 형성에 중요한 경험에 대해 말한다. "나는 주체가 타자를 그, 또는 그녀의 본보기로 삼는다고 말하는 것이 아니다. 이는 한낱 비교의 형식적인 가소성이 있는 불확실성의 특

징일 것이다. 반대로, 동일시에서, 대타자로 전이되기 때문에, 나
는 상징계, 상상계 그리고 실재의 전 범주를 통하여 대타자와 일
자가 된다"(1990: 168). 그러므로 이마고와 아가페와 함께, 동일시
는 주체와 그것의 타자 사이의 차이를 연결하고, 그리하여 주체
는 그것이 타자가 된다. 상상계는 주체와 그것의 타자와의 차이
의 축소 (종종 정동의 책임에 의해 가능해질 것이라 여겨지는 축소)
로 특징지어지기는 하지만, 쟁점은 이것이 상상계를 이해하는
데 충분한 토대인가 하는 것에 대한 것이다. 사실, 위에서 말한
핵심을 약간 다르게 말하자면, 상상계와의 관계에서 나타나는
일련의 용어들 (즉 섬망, 확신, 확실성, 이마고, 아가페, 동일시 그리
고 정동) 모두는 고정된 자아의 제한된 세계 속의 감금이라는 유
령을 나타내는 것처럼 보인다. 섬망은 일종의 상징계와 기호계
의 혼합물이 된다. 왜냐하면 섬망이 왜곡을 가져오긴 하지만, 그
것은 또한 지식을 백방으로 찾는 중에 존재하는 욕망을 모방한
다. 우리는 상상계가 자아의 형성적인 측면 바깥에서 완전히 이
해될 수 없다는 것을 인정해야 하면서도, 사물들을 거기에 남겨
두는 것은, 반대로, 또한 부적절하다.

고정에 대항하는 "탈주선"

들뢰즈와 가타리의 연구의 강점 중 하나(크리스테바의 연구 정신
과 전적으로 일치하는 강점)는 본질적으로 고정의 자리로서 상상
계로부터 멀어지게 하는 상상적 "탈주선"이다. "탈주선"을 통

해, 상상계는 대안적인 것으로부터 도망가는 창조적인 힘이 된다. 즉 상상적 고정 혹은 상징적 소외이다. 상반되는 것들은 논점을 만들어낸다. 음악은 전부 가사들로, 하나의 지점에서 다른 지점으로 뛰어넘는 것에 의해서가 아니라 음조를 통해 변화하는, 지속적인 움직임들로 이루어진다. 흥미롭게도 프로이트나 라캉은 음악적으로 마음이 기울어지지는 않았다. 언어의 음악화로서, 크리스테바적 기호계는 그러므로 이 탈주선과 연결된다. 실은, 어떤 매혹된 상태로 이끄는 내면화된, 전前구두적 실체로서 (상상적 아버지와 같이) 상상계에 대한 그녀의 관점은 상징적 차원을 이전에, 오직 기호적 운동성만 있었던 상상계에 도입하는 방법으로 나타난다. 문제는 상징계 혹은 상상계의 고정된 대안 속에 잡혀버린다는 것이다. 음악적인 것으로서, 상상계는 이 구속에서 벗어나는 길을 열어준다. 리듬으로서, 정동적 책임은 상상계가 움직이도록 한다. 고정으로서 나르시시즘은 그러므로 상상계라는 패러다임 사례가 되기를 멈추고, 후렴구로서, 반복되는 음악으로서, 에코의 목소리는 탈주선을 위한 실제 가능성이 된다. 그렇다면 상상계는 이 고정과 탈주의 조합이다.

물론, 들뢰즈와 가타리의 "탈주선"은 또한 오이디푸스와의, 그리고 라캉적 상징계와의 원한 해결이다. 개방성은 그러므로 정신분석적 의미에서 결코 전적으로 상징계적이지도 않고 상상계적이지도 않은 상상계의 문제일 때 제한된다. 게다가, 현상학에서 이해되는 본질은《천개의 고원》의 저자들의 용어에 잘 맞지 않는다(Deleuze and Guattari, 1988 참조). 그리고 이것이 바로 지금 우리를 흥미롭게 하는 것이다.

본질과 상상계

이제, 그것은 주체-자아가 그 구성에 있어 근본적으로 상상적이라는 사실만의 문제가 아니라, 상상계의 본질에 대한 질문(질문으로 간주되는 상상계에 대한 질문의 가능성)이다. 이것은 상상계가 존재에 참여하는 방식에 대한 생각을 열어준다.

크리스테바는 나르시스의 딜레마를 자신의 이미지에 고정된 인물은 실제 대상(대문자 어머니?)를 결여한다는 말로 설명한다. 이 결여로 인해, 주체는 발전하지 못하는데, 이는 분석가가 우리에게 말하길, 대상 없는 주체가 있을 수 없기 때문이다(Kristeva, 1987b: 116). 나르시스가 할 수 있는 최고의 일은 그 자신의 대상이 되는 것이다. 그러나 부재로서, 이 "대상"은 환상에 불과한 외재성이다. 그것은 광기의 기호이다. "여기서, 광기는 대상의 부재로부터 비롯된다". 실제로 그 주장은 나르시스는 대상적이거나 성적인 차원에 있지 않다"라는 것이다. 그는 한쪽 성별의 젊음을 사랑한 것이 아니며, 그는 남성도 여성도 사랑하지 않는다. 그는 그가 (적극적이고 수동적인, 주체이면서 객체인) 그 자신을 사랑한다는 점을 사랑한다. 사실, 나르시스는 완전히 대상이 없는 것은 아니다. 나르시스의 대상은 정신적 공간이다. 그것은 재현 그 자체, 환상이다. 만약 그가 환영과 사랑에 빠졌다는 것을 알았다면, 그가 실질적으로 거울 단계의 초기 과정을 초월할 수 있었다면, 나르시스는 예술가, 지식인 혹은 정신분석가, 즉 기획자가 되었을 것이다. 진정한 나르시시즘은 실제 대상의 재현과의 조우에서 나온다. 이것은 사랑이 나르시스트적인 것처럼, 지적 활동이, 어떤 의미에서, 나르시스트적인 이유이다. 이것은 정신분석가에 따르면, 우리가 사랑을 필요로 하는 이유이다. 사랑-대상은 우리가 믿을 수 있는 유사-이상적 실체(이미지)이다. 왜냐하면 그것은 (겉으로 보기에) 주어진 사랑으로 되돌아가기 때문이다.

모든 것은 그러므로 자아와 그것의 변천에 집중된다. 이 자아는 또한 상상계의 평면인가? 상상적 실체로서, 자아는 상상계의 화신인가? 정신분석은 그러하다고 말한다. 그러면서, 그것은 자아의 실존existence을 상상계의 존재Being로 바꿔놓는다. 자아-주체가 파괴된다면, 상상계는 파괴될 것이다.

정신분석에서 (크리스테바와 라캉의) 두 가지 주요 경향 사이의 차이는 이것을 바꾸지 않는다. 라캉은 상상계를 상징계 질서로서 주체성의 전제를 통해 초월되어야만 하는 단계로 설명하는 반면, 크리스테바는 상상계를 정동적이고 나르시스트적인 경험으로서, 상징계에서 배양될 필요가 있는 어떤 것으로서 본다. 실제로는, 상상계가 상징계에 그것의 내용(그것의 육체)을 주게 될 것이다. 후기 라캉은 그 징후에 이 지위를 준다. 상징계의 진정한 텅 빔(그것은 비非존재)는 두 정신분석 경향들 모두에서 쟁점이다. 그것은 단순히 강조의 문제이다.

우리가 제기하는 쟁점은, 그러나 자아가 뛰어난 상징계인가 아닌가이다. 만약 자아가 상상계라면, 문제는 여전히 상상계가 무엇인가에 관한 것으로 남는다. 그리고 자아가 인간의 자아라면, 우리가 계속 암시해왔듯이, 우리는 인간이 무엇인가를 알아야 한다. 그의 연구의 한 단계에서 라캉은 주체와 언어가 상호교환이 가능해지는 지점까지 밀어붙였다. 그러므로 언어가 기표의 체계라면, 무의식은 "언어처럼 구조화된" 것일 뿐만 아니라, 기표는 "주체를 다른 기표로 재현하는 것"이고 팔루스는 기의 없는 기표이다. 즉 의미작용의 기표이다. 실제로, 팔루스는 언어체계의 "화신"이 될 것이다. 이 사례를 결론 짓자면 (여기서 마무리될 수 없겠지만), 우리는 이 측면이 여전히 라캉의 후기 연구에 존재하는 정도뿐만 아니라, 또한, 그리고 더욱 중요하게, 우리는 인간의 재정의, 초기 사르트르의 재정의처럼, 인간이 모든 숙고들의 참고 지점이 되는 재정의보다는 비非휴머니즘적 틀을 다루고 있는 정도를 알아야 할 것이다(인간을 알고, 따라서 정신적이고 문화적인 모든 것을 알아야 한다). 이제 아마도 인간은 한때 "살과 피"였던, "비非존재"(désêtre)가 된다.

현존재(Dasein)와 구별되는, 존재Being에 대한 하이데거의 고민은 이 지점에 좀 더 열려 있는 것처럼 보인다. 왜냐하면 존재에 대한 초점은 주관주의를 특징으로 하는, 모든 현상을 정해진 주체의 산물로 이해하려는 경향을 피하기 때문이다. 이제 쥘리아 크리스테바가 그녀의 기호계 이론을 발전시켰던 것과의 관계에서, 명료한 설명을 통해 후설의 초월적 자아 개념을 살펴보자.

초월적 자아

그의 전설적이고 좌절감을 주는 언어와 의미의 전환, 독자가 그의 현상학이 순수한 주관적인 이상주의로 잘못 생각하게 할 수 있는 전환에도 불구하고, 후설은 언제나 보편적으로 여겨지는 의식이 존재자being의 적절한 지역으로 수용되어야 한다"는 통찰로 되돌아간다(Husserl, 1982: 28절, 307). 직관적인 (예를 들면 본질적인) 분석의 중점으로서 의식의 영역 안에서, "지향성"은 핵심적인 측면이다. 상기해보면 의식은 언제나 어떤 것에 대한 의식이다. 후설 연구의 분리된 언어(우아하지 않지만, 주관주의를 쫓아내는 경향이 있는 언어)에서 지향성은 "노에시스"(생각의 지향적 행위)와 그것의 "노에마"(지향적 행위의 지향적 상관관계) 사이의 관계이다. 후설은 노에시스가 노에마와 구별되는 것으로 이해되어야 한다고 말하기는 하지만, 개념으로서 지향성의 힘은 노에마가 언제나 노에시스의 노에마이고, 상관관계에서, 노에시스는 늘 그것의 노에마라는 것을 의미한다. 그러므로 후설의 그 응용이 많은 이들이 좌절로 손들게 만드는 것이라 할지라도, 그 원칙은 분명하다. 지각의 행위(노에마)는 그러므로 "지각된 것으로서 지각된 것"과 떼려야 뗄 수 없는 것이다(Husserl, 1982: 88절, 214, 후설의 강조). 노에시스와의 노에마의 관계는 생각과 사실 세계factural world와의 관계와 동등한 것이 아니다. 언제나 세계는, 정해진 형식에서, 존재하지 않을 수 있기 때문이다. 이것은 사실 세계가 판단중지epoche(현상학적 축소)에서 분리된 이유이다. 그러나 (그것이 직관적인 원칙의 지위를 지니기 때문에) 의심될 수 없는 것은 노에시스와 노에마의 존재이다.

(대체로 칸트로부터 취해진) 초월적 자아와 함께 후설은 의식의 축소될 수 없는 기반을 제공하려 노력한다. 오히려 자아 같은 것은 "본질적으로 필수적인 어떤 것"이다. 그리고 정신적 과정들의 모든 실제적 혹은 가능한 변화를 통해 절대적으로 동일한 어떤 것으로서, 그것은 어떤 의미에서 정신적 과정의 아주 내재적인 부분 혹은 순간일 수 없다(Husserl, 1982: 57절, 132). 후설의 입장에서, 초월적 자아가 의식의 질문이 제기되는 자리(위치)라고 해두자.

진정, 이것은 사르트르가 의식이 그 자신의 초월이라고 주장할 수 있는 자리이다(Sartre, 1973: 38). 혹은 이전에 언급된 용어들로 표현하자면, 의식은 그 자신의 기획자이다. 그러므로 보여진 대로, 의식은 나르시스트적 고정이 될 수 없고 상상계의 개념을 심화하는 근간이 된다. 초월적 자아는, 그러나 고전적인, 독일의, 이상주의적 철학의 순수한 산물일 것이다. 이는 그것이 그저 그 자신에게만 관련된 텅 빈 추상적 관념(일종의 정신분석의 내재적 자아의 초월적 상관관계)일 것이라는 점을 암시한다.

자신의 입장에서 크리스테바는 순수한 상정으로서 초월적 자아에 대한 철학적 주장을 받아들이는 데 또 다른 어려움을 겪는다. 그리고 이것은 초월적 자아가 대상을 지닌다는 개념과 관련이 있다. 이와 같이 이해된다면, 그것은 고전적인 "주체-대상" 대상의 일부를 형성하고, 심지어 (재)구성할 것이다. "그러므로 우리가 기호계[le semiotique]라고 부르는 것은 후설적 의미가 아니다. 후자는 실제 대상의 괄호치기(Einklamerung)를 통해 구성되기 때문에 그것의 '지향적 대상[objeck]'에 대한 지향적 경험은 자아를 위해 형성될 것이다"(Kristeva, 1984: 33). 상정된 시간에 점적인 자아(상정의 처음부터 초월적인 자아)는 그것이 본질적으로 상징계적이기 때문에 언어와 주체성의 작용을 이해하기와 관련 있다. 사실, 이것은 (그 문제에 대한 후설의 침묵에서 불구하고) 초월적 자아가 대상을 지니기 때문이다. 크리스테바가 계속 말하길, 포스트-프로이트적 이론은 이제 새로운 앞날이 가능해지도록 할 수 있다. 자아 그 자체의 생산의 미래. 사실상, 초월적 자아는 후설이 믿었던 것처럼, 본질적이지 않다. "프로이트는 이 주제의 기원이 아니라 오히려 그것의 생산 과정에 대한 질문을 제기할 수 있을 뿐이기 때문이다"(1984: 88). 자아의 점적인, 위치적 지위는 크리스테바적 기호계의 생산적 흐름들로 대체된다. 자아는 "음악화되고", "리듬화"될 것이다. 그러나 기호계의 모든 측면들(긍정적인 것뿐만 아니라 부정적인 것)을 알아보기 위해, 우리는 초월적 자아 그 자체의 특징들을 돌아볼 필요가 있다.

우선, 자아가 대상을 가진다는 것은 확실치 않다. 후설은 어떤 지점들에서 모호하지만, 자아의 초월적 지위의 힘은 대상이 쟁점이 되면 수반되듯이, 그것 "너머" 아무것도 없다는 점을 수반한다. 반대로, 자아는 그것이 모든 생각하는 행위의 근간이기 때문에 거의 이론화될 수 없다. 그것은 구체적인, 우연적 행위의 산물이 아니다. 후설이 말하길 "현상학적 자아"는 "그 자신을 순진하게 관심 있어 하는 자아 위의, '무심한 구경꾼'으로 세운다"(Husserl, 1977: 35, 후설의 강조). 이 상정하기는 따라서 모순적인 상정하기이다. 진정, 후설은 "순수한 자아는 그 상정에서 전적으로 물러날 수 있다. 그것은 '다른 주제로 주위를 돌리는' 그것의 '지배'로부터 위치적 상관관계를 해방시킨다"(Husserl, 1977: 292, 후설의 강조). 그러므로 상정된 주제-자아는 어떤 의미에서 노에시스적-노에마적 상호관계 속에 존재하지 않는다. 그리고 물론 노에시스와 노에마 사이의 관계는 초월적 자아의 표현이 전혀 아니다. 그러나 부인될 수 없는 것은 초월적 자아 그 자체가 어떤, 정동적인 경험들이 또한 그 범주 내에서 발생한다 할지라도, 상징적 순수성의 패러다임적 예시라는 점이다.

크리스테바는 기호계의 내재성과 함께 자아의 극단적인 초월주의를 완화시킨다. 사실 라캉의 상징계 이론의 가능한 예외와 함께, 정신분석은 내재적인 인간 경험을 밝혀낸다는 의미에서 둘도 없는 담론이 될 것이다. 그러므로 정신분석을 통해 욕망의 지식은 지식을 위한 욕망에 연루되는 것으로 드러난다. 크리스테바는 이 전통 안에서 나아가고 그것을 급진적이 되게한다. 이것은 모든 초월성(기획자 위치)이 그것의 내재적(행위자 위치) 차원을 지닐 것이라는 것을 의미한다. 이것이 그렇지 않다면, 초월성은 아무것도 의미하지 않을 것이다. 왜냐하면 의미는 믿음을 수반하고, 믿음은 내재적이기 때문이다. 상상계는 또한 이런 의미에서 내재적이다. 그러나 내재성은 주관주의를 수반하는가? 상상계는 유사하게 모든 것이 주어진 주체의 시련들로 축소되는, 주관주의를 수반하는가? 이 질문들은 언제나 상상계의 본질적인 본성에 관한 조사의 배경에 있어야 한다. 상상계는 필연적으로 인간주의적 틀(그것이 정신 그 자체와 동일한 것으로 만들어지지 않는다고 할지라도, 그것이 인간 정신 안의 한 장소로 축소되게 할 틀) 안에 머물러야 하는가? 아마도 그렇겠지만, 정신분석의 면면들이 너무 내재적인 방향으로 쏠려 있는 반면 후설은 너무 초월적인 것의 편에 서 있는 실수를 한다. 혹은, 크리스테바 버전의 정신분석이론처럼 양측의 균형을 맞추려는 노력은 있지만, 경계성 사례에서처럼, 인간은 언제나 정신적 균형점을 찾지 못한 채, 한쪽에서 다른 한쪽으로(기획자에서 행위자로) 떠밀려진다는 것을 쉽게 느낄 수 있다. 실상 기호계는 주체성의 이론으로서만 의미있다. 그 자체로 기호적인 것은 없다. 그렇다면, 주체성은 크리스테바적 정신분석의 유사-형이상학적 영역이다.

이제, 주체성 이론은 하나의 이론이다. 생각의 존재론적 근간으로서 주체성 이론은 또 다른 이론이다. 우리가 3장에서 보았듯이 크리스테바는 존재론적 접근법에 반대한다. 왜냐하면 존재론은 운동보다 정지에 너무 얽혀 있기 때문이다. 크리스테바의 이론적 실천은 이에 부응하는가? 우리로서는 주관주의를 비판적 반성의 범주 안으로 데려오는 것을 목표로 한다. 일반적으로 말하자면, 정신분석이 주관주의라면, 그것은 또한 인본주의이다. 인간은 전체로서 생각을 위한 지시체의 흔들릴 수 없는 지점이 된다. 주체가 언어 안에서 언어를 통해 형성된다는 라캉적 원칙조차도 오직 작용 중인 주체의 본성에 대한 통찰력으로부터 그 가속력을 얻는다. 우리는 여기서 언어의 본질을 생각하기에 전혀 다가가지 못한다. 이 점에서 말하는 지점은 라캉, 그리고 따라서 동시대 정신분석 이론이 "은유"와 "환유"라는 언어학적 용어들을 야콥슨이 정교화했던 것처럼, 전유했던 방식이다(Jakobson, 1995: 132~133). 잘 알려진 대로, 라캉은 이 핵심 용어들을 언어 이론에서 취했고, 그러고 나서 야콥슨의 통찰을 프로이트의 "압축"과 "전치"에 적용하여, 각각 은유와 환유에 연결 지었다. 그의 연구 중반기에, 라캉은 또한 은유와 환유를 각각 "징후"와 "욕망"과 동일시한다. 언어 이론에서 중 개념들은 그러므로 (구조주의적이긴 하지만) 주체성 이론의 근간이 되었다.

인본주의로의 후퇴(또한 크리스테바의 "과정-중인-주체"를 뒷받침하는 생산적인 은유에 의해 추진되는 어떤 것)를 피하기 위해, 그것은 기호계에 대한 후설적 대답을 고려해볼 만하다. 이것을 하기 위해, 우리는 기호계를 판단중지의 영역으로 불러들일 필요가 있다. 최종적으로, 이 일련의 반추들은 상상계에 대해 우리가 더욱 깊이 있게 이해할 수 있게 할 것이다.

판단중지와 기호계

불가능(의 한 형태)으로서 코라가 현상학적 축소에 종속된다면, 마찬가지의 축소는 다음의 중요한 양상을 지니게 된다. 그것은 "순수한 가능성(순수한 상상가능함)의 영역"을 열어준다"(후설

1977: 28). 우리는 기호계가 "가능성"과 "상상가능함"으로의 문을 닫을 것이라고 말하지 않을 것이다. 그러나 급진적인 우연성과 불가능성의 조합, 그와 같은 것이 이것들의 전성기의 가능성을 또한 높이지 않는다는 점을 인정해야 한다. "가능성", 시간에 대한 하이데거의 관점의 경우, "미래"에 대한 현상학적 주목은 에포케와 상상계, 가능성과 "순수한 상상가능함"을 결합하여 멋진 일격이 된다. 우리는 이제 "미래", "가능성" 그리고 "상상"이 정신분석적 구조에 제한된 장소를 지닐 뿐이라는 것을 안다. 점점 더 정신분석은 스스로를 사회과학으로, 그러므로 현상학적 축소가 일어나기 충분한 영역으로 표시한다. 결과적으로 우리는 정신분석이 하는 과거와 그것의 재구축(기억과 그것의 해석)에 대한 강조를 지나친다는 점에 주목한다. 정신분석적으로 말하자면, "미래"는 진지한 연구 영역이 아니다.

"미래", "가능한 것", "상상가능한 것"은 보편적인 어떤 것으로서 에이도스eidos(본질적인 것)와 연결된다. 혹은, 다시 한번, "에이도스 그 자체는 보여진 또는 보여질 수 있는 보편성, 순수하고, '조건 없는'것, 다시 말해 […] 어떤 사실에 제한되지 않는 보편성"이다(Husserl, 1977: 71). "조건부가 아닌" 이란 것은 또한 우연적이지 않다는 것을 의미한다. 이상적으로 가능한 것(가능한 것으로서 이상적인 것)은 보편적으로 가능하다. 사실상, 생각가능하거나 상상가능한 것은 여기서 개별적이고, 우연적인 차이들에 의해 결정되지 않는다. 진정, 가능한 것은 더 이상 우연적으로 혹은 실용적으로 가능하지 않다. 상상계 그 자체는 상상하는 주체들이 아니라, 이 맥락에서 한계를 설정한다. 여기서, 상상계는 그것의 완전하고, 객관적인 상태를 전제하고 우연적인 주체들이나 자아들의 표현으로 축소될 수 있음을 중단한다. 달리 말하면, 에이도스는 대문자 자아를 상상가능하게 한다.

우리는 직관적이고 필수적인 대문자 자아가 차이를 배제하는 인물이라는 것을, 특정한 방식으로 생각을 동일화하고 정리하고 따라서 "정당화하기"라는 것을 의심 없이 제시할 수 있을 것이다. 그런 시각은, 그러나 우리가 가능성의 복잡성 전부를 무시하는 한정되고 경험에 기반한 시각에 붙어 있는 것으로 남아 있을 경우에만 유지될 수 있다. 귀납적으로 도달하는 경험적인 대문자 자아에 대한 결론들은 더욱 정당화하기처럼 되기 쉬울 것이다. 달리 말하면, 푸코가 보여주었듯이, 사실들과 우연성을 다루는 사회과학(범죄학)은 확실히 정당화하기가 될 수 있다. 유한성을 연구하면서, 사회과학은 가능성을 제외한다. 혹은 오히려, 가능성은 오직 이미 존재하는 것을 통해 실용적으로 구축될 수 있다. 그리고 존재는 유한하다. 즉 사실에 기반한다. 레비나스의 연구가 여기서 또한 상기되어야 한다. 왜냐하면 레비나스 역시 경험에 기반한 무한이 아닌 전적으로 초월적인 것을 원하기 때문이다.

초월적인 것으로 말하자면, 가능성은 그 자체 안에 있는 차이를 포함한다. 이것은 차이가 가능성을 무한으로 변화시키기 때문이다. 후설이 종종 현상학의 출발 지점으로 초월적 자아와의 관계에서 타자성의 개념에 대해 고군분투했지만, 타자성은 이 접근에 있어 대문자 자아에 대한 명료한 이해보다 더 큰 문제가 아니다. 그 자신을 자아로 이해하는 자아는 초월적으로, 객관적으로, 그러해야 한다. 즉 나의 자아로서 자아의 자기-충족적인 본성과 별개의 것이다. 요약하면, 자아의 본성에 대한 통찰력은 단순한 의미에서 자아 위치가 아니다. 다시 한번, 초월적 자아의 타자와의, 그리고 차이와의 관계의 핵심은 무한성으로서 가능성의 개념이다. 우리는 이제 여기서 현안이 되는 것을 명료하게 하기 위해 무한을 간단히 살펴볼 것이다.

상상계의 초월적 측면으로서 무한

무한에 대한 질문을 하면서 우리는 분명 후설 자신이 자아에 대한 당면 관심들을 뒤로 남겨두고 있다. 크리스테바 연구에서 발견되는 상상계를 좀 더 조명하기 위해서, 우리의 주요 관심은 가능성과 상상계 사이의 관계성을 생각하는 것이다. 근대적 외양으로 이해되는 무한의 결과들을 완전히 이해하기 위한 조건은 게오르크 칸토어의 초한수transfinite numbers 이론의 요소들로의 회귀이다(Houdebine, 1983: 87~110 참조). 다른 곳에서 보여진 대로 크리스테바는 다른 곳들 중에서, 말라르메의 산문시 "이지튀르Igitur"에 대한 간단한 연구(Kristeva, 1984: 226~234 참조), 그리고 보들레르에 대한 연구에서도 무한을 언급한다. 앞의 경우, 쟁점은 글쓰기가 우연의 맥락에 있는, 그리고 이것과 집합이론과의 관계에 있는 종류의 총체성으로 방향을 바꾼다. 보들레르와의 관계에서 쟁점은 보들레 시의 모티브로서 무한에 대한 것이다. "기획자" 혹은 메타언어적 관점에서 어떻게 무한의 회귀를 피하는 것이 가능할까? 또다른 메타포지션은 언제나 가능한 것처럼 보인다. 한계는 무한의 분명한 열린 특성을 제대로 평가하는 상상의 능력과의 관계에서 발생한다. 무한은 말 그대로 상상 불가능하다. 무한에 대한 이론이 요청된다. 진정으로 무한에 대한 부분적인 설명은 기호학에 대한 크리스테바의 초기 연구(《세미오티케》(1969))의 상당 부분은 시적 언어를 이론화하기의 가능성들을 확장하기 위한 도구로서 근대 수학의 면면들을 활용한다는 사실에 의해 정당화된다.

　여기서 핵심은 유한수의 개념(혹은 사실상 일반적으로 유한한 것의 개념)은 결코 (정의에 의해) 무한을 생겨나게 할 수 없다. 문제는 그것이 실제인 것만큼 논리적이라는 것이다. 아리스토텔레스 이래 상식과 생각의 역사가 대립하는 시각을 지녀왔지만, 유한과 무한은 서로 불연속적이기 때문에 종국에 일련의 유한 자연수(1, 2, 3 […], n)에 도달하는 것은 불가능할 뿐만 아니라, 어떤 일련의 수들, 아무리 크더라도, 그리고 어떤 일련의 수들, 아무리 작더라도, 결코 무한에 접근할 수 없다. 요약하면 실제 계산의 경로를 통해서 무한에 도달하는 것은 불가능하다. 결과적으로 초당 수십억 개의 유한한 작업들을 끝마치는, 엄청나게 빠른 속도로 일하는 컴퓨터들도 이론적으로는 무한에 도달하지 못할 것이다. 우드빈이 설명한 대로 무한은 단절(coupure), "동시에 지명nomiation이기도 한 단절"에 의해 보여진다

(Houdebine, 1983: 99). 무한을 명명하기라는 행위는 그러한 무한을 야기하는 단절이다. 하이데거가 말했듯이, 무한을 명명하는 것은 그것을 이해의 제거로 끌어들이는 것이다. 이와 같이 이해된다면 무한은 모순적이게도 한계limit에 의해 구성된다. 반대로 유한은 제한되지 않은 채로 남아 있는 것이다. 이것이 무한이 그것 안에 거주하지 않는 이유이다. 칸토어가 유한수들을 수학적으로 다루고 있음에도 불구하고, 그의 이론에서 추정하여 사물들에 현상학적 우위를 주는 것은 가능하다. 그리고 여기서 우리는 유한이 현상학적 축소라는 범주 내에서 허용되는 우연적인 특성에 부합한다는 것을 알게 된다. 무한은 그렇다면 초월적인 영역에 부합하는 것인가? 여기서 이 질문에 수학적 접근을 추구하는 것은 가능하지 않은가? 칸토어의 이론이 우리가 다음에서 인용할 것들 중에서 통찰력들의 한 범주를 열어준다고 말해두자: 가능한 것과 불가능한 것은 더 이상 서로에게 연속적인 것이 아니고 다른 논리적인 우주들을 구성한다. 불가능한 것은 단순히 가능한 것이 되기 위해 기다리면서 거기에 있지 않다. 후설적 현상학을 향한 근본적인 질문은 이 철학이 물질적인 세계를 무시하는지 따라서 이상주의적인지 아닌지에 대한 질문이 아니라, 초월적 영역이 어떤 의미에서, 우연적인 것이 초월적인 것에서 나타난다고 할지라도 본질적으로 물질적인 혹은 우연적인 영역과 불연속적이라는 것을 설명할 수 있는가에 대한 질문이다. 하이데거가 제언하듯이, 결국 무한과 유한의 차이는 "존재자beings"(실존)와 "존재Being" 사이의 차이와 공명한다. 사실 이

차이는 본질적으로 말해서 차이인 것이라고 하이데거는 말한다 (Heidegger, 1969: 62).

초월적 자아는 이제 무한의 영역에 속한 것으로 볼 수 있다. 그러나 그것은 여전히 유일한 실체, 후설이 추측하듯이, 유아(solus ipse)이며 따라서 유아론적이지 않을까? 무한의 일부로서 초월적 자아는 그것의 한계 내에서도 모든 자아의 힘을 지닌다. 이것은 칸토어의 집합론에 의지하면 부분은 전체와 같기 때문에 그러하다. 부분을 명명하는 것, 이름에 의해 실질적인 한계를 구성하는 것은 부분을 전체와 같은 것으로 만드는 것이다. 부분은, 이를테면, 칸토어의 초한수와 동등한 것이다. 이러한 수정이 없다면, 모든 집합들의 집합의 모순들(메타언어의 메타언어)는 설명할 수 없는 것으로 남는다. 같은 문제가 초월적 자아와 다른 자아들에 대한 후설의 생각에서도 제기된다. 후설과 함께, 질문은 초월적 자아가 (후설의 자아가 유아론의 논지가 되는 경우) 그저 다른 모든 자아들과 함께 있는 또 다른 자아인지 아닌지 혹은 그것이 모든 다른 자아들의 총체성의 힘을 지니는지 혹은 총체성과 맞먹는 것인지에 대한 것으로 돌아간다. 우리는 후설의 접근법이 초월적 자아, 유일한 양적 상태, 무한의 개념에 의해 명확해지는 상태를 요구했다는 것을 안다. 크레타섬의 거짓말쟁이 이야기와 함께[3], 우리는 무한의 개념 없이, 발화자가 크레타섬 주민들 속에 속할 수 있는 방법을 설명하는 것은 불가능하다는 것을 안다. 사실 "나는 거짓말쟁이다"라는 서술은 서술들의 집합 속에 있는 하나가 될 수 있다(이 경우 그것은 거짓이 될 것이다). 그리고 그것은 그 집합 자체와 동등한 것이 될 수 있다(이 경우 그것은 진실과 거짓이 지닌 의미가 속해 있는 우주를 세운다). 달리 말하면 유일한 서술이고, 그렇지만 하나의 총체성 혹은 하나의 우주와 맞먹는 서술인 서술이 있을 수 있다. 그러므로 기획자의 위치를 가능하게 만드는 것은 바로 무한이다. 또한 완전한 고정의 조건(병리학적 나르시시즘, 죽음의 나르시시즘)에서 나온 탈주선과 맞먹는 것은 무한이다.

이런 식으로 설명되면서, 무한은 가능성 그리고 상상계를 분명히 한다. 무한이 다른 수단들에 의해 유한의 연속이 아니듯이, 가능성도 유한한 우연적 세계의 연속이 아니다. 결과적으로, 가능성은, 초월적으로 말하자면, 오직 우주일 수 있다. 왜냐하면 나에게 가능한 것의 개념은 전적으로 우연적인 문제이다. 그리고 우리는 가능한 것이 실질적으로 그리고 우연적으로 가능한 것의 합이 아니라는 것을 안다. 그러므로 나에게 가능한 것은 더 말할 것도 없이tout court 결코 "가능한 것"을 분명히 할 수 없다. 이런 식으로, 가능한 것은 그것이 모든 가능성들의 합이라는 점에서 무한과 닮았다. 모든 가능성들의 합으로서 무한은 또한 상상가능한 것이다. 재차 말하면 이 서술의 중요성은 상상가능한 것이 주어진, 우연적 존재에게 상상가능한 것이라는 관점에서 생각된다면 결코 이해될 수 없다. 상상가능한 것은 더 말할 것도 없이 상상가능한 것이다. 그리고 개인은 오직 이 개념을 상상계 자체를 경유해서 평가할 수 있을 뿐이다. 이런 용어들로 표현될 때, 상상계는 주체를 개인성이라는 단순하고, 실질적인 개념을 넘어서게 하는 통로이다. 개인은 오직 무한을 경유하여 설정된 초월적 상상계에 속해 있으면서 진정으로 유일한 상상계, 전체의 힘과 맞먹는 상상계를 지닐 수 있다. 들뢰즈가 설명하듯이, 주체성은 우리 안에 있는 것이 아니라, 그 반대이다. " 주체성은 결코 우리의 것이 아니다, 그것은 시간, 즉 영혼 혹은 정신, 가상이다. 실제the actual는 늘 객관적이지만, 가상은 주관적이다. 우리가 시간 속에서 경험하는 것은 근본적으로 정동이다. 그리고 시간 그 자체, 그 자신을 정동시키고 정동되는 두 가지로 나누는 순수한 가상성[…]이다"(1989: 82~83).

반항과 무한

이제 몇몇 그녀의 서술에서 크리스테바는 개별적인 우연적 주체 혹은 자아가 사회적 관계들의 폭넓은 그림의 측면들을 이해하기 위한 근거가 되는 자리를 보증하는 것처럼 보일 것이다(즉 그녀의 자리는 들뢰즈의 자리와 대립하는 것처럼 보일지도 모른다). "서두르지 맙시다. 더 분명하고 깊있 있게 이해하기 위해 우리의 정신적 삶의 소우주와 관계를 맺읍시다"(Kristeva, 2001b: 18). 크리스테바는 넓은 거시적 평면을 보기 위해 우리가 개인의 미시적 차원을 살펴보고 그것으로부터 일반화할 필요가 있다고 말하고 있는 것인가? 그녀는 사실상 특히 그/녀의 내면성 속에서, 개인과 같은 것을 안다는 것은 사회적 삶의 결정요인들을 아는 것이라고 말하는 것인가? 그런 경우라면, 크리스테바의 접근은 모든 개인들을 이해하기 위해 "전형적인" 혹은 "정상적인" 개인의 개념을 안정시키는 심리주의 되기에 가깝게 작동할 것이다. 사실은, 더 많은 독자를 사로잡으려 시도할 때, 그녀는 종종 분명 심리주의를 연상케 하는 표현으로 빠지지만, 어떤 것도 심리주의보다 더 크리스테바의 프로젝트에 이질적일 수 없다. 사실, 그녀의 연구 내내 나온 수많은 구절들은, 심리적으로, 전형적인 개인은 없다는 개념을 강조한다. 대신 그저 차이들만 있을 뿐이다. 이것이 그 경우가 아니라면, 정신분석에 대한 필요는 없을 것이다. 왜냐하면 개별적인 단 하나의 경험조차도 조사할 이유가 없을 것이기 때문이다. 지식은 사전에 이미 이용 가능한, 전형적인 사례 모델의 결과일 것이다.

차이는 반항과 긴밀한 관계에 있고 개인의 내면성, 그/녀의 정신(아리스토텔레스의 영혼)을 구성한다. 우리가 그것에 대해 생각할 때, 우리가 차이에 대해 생각할 때, 그것은 쉽게 자기 혹은 그와 비슷한 실체의 "용기" 안에 제한될 수 없다. 반항, 반항 능력은 언제나 이미 우리 안에 포함되어 있는가? 대답은 "아니오" 이다. 왜냐하면 반항은 그것이 외재화로 여겨지지 않는다면 거의 상상되기 힘들다. 그러므로 반항하는 자는 언제나 이미 도취되어 그 혹은 그녀 자신의 외부에 있고, 그래서 탈중심화된다. 더욱 분명하게 차이의 양식으로서 반항이라는 크리스테바의 개념은 자기를 구성한다. 그것은 반항을 구성하는 자기가 아니다. 이런 점에서 자기/주체는 반항/차이의 내부에 있는 것이지 그 반대가 아니다. 그러므로 크리스테바의 입장은, 결국 들뢰즈가 제안한 주체성의 개념과 가까워질 것이다. 요약하면, 주체/자기는 주체/자기가 바로 반항을 통해 형성되기 때문에 반항(다른 곳에서 발전되어온 개념(Lechte, 2003 참조))에 선행하지 않는다. 이것이 크리스테바가 스펙터클의 분위기에서 반항의 실패에 대한 어떤 우려를 표하는 이유이다. 왜냐하면 그러한 실패는 주체성 발전의 실패로 연결될 수밖에 없기 때문이다.

이런 식으로 살펴본다면, 주체성 형성의 핵심요소로서 상상계는 무한의 개념에 의해 조명된다. 상상계는 이제 무한 안에서 이해될 수 있다, 그 반대가 아니라.

후설의 철학적 프리즘을 통해, 상상계는 무한에 참여하게 된다. 라캉의 개념들로 이해한다면, 무한은 거세, 욕망, 오브제 아, 그리고 아버지 기능(죽은 대문자 아버지)이라는 상징계 핵심 요소들에 거의 독점적으로 연결된다. 이것은 라캉에서 무한이 필수적으로 텅 비어 있다는 것을 암시하고, 또한 무한이 실질적으로 필수적이지 않다는 것을 암시하게 된다(Sibony, 1973: 75~133 참조).[4] 여기서 논쟁은 정반대이다. 어떤 분석적인 면에서 상징적이기 전에, 필수적인 것으로서 무한은 상상계를 포괄한다.

무한과 시적 언어

크리스테바는 "실제 무한성"으로서, 무한을 시적 언어와 연계한다. 그리고 초월적 자아의 유효성이, 현상학자에게, 그것을 상정하는 전제가 사실인가 거짓인가와 관련있다는 점을 고려할 때, 이것은 초월적 영역의 후설적 개념에 대한 실질적인 딜레마를 야기한다. 《세미오티케》와 같은 연구들에서, 크리스테바는 사실-거짓의 이분법이 실증 과학의 설명적 논리의 근간을 형상한다고 주장한다. 그리고 후설은 판단 보류가 직관적인 과학의 전제 조건이라고 주장하여 문제 해결에 도움을 주지 않는다. 그의 생각이 영감을 주는 것과의 대조-구분하여, 여전히 후설적 현상학에 남아 있는 진실의 상응 이론의 잔여물이 있다.

시적 언어에 관한 그녀의 초기 에세이에서(Kristeva, 1969: 113~146), 크리스테바는 진실의 상응 이론에 기반하고 0-1에 의해 상징되는, 과학의 논리가 칸토어가 발견한 "실제" 무한성의 논리가 아니라, 잠재력의 논리라는 것을 보여준다. 여기서 (모든 유한한 실체들의 잠재적 무한성의 가설적 모음으로서) 잠재적 무한성은 경험 과학과 그것의 대상, 후설적 판단 보류의 범주에 들어가는 바로 그 대상의 근간에 있다. 그와 대조적으로, 시적 언어는 설명적 언어 내에 위치하고, 동시에 그것과 불연속적인 실제 무한성이다. "기호학은 […] 그것의 추론에서, 실제 무한성으로서 시적 언어의 개념을 소개할 수 있다. 재현불가능한 것"(1969, 크리스테바의 강조). 말 그대로, 시적 언어는 사실-거짓의 논리, 인식론에 뿌리를 둔 논리에 기반한 설명적 언어보다 더 높은 권위를 지닌다. 우리는 시적 차원이, 이런 점에서, 초월적이고 그것에 대해 기획자의 위치와 같은 어떤 것을 지닌다고 말할 수 있다. 시적 언어는 단 하나의 발언이 전체의 힘을 지닌다는 점에서 하나의 집합이다. 그것은 세계에 대한 지식을 제공하는 문장들을 축적하는 것이 아니다. 그것은 오히려 사건으로서 기능한다 (그것이 발화되면서 가치를 지닌다는 것을 의미한다). 그것은 그러므로 동시에 사실이면서 거짓일 수 있다. 이것에서, 그것은 그것에 대한 행위자 위치의 양상을 지닌다.

초월적인 것으로서 상상계?

그러므로, 크리스테바의 연구에서 영감을 받은 개념들이라는 점을 감안하면, 상상계를 단순히 상상과 관련지어, 특히 존재하는 것 혹은 존재하지 않는 것과 관련지어 바라보는 것은 제한적인 것이 된다. 왜냐하면 상상계는 결코 실현될 수 없는 잠재적 무한성의 빈 공간을 채우기 위해 거기에 있는 것이 아니기 때문이다. 그러나 마찬가지로, 그것은 환상illusion을 일으키는 영역으로서 이해되어야 하는 것이 아니다. 환상은 경험적 우연성에 매여 있고, 따라서 (결코 도달하지 않을) 유한한 부분들의 합의 잠재적 무한성에 매여 있다. 그래서 상상계는 자기 힘으로, 그것이 허구를 발생시킬지라도 "실재real" 무한성에 가까워진다. 최소한 이것은 허구가 그럴듯함으로서뿐만 아니라 자기 힘으로 사건으로서 (말하자면, 초월적인 어떤 것으로서) 이해될 때 그러하다. 그것은 말들이 말하는 것의 문제일 뿐만 아니라 그 말들이 무엇인가의 문제이기도 하다.

"스펙터클의 사회"에 대한 결론

스펙터클의 사회의 상상계에 미친 부정적 효과에 대한 크리스
테바의 불안을 주목한 후에, 우리의 논의는 웅덩이 앞에 있는 나
르시스, 그 자신의 이미지에 완전히 사로잡힌 나르시스에 초점
을 두었다. 상상계가 완전히 이 사로잡힘으로 축소된다면 그것
은 (이 내재성이 동일시에 연루된다고 할지라도) 순수하고 단순한
내재성이 될 것이다. 동일시에서, "나"는 타자이다. 타자는 "나"
이다. 그러므로 우리는 상상계에 대한 심리학적 관점을 지닌다
고 말한다. 다른 한편으로, 불확실성이 그 등식에 침범하는 것은
상상계에 대한 위협이다. 왜냐하면 그것은 타자는 타자로서, 오
직 외부로부터 기호, 상징 그리고 증거의 관점에서 외재적으로
접근 가능하고 그러한 타자는 오직 관계들의 체계에 의해 구성
되는 공동체에서 타자들을 위해서만 존재할 수 있다는 느낌을
환기한다. 동일시 능력은 급격하게 축소된다. 대조적으로 후설
의 철학은 우리가 초월적인 자아와 동일시할 수 있는 가능성을
제공한다. 상징계와 상상계가 하나의 인물로 합쳐지기 때문에,
두 영역의 잠재력은 열린 채로 남는다. 상상계는 상징계에 한계
가 되는 것을 멈춘다. 후설의 철학과의 관계에서 볼 때 무한의
개념은 또한 이것을 이끌어낸다. 크리스테바의 의미에서 상상
계는 결과적으로 풍요로워진다.

시적 언어에서 무한을 상술하면서, 크리스테바는 배타적으
로 동일시와 관련된 상상계를 제시하기와 동일시와 상징계 질

서 둘 다에 연루되는 것으로서 상상계를 제시하기 사이에서 줄타기를 한다. 이 점에서 초월적 자아에 가장 근접하고 주관주의를 피하는 인물은 프로이트적 틀에서, 상상계 아버지, 아가페적 사랑의 담지자와 어머니와 아버지 둘 다의 혼합물, 일차적 동일시와 존재의 중심이다. 상상계 아버지는 상징계 질서 속에서 상상계와 동등한 것이 된다. 행위자이자 기획자인 아버지, 그리고 이차적 차원의 재현이 아니라 일차적 동일시에 도움을 주기 때문에 스펙터클의 사회를 거스르는 인물이다.

6장

인터뷰

특이성을 공유하기

_존 레흐트가 진행한 쥘리아 크리스테바와의 인터뷰[1]

존 레흐트 당신은 프로이트적이고 라캉적인 영감을 지닌 분석가이자 분석적 언어를 사용하고 있습니다만, 강한 반대의-경향 또한 당신의 연구에 나타납니다. 저는 이 경향을 종합적과정들을 향한 움직임이라 부르려고 합니다. 분명 그 충동들과 정동은 이 경향의 일부이고, 이것들은 다음의 개념들을 뒷받침합니다.

a. 기호계와 과정-중의-주체.

b. 세메이온semeion으로서 기호의 개념은, "상징"이 아닌 표시, 흔적 혹은 특징적인 기호를 의미하는 것으로, 다시 말해 정확하게 규정하기 애매하고 어려운 것으로 남습니다. 실제로, 세메이온으로서 기호는 진화하고 그것 자신이 됩니다. 그것은 사전에 완전히 주어진 것이 아닙니다.

c. 대화주의dialogism, 카니발과 조이스식의 근대 소설의 독

223

특한 종합.

d. 결정적으로 "열린 체계"로서 사랑(그리고 섹슈얼리티)과 정신분석 세션의 기본으로서 (초전이적이고 반反초전이적인) 사랑, 즉 정신분석 세션의 정확한 패턴은 종종 상당히 급진적으로 정신분석 대상자별로 다양하지만, 사랑을 통해 일관되게 됩니다. 기존의 정신분석 개념들은 새로운 개념들이 창조될 필요를 요청하면서 부적절한 것을 밝혀질 것입니다. 여기서 저는 당신의 에세이 〈사랑이 시작부터 있었다In the Beginning Was Love〉(1987a)뿐만 아니라 〈죽음의 혹은 삶의 이름Name of death or of life〉(1996)을 떠올립니다.

e. 내재성과 친밀성을 구성하는 것으로서 반항.

f. 예술가 주체를 구성하는 것으로서 예술.

상징계 역시 존재한다는 것은 부인될 수 없지만, 종합적 과정들을 환기하는 이 개념들이 분석가이자 사상가인 당신에게 더욱 근본적인 것처럼 보입니다. 종합에 대한 이 이끌림 때문에, 당신의 주요 개념들 중 어떤 것도 더 정통의 프로이트 전통에 쉽게 맞지 않습니다. 실제로 당신은 사실 창조성의 종합적 과정들과 합리주의적이기보다 신성한 프로이트적 언어에 더 만족하는, 일종의 망명 중인 분석가인 것처럼 보입니다. 당신은 이것에 얼마나 동의하십니까?

쥘리아 크리스테바 맞습니다. 저는 당신의 말에 전적으로 동의합니다. 당신은 사실 분석적이고 동시에 철학적인 제 연구의 모든 차원을 영감적으로 알아내네요. 하지만 그것은 무엇보다도 경험적인 파생을 포함한 연구입니다. 그것은 이것들이 텔켈의 아방가르드 구조주의와 같은 지식운동, 혹은 68혁명, 75년 파업, 대학 육성 같은 프랑스의 정치적 운동 또는 어머니라는 제 자신의 경험이든 아니든 상당히 제 개인적 성장에, 제 전기에, 그리고 제가 살아온 역사적 과정들에, 기반한 것입니다. 저는 제가 연구할 때 제 자신을 하나의 연구 분야 혹은 하나의 사상 전통이나 오직 그것에 포함시키려고 하지 않는다는 점을 당신에게 설명하기 위해 이 모든 것을 환기합니다. 저는 즉시hie et nunc, 저에게 떠오르는 것을 질문하는 것에 매료되고, 그 점에 비추어 저는 사실 제가 물려받았고 주어진 시간에 제가 개선하려고 했던 다른 지식들 사이의 일종의 종합을 준비했습니다. 제 책《시적 언어의 혁명》(1974)에서 예를 찾는다면, 저는 로트레아몽과 말라르메의 글들에 있는 이 완전히 모순적인 스타일들, 종종 긴밀하고, 기쁨에 혼미하거나 단순히 추상적이고 이해할 수 없는 것으로 추정되는 스타일로 인해 어려움을 겪었습니다. 그리고 저는 이 글쓰기의 근간이었던 주관적 경험을 설명하기 위해 이 구조의 연금술을 시작하고 싶었습니다. 그러므로 제 자신이 정신분석에 연루되어 있으므로, 우선 저는 분석가로서 열정적이 되었고 놀이방, 혹은 제가 정신병 환자들에 관심을 두고 정신적이고 언어적인 과정들을 더 잘 이해하려고 애썼던, 라보르드라 불리던 정신병원에서 어린아이들의 언어를 실험, 아니 오히려 그에 대해 실험적인 관찰을 했습니다. 그리고 나로 하여금, 예를 들면 충동과 의미 사이의 프로이트적 차이를 다시 상상하게 한 것은 바로 이 맥락이었습니다. 저는 "충동"이라는 용어가, 부분적으로, 대부분의 분석가들이 "충동"을 정력적이고, 생물학적인 혹은 전기적인 요소로서 (어쨌든, 신경적인 어떤 것으로) 이해했다는 점에서 불만족스러운 채로 남아 있다는 것을 알아차렸습니다. 이제, 프로이트는 의미는 늘 있다고, 의미의 어떤 변형이 충동 안에 현존한다고 설명합니다. 그러므로 이 점에서, 나는 처음에 당신이 떠올리게 했던, 충동/의미의 이분법과 관련된 충동에 대한 프로이트적 생각의 재구성이면서 또한 라캉의 이론에서 부재로서 (혹은 어쨌든 소수적 위치를 지니는 것으로서) 충동에 대한 심문인, 기호계와 상징계, 이 두 개념들을 만들었습니다. 저는 또한 시적 경험에서 언어의 충동적 측면을 설명하려는 욕망을 가지고 있었습니다. 그러므로 당신이 이해한 대로 저는 여러 경험적 현상들에 이끌렸고, 이들은 저를 이 재구성으로 이끌었습니다. 이제, 이것의 결과로, 제 접근법은 사실 때때로 전통적인 정신분석과의 관계에서 어렵고 비전형적인 것처럼 보일 것입니다. 그러나 다른 한편으로 (그리고 저는 이것에 매우 만족합니다), 임상적 연구에서, 새로운 병원들에서 실험들 중 몇몇에서, 치료사들이 (예를 들어 정신병 환자들과) 일하면서 미학적 창조에 연관되게 될 때, 이것이 그림이든, 음악이든, 혹은 문학이든, 실제로 제 개념들은 매우 생산적이었다는 것이 판명되었습니다. 그러므로 저는 연구자가 전통적인 분야, 특히 정신분석 또는 예를 들면 문학 비평을 열어두려 할 때, 그는 그 자신에게 동시대 경험에서 발견되는 것과 같은 새로운 대상들, 우리의 열정들로부터, 글쓴이로부터, 혹은 분석가와 이론가들 자신으로부터 나온 대상들을 제공하는 것을 안다고 생각합니다. 누군가는 아마도 그리고 나서 저의 혁신들뿐만 아니라 다른 혁신들에 더 집중하게 된다고 생각합니다. 저는 모든 연구자들이 어떤 순간에, 자기 자신이 전통적인 분야에서 다소 주변적이라는 점을 알게 되고, 이후 새로운 대상들에, 이 새로운 형식들의 행위에 그리고 이 새로운 현상들에 집중하게 되는 연구자들이 재합류하게 되는 것은 필연적이라고 생각합니다.

존 레흐트 그래서 당신의 관점에서 모든 것의 근간이 되는 것은 의미라는 것인지요…?

쥘리아 크리스테바 다시 말해, 저는 구분을 짓습니다…. 인간의 경험은 늘 언어를 통해, 따라서, 의미를 통해 걸러지게 되지만, 거기에서 출발하여, 저는 저로 하여금 의미의 두 양상들 (또는 차라리 의미화의 과정들), 의미작용과 의미, 또는 기호계와 상징계인 의미화의 과정들을 제안하게 만들었던 의미의 다른 측면들에 관련된 차이들을 구분 짓습니다. 또 하나의 주체에 대한 하나의 주체의 절이 있을 때 의미가 있다 치더라도, 이 절합처럼 이 의미작용은 순전히 언어적입니다.

존 레흐트 그렇군요. 저는, 매우 재빠르게, 어떤 것을 더하고 싶습니다. 저는 이 경향이 여전히 당신의 전작에 존재한다는 점을 확인하기 위해서 콜레트에 관한 당신의 책을 언급하려고 합니다. 여기서, 그것은 재현과 열정 사이의, 재현과 정동 사이의, 또는 재현과 감정들 사이의 관계에 대한 질문입니다….

쥘리아 크리스테바 …맞습니다…. 저도 그 말에 동의합니다….

존 레흐트 짧은 문단 하나를 읽어보고 싶습니다…. 그러나 저는 당신이 "상상계는 새로운 버전의 신성과 같다"라고 말한 것에 잠시 주목합니다(Kristeva, 2002e: 419). 저는 다음과 같은 질문을 가지고 있습니다. 당신은 "재현"이라는 말을 했는데요, 열정과의 관계에서, 외재적 대상에 제한된 것을 의미한다고 해도, 그것은 정확히 재현은 아니라고 생각합니다. 음, 열정들은 내재적입니다….

쥘리아 크리스테바 …반드시 열정의 재현일 필요는 없는 충동들 혹은 느낌들의 재현입니다만….

존 레흐트 그렇습니다, 하지만 "충동"과 "열정" 사이의 관계는 무엇인가요? 당신은 열정과 재현 사이의 관계를 만들었기 때문에… 그러나 저에게 열정들은 상상계에 의해 구성됩니다. 이 상황에서 핵심, 주요 개념은 바로 상상계입니다. 하나의 재현이 되기보다는, 저는 그것이 열정들 그리고 아마도 충동들의 구성인 것이 상상계라고 생각합니다….

쥘리아 크리스테바 맞습니다. 우리는 이것을 다듬어볼 수 있습니다…. 프로이트에게 대표(représentant)와 재현 사이에는 이미 차이가 있습니다. "대표"라는 용어는 아마 충동들에 의한 재현에 가까울 것입니다. 반면 "재현"은 대상을 지칭합니다. 따라서 정신분석가들은 이 다른 차원들의 재현을 다양화해 왔습니다. 내부로부터 나오는, 그리고 비명, 제스처에서, 펜 자국들에서 또는 외부의 대상들의 재현에서 분명해질 수 있는, 충동들의 재현은 이미 하나의 복잡한 기제입니다. 왜냐하면 그것은 추가적으로 자기의 특정한 통제와 그것과 대타자(Aurui)와 관계를 전제하기 때문입니다. 이제 제 자신이 상상계를 하나의 신성이라 부르는 것은 콜레트의 전작에서 제가 이해할 수 있는 매우 구체적인 어떤 것입니다. 우리는 신성의 전체 개념이 근대 세계에서 매우 모순적인 진화에 종속되어 있다는 것을 압니다. 한편으로, 대부분의 우리들은 신성에 대한 감각을 잃어버렸습니다(우리는 종교로부터 떨어져 있습니다), 다른 한편으로, 근본주의적이고 극단적인 종교들의 발달이 있습니다. 그러나 분석가로서 그리고 또한 작가로서 저의 경험상 저에게 의미와 감정 간의 조우인, 인간적인 것의 등장이라는 아주 특정한 순간을 목격하는 것이 가능한 것처럼 보입니다. 다시 말해 명명하기의 의미작용을 제공하기의 충동의 추진력을 전달가능하게 만드는 가능성(재현). 그리고 이 조우는 극단적으로 연약해서, 어떤 사람들에게, 그것은 매우 어렵고, 어쩌면 불가능하기도 합니다. 위대한 작가들처럼, 다른 사람들은 우리가 숭고라고 부르는 절대적으로 찬란한 우주를 구성하게 됩니다. 이것은 실제로 특히 이것이 이 분별가능한 세계의 존재가 극히 인식가능하기 때문에, 누군가 추상이 지배하는 다른 작가들의 작품에서보다 더 많이, 콜레트에서 발견하는 것입니다. 그래서 당신이 옳습니다. 누군가는 열정들의 재현이 진정 상상계의 영역이라고 여길 수 있습니다. 그러나 이 많은 열정들에 빠져들기 전에, 가장 보통의, 가장 정확한, 최소의 형식의, 예를 들면 색깔의, 소리의, 혹은 대상과 드라마투르기와 함께 열정이 되기 전에 감정을 나타낼 단어를 찾는 단순한 사실의 감각과 같은 열정들은 이미 숭고와 신성의 소위 영(0)도에 있습니다. 그리고 누군가는 콜레트의 작품에서 정확히 저것을 찾아냅니다. 제가 보기에 그녀는 열정의 드라마투르기의 표현이라는 점에서는 실제로 그렇게 흥미롭지 않습니다(그녀의 작품에서, 그녀는 종종 진부한 형식들의 삼각관계의 질투 혹은 다소 전형적인 1930년대 버전의 20세기 간통을 씁니다). 반면, 프루스트에서 우리는 열정에 대한 좀 더 섬세한 분석들을 발견합니다. 그러나 콜레트에서 당신은 후각적이고, 청각적이거나 촉각적일 수 있는 감각들의 매개와 아직 열정이지 않은, 그러나 극단적인 정확함과 풍부함의 감각들인, 단어 혹은 문장 사이에서 이러한 조우를 합니다.

존 레흐트 하지만 당신에 따르면 감각, 지각, 정동 그리고 감정 사이에 차이가 있는 것인가요?

쥘리아 크리스테바 아, 그렇습니다….

존 레흐트 다른 저자들의 작품에서 감각과 지각은 좀 더 객관적이기 때문에 저는 사르트르가 《상상계》(1940)에서 지각과 상상계를 구분 짓는다고 생각합니다. 지각은 객관적이고 상상계는 주관적이라고요….

쥘리아 크리스테바 알다시피 이 문헌에서 눈에 띄는데, 인지주의자들이 그런 것처럼 현상학자들이 관심을 두어왔기 때문에 상당한 연구가 이뤄졌습니다. 차이들은 중요하고 매번 제시됐습니다. 몇몇에게 지각은 매우 주관적이고 감각은 객관적입니다. 다른 이들에게 그 차이는 반대이지만, 누군가는 이미 이 구분을 만들 수 있습니다. 감정은 훨씬 더 정동의 주관화에 매여 있고, 정동은 오히려 대상을 찾은, 그러나 정교함이 발견되지 않은 충동입니다. 열정은 이미 다른 것과 대립적 관계입니다. 그러므로 거기에 이 매우 다른 요소들이 있습니다. 많은 분석가들은, 안드레 그린이 그들 중 한 명인데, 이 다른 상태들에 몰두해왔습니다. 콜레트에 관한 제 연구는 특히 더 제안된 주제들보다 오히려 구두적 묘사에 관심을 두기 때문에 제가 여기서 더 자세히 들어가지는 않겠습니다만, 그러한 연구를 하는 것은 상당히 가능합니다.

존 레흐트 당신은 (롤랑 바르트, 사르트르, 말라르메 등을 비롯하여) 라캉에게 중요한 빚을 지고 있다는 것을 인정하고 있습니다만, 근대성이 개시했던 삶의 초超지성화에 반대하는 베르그송의 생각은 당신의 연구 정신에 훨씬 더 일치하는 것처럼 보입니다. 베르그송에서 다수의 이원론들(예를 들면 기억-지각)은 당신의 핵심 기호계-상징계 이원론을 반영하는 것 같습니다. 사실 당신처럼 베르그송은 종종 의심스러운 이원론들이 단지 현실reality과 혼동되지 않는 분석적 차이들이라고 말합니다(지각 없는 기억 없고 그 반대도 마찬가지이다). 그럼에도 불구하고 당신은 당신의 연구에서 필요한 곳에 베르그송을 언급하지만 결코 구체적인 해석에 참여하지 않으면서, 그와 거리를 두어왔습니다. 이는 지적인 이유 때문에 혹은 다른 이유가 있기 때문인가요?

쥘리아 크리스테바 오, 그것은 단순히 다시 한 번 제 개인적인 역사와 관계있는 이유 때문입니다. 저는 늘 베르그송에 관심이 있었고 그를 많이 읽었습니다. 그러나 제 연구에서 저는 처음에 말씀드린 것처럼 무엇보다도 즉각적인 질문들에 매료되었고 분석적 경험 혹은 독해에서 가능했던 정도로 가능하다면 경험적이려고 애썼습니다. 그러나 제가 프루스트와 기억의 문제에 몰두할 때 좀 더 구체적으로 그리고 아마도 더 구체적으로 베르그송과 조우했습니다. 거기서, 베르그송은 필연적인 것처럼 보였고 저도 명백히 이 방향에서 들뢰즈를 앞세웠습니다. 따라서, 의심할 여지 없이, 베르그송에 대한 저 자신의 추억이 있지만, 저는 제 자신이 베르그송을 따르는 사람이라거나 베르그송에 충실함을 요구하는 사람이라고 여기지 않습니다. 그것은 근원이라기보다, 반향들의 문제입니다.

존 레흐트 시간의 지성화에 관해서, 예를 들면 당신은 베르그송에 동의하시나요? 저는 당신이 철학의, 이론의 엄격함에 반대한다고 믿기 때문입니다. 철학을 감정들, 기타 등등에까지 열어둘 필요가 있습니다….

쥘리아 크리스테바 정신분석에서 시간에 관한 제 생각은 근본적으로 프로이트를 따르고 저는 베르그송에서 시간의 범주에 도입하기 어려운 것, 프로이트에 따르면, 시간[hors temps]의 외부에 있는 것, 무시간적인Zeitlos 것처럼 보이는 어떤 것에 관심이 있었습니다. 거기에서 그것은 정확히 지성화의 문제가 아닙니다. 그것은 오히려 언어의 그리고 생각의 선형성을 깨뜨리는 시간적 경험의 문제입니다. 그리고 그것은 프로이트에 따르면 (그리고 또한 제 경험상) 충동들의 침입, 그리고 특히 비재현적인 것으로서, 죽음 충동을 지칭하는 경험과 같은 것입니다. 따라서 이것이 베르그송에 관해서라기보다 오히려 하이데거에서 나타나기 때문에 다소 주변적 방식으로 혹은 시간성의 개념에 의문 제기하기로서 제가 탐구하려고 시도했던 것은 바로 이 한계들입니다. 베르그송은 현재까지 제 입장에서는, 제가 논의했던 주제가 아니었습니다.

존 레흐트 프루스트에 관한 당신의 연구에서, 당신은 신체와 언어의, 시간과 기억의, 또는 경험과 말들의 분리가 상상계의 작업을 통해 말살되는 세계로서, 언어와의 프루스트적 교감을 설명하기 위해 "성변화聖變化, transubstantiation"라는 용어를 사용합니다. 사실, 상상계를 안정화시키면서, 당신은 더 나아가 "Le psychique absorbe le cosmique et s'y dilue dans le style. Telle est l'experience de Pimaginaire"["심령술사는 우주적인 것을 흡수하고 하나의 스타일로 희석된다. 그러한 것이 상상계의 경험이다"]라고 말합니다(Kristeva, 1994b: 239). 당신은 또한 "Proust devoile que *l'experience imaginaire n'est autre que celle du temps retrouve*" ["프루스트는 상상계의 경험이 다름 아닌 재발견된 시간이라고 폭로한다"] [1994b: 242. 크리스테바 강조]. 만약 그러한 힘이 상상계에서 기인한 것이라면, 그것을 분석하는 것은 어떻게 가능할까요?

쥘리아 크리스테바 "성변화"라는 용어는 그것이 카톨릭 대중과 소위 말로부터 육신으로, 그리고 육신으로부터 말로의 통과를 환기하기 때문에 명백히 종교적 경험을 지칭합니다. 프루스트는 독자들이 《잃어버린 시간을 찾아서》를 읽을 때 그들이 말들 속에서 독특하게 있는 것이 아니라, 내레이터의 육체 속에 있다는 것을 이해하게 하고자 했습니다. 그리고 프루스트는 자기 자신이 신체적 경험 속에 있는 그러한 것이라는 것을 발견합니다. 그가 반대의 경험을 촉발하는 것처럼: 그가 그 자신이 육체 안에 있다는 것을 발견할 때 그는 육체는 늘 이미 언어의 그물망에 잡혀 있기 때문에, 그 또한 즉각적으로 의미(sens)와 언어의 경험 속에 있다는 점을 깨닫습니다. 이것은 프루스트적 야망입니다. 분석가로서 이 교체, 혹은 오히려, 요약하면 충동들과 의미 사이의, 그리고 그것을 넘어 감정[le senti]과 발화[le dit] 사이의, 그리고 그것을 넘어 말들과 사물들 사이의, 이 의사소통의 용기들[vase comminicants], 이 의사소통은 지극히 위험한 정신 상태를 낳는데, 이는 정신병의 경계에 접합니다. 즉 정체성의 상실, 과거의 기억들이 불안을, 혹은 반대로 주이상스의 무아지경 상태에서 더욱이 한계 없는 우주의 잃어버린 한계들 속에서 자기에 대한 망상(나는 한계가 없다, 나는 우주이다)을 촉발하는 우울로부터 발생한 상태, 광적이지는 않더라도 상당히 과장된 것들이자 이 한계 상태들에 라벨을 붙이기 위해 정신분석학적 용어를 다양화할 수 있는 것들입니다. 제가 상상계에 연루된다고 믿는, 성변화라는 저의 용어에서 주목하고 싶었던 것은, 그것이 사실 위험한 경험, 그러나 종교적 영역에서든 문학적 영역에서든, 코드화된 사회가 용인하는 것의 문제라는 것입니다. 그리고 우리는 이 두 경험들이 이제 얼마나 많이 동시대인들이 휘말리는, 이 한계 상태들과 극단적으로 갈등적인 상황들을 막아주는지 알고 있습니다. 그들의 정체성, 그들의 성 정체성 혹은 정신적 정상성은 의문시됩니다. 동시대 예술은 이 규범적이고 성적인, 정신적 정체성의 심문이 나타나는 바로 그 장소입니다. 이제, 우리는 이것을 어떻게 이해할 수 있을까요? 저는 분석가가 말들과 사물 사이의, 동일자와 타자 사시의, 남자와 여자 사이의, 규범과 법률 사이 등등의 이 불확실성의 상태들의 연약함에 대해 알게 되는 최상의 자리에 놓여 있고, 반면 동시

에 거기에서 유연함을 보기 위해 이 상태들을 병리화하거
나, 그들을 어떤 주변성의 카테고리로 축소하지 않으며, 혹
은 어쨌든 창조성의 조건이 될 수 있는, 더 유연한 경계들이
되지 않게 한다고 믿습니다. 또는, 당신이 선호한다면, 오늘
날의 인지 과학의 지식과 함께 우리는 정신적 삶의 어떤 표
준화에 의해 위협받을 수 있습니다. 그러나 우리가 이것을
역사적 관점에서 본다면, 우리는 우리의 조상들이 (종교를
통하여, 문학을 통하여) 단지 이 경험들을 주변화하거나 단순
히 그들을 인위적이거나 금지된 것으로 분류하지 않고, 특
정한 방식으로, 또한 그것들을 사회적 삶에 도입했다는 것
을 깨닫게 됩니다. 이제 우리는 아마도 거기에 숨겨진 것이
모든 창조성의 조건으로서 차단들의 유연함이라는 점을 이
해하기 위해 종교나 예술의 주변화가 아닌 방법들(그리고 제
가 정신분석 분야가 이들 중 하나라고 생각합니다)을 알고 있을
것입니다.

존 레흐트 이것은, 그래도 여전히 저에게는, 사회가 최종적으로
당신이 개괄한 것과 같은 상상계를 허락한다 해도, 그것의
일상적 버전을 초월하는 상상계의 개념인 것 같습니다….

쥘리아 크리스테바 제가 설명했던 것처럼 상상계는 그것이 위대
한 작품들에 대한 질문일 때 분명 일상적인 상상계를 초월
합니다. 그러나 저는 우리가 꿈꿀 때, 우리가 사랑하고 있는
것에 대해 혹은 우울한 것에 대해 말할 때, 일상적인 삶에 포
함된 이 위대한 작품들의 논리를 발견할 수 있고, 우리가 적

절한 말들을 찾을 때, 우리가 더 이상 클리셰의 영역에 있지 않다고 생각합니다. 저는 특정 근접성 내부에서, 위대한 작품들에 대한 의지가, 비록 일상적일지라도 우리로 하여금 틀림없이 관용과 함께 우리 자신의 연약함, 우리 자신의 창조 가능성을 예상할 수 있게 한다고 믿습니다.

존 레흐트 다시 콜레트에 관한 당신의 책에서, 당신은 상상계와 기술계 사이의 관계에 대해 쓰셨는데요, 저는 다음의 문구를 인용하려 합니다. "기술계(le Technique)는 상상계를 질식시킨다"(Kristeva, 2002c: 425). 당신의 몇몇 연구에서, 기술에 대한 주제에 대해, 대체로 생명공학과의 관계에서 언급했습니다. 당신이 사랑에 대해 썼을 때, "열린 체계"라는 생각이 당신의 마음을 끌었던 것 같습니다. 당신은 또한 생물학과 약학의 발전에 관련된 분야들을 연구하는 파리 7(대학) 센터에 참여하고 있습니다. 그 이후로 당신은 예를 들면 기관 이식 그리고 유전형질에 지나지 않는 개인들이라는 개념과 같은 다른 발전들을 매우 비판해왔습니다. 또한 일단 사람들이 그것을 경계하면, 특정 정치적 입장이 이 상황을 역전시킬 수 있다는 것을 시사하기도 했습니다. 그러나 당신이 인용한 흐름들은 상당히 뿌리 깊고 의지 행위에 의해, 예를 들면 반항의 행위들을 통해, 결코 역전될 수 없는 사회적이고 생물학적인 진화의 그런 복잡한 과정들의 일부이지 않나요?

쥘리아 크리스테바 맞습니다, 기술에 대한 질문은 극히 복잡합니다. 우리는 게다가, 유혹적인 단순화들을 경계해야 합니다. 그러나 기술의 과잉이 상상력을 없앨 수 있다는 점은 사실입니다. 누군가는 다른 예시들을 들 수도 있겠지만, 저는 가장 정확한 예시를 제시하겠습니다. 이것은 미디어 기술의, 이미지 기술의 예입니다. 우리는 모두 이 이미지의 우주에 빠져 있습니다. 텔레비전을 켜면 우리는 각자의 집에서 사용가능한 150개 남짓의 채널들에 의해 폭격당합니다. 게다가 비디오 게임 등을 하는 어린이들이 있습니다. 그러므로 이 이미지의 존재는 기술적 성공입니다. 그러나 저는《새로운 영혼의 병》(1993)에서 이 기술이 우리에게 클리셰 이미지들, 우리가 흡수하고 일종의 연화제 역할을 하는, 우선 불안을 잠재우는, "레디메이드ready made"(영어로)를 제공한다고 말한 이후, 저는 여러 방면에서 그것이 상상계를 없앤다고 확신합니다. 그리고 수많은 그리고 잦은 이미지들 때문에, 이 이미지의 활용은 어떤 의심도 저지하는 방식으로 정신의 목적을 가득 채우는 즉각적인 효과를 냅니다. 우리는 우리 자신의 이미지를 찾지 않습니다. 우리는 상상계에서 우리 자신의 길을 찾습니다. 우리는 상상계의 순환들과 전통적인 길들을 반복합니다. 이것은 기술이 상상계를 없애는 방식의 한 예입니다. 그러나 동시에 저는 제가 또한 단지 기술을 비난하려는 단순한 태도들을 피하려고 애썼다고 믿습니다. 저는 텔레비전, 그리고 비디오 게임 역시 분석과 말들이 동반된다면, 그리고 그것들을 비평하고, 그것들을 증

가시키고, 이미지의 이미 그 자체에 대해 연구한다면, 상상계를 열어주는 촉매제가 될 수 있다고 생각합니다. 그러므로 기술 자체는 비난받지 않습니다. 문제가 되는 것은 누군가 기술로 무엇을 하는가입니다. 저는 우리가 매우 하이데거적인 방식으로, 한나 아렌트가 자신의 방식으로 그것을 발전시킨 것처럼, 생각의 문제를 "기술"이라는 말의 의미에 가깝게 유지하기를 원합니다. 기술에 직면하면서, 우리는 생각을 포기하지 말아야 합니다. 우리는 기술에 복종하지 않아야 합니다. 그러나 만약 일반적으로 구체적인 형식의 교육이 없는, 기술이 사고하기를 동반한다면, 그리고 이것은 모든 정체성들의, 모든 기호들의, 말들과 그 구성의, 감각과 느낌의 영구적인 심문을 의미하는데, 이 활동, 이 우려는 전적으로 기술의 발전과 양립할 수 있고, 그것은 기술을 개선할 수 있으며, 우리는 또한 우리가 그것에 의해 질식되지 않도록 막아주기 위해 그것을 발전시킬 수 있습니다. 그러나 이것은, (그리고 이것은 또 다른 문제입니다), 매우 정치에, 기술의 정치와 기술이 발달하는 사회적 틀에 달려 있습니다. 그러므로 우리가, 한나 아렌트와 함께 (아렌트가 그녀의 마지막 마무리하지 못한 작업에서 말했듯이) 정치적 유대가 미학적 판단과 같은 사회를 꿈꿀 수 있습니다, 즉 의식가능함은 언어화 가능하기 때문에, 우리는 의식가능한 세계, 의미의 공동체를 공유할 수 있고, 동시에 우리는 단독화, 그/그녀 자신의 기억들과 욕망을 표현하는 각각의 사람을 최대화할 수 있습니다. 그래서 당신은 우리가 그러한 정치의 실현으로부터 얼마나 멀리 있는지를 알 수 있습니다. 그러나 이것은 그 자신이 "공학engineering" [영어로]인 근대 세계에서 평준화 기술과 정치에 직면하여 고집하는 유토피아일 수 있습니다. 이것은 기술의 관리일 것입니다.

존 레흐트 …그리고 스펙터클의 사회인가요?

쥘리아 크리스테바 그것은 그 안에 있습니다…. 그것은 정말로 그렇습니다….

존 레흐트 그것은 미디어적 사회인가요…?

쥘리아 크리스테바 …우선 불안들을 잠재우고 심문을 막는 전형적인 이미지들의 폭격을 통해 인간들을 관리하는 미디어적…

존 레흐트 인공적인 사회인 거죠?

쥘리아 크리스테바 거기에 반드시 강제수용소가 있는 것도 아니고 살인자도 없기 때문에, 그것은 마피아적 사회, 전제주의적인 "연성soft" [영어로] 전체주의입니다. 그러나 완전한 붕괴까지는 아니더라도, 거기에는 질식이, 생각의 진부함이 있습니다.

존 레흐트 강한 표현이시네요.

쥘리아 크리스테바 네… 그렇습니다.

존 레흐트 아마도 앵글로-아메리칸 세계에서 가장 잘 알려진 당신의 연구는《공포의 권력》(1982)일 겁니다. 비록 이 연구가 어느 정도의 적대감을 불러일으켰습니다만. 왜 당신은 이것이, 왜 당신은 그것이 앵글로-색슨 세계에서 가장 중요한 책이라고 생각하시는지요?

쥘리아 크리스테바 우선 저는 당신이 말한 것이 사실인지 확실히 모르겠습니다. 왜냐하면 저는 다양한 반응들을 얻었으니까요. 사실 저에게는 다른 방식으로 제 글을 읽은 앵글로-색슨 세계, 영국, 미국, 캐나다, 아마도 또한 호주와 뉴질랜드로부터 온 많은 통신원들이 있습니다. 예를 들면 언어에 관심 있는 이들은 제가 기호계에 욕망을 도입한다는 사실, 즉 기호계와 정신분석의 조우에 충격을 받았습니다. 이 카테고리에서 여전히, 또 다른 그룹의 독자들은 성경을 살펴보는, 그리스 이후 서양에서, 언어와 섹스를 통해 절합된 포르노그래피와 신비로운 경험들을 언급하는, 르네상스에서 근대까지, 사랑의 감정들에 대한 제 연구에 관심 있어 합니다. 그러고나서 다시 한번, 상당 부분 저의 독자층은 저의 페미니즘과 여성의 자리에 대한 기여에 관심을 둡니다. 자, 《공포의 권력》이, 제 생각에, 아브젝시옹, 폭력 그리고 공포에 대한 제 연구가 한계의 상실과 파괴성에 부합한다고 생각했던, 예술가들의 (최소한 언론과 제가 받은 응답들에서) 상당한 관심의 초점이었다는 점에서 당신의 말은 맞습니다. 저는 그들이 그들의 접근법의 의미를 심문하는 것이 옳았다고 생각합니다. 앵글로-색슨 세계의 예술적 (회화적, 조각적, 음악적 그리고 다른) 비평에서 이런 종류의 연구를 다룰 수 있는 심오한 개념은 없었습니다. 이 점에서, 제 연구는 어떤 공백을 발견합니다. 저는 동시대 예술에서 추함과 공포를 명백하게 만드는 이 요청이 우리의 한계를 잃어버린 주체성의 근대적 위기에 의해 상당히 야기되고 있다고 생각하기 때문에 저의 기여는 정신분석학적입니다. 남자와 여자, 내부와 외부, 순수와 비순수 등 사이의 차이는 사라지고 이것은 어떤 확산에 (저는 매우 도식적이어서 빨리 짚어볼 수 있습니다), 종종 "정상적인" 것으로 불리는 것을 포함하는, 사실 신경증인, 인간들의 정신병적 경향의 어떤 확산에 일치합니다. 우리는 모두 정상적, 다시 말해, 신경증적입니다. 그리고 우리는 우리 자신이 정확히 우리가 경계에서, 우리의 정체성의 한계에서 마주하는 불안들인, 정신병적 불안들(편집증, 분열증)에 사로잡혀 있다는 것을 발견합니다. 우리의 정체성은 위기에 놓여 있습니다. 그들은 나빠지거나, 분해되거나 또는 폭발할 수 있습니다. 그리고 제 생각에, 동시대 예술의 특정 형식이 전시하는 것이 바로 이 역학의 전체입니다. 제 책이 주목받았던 것은 이 현상에 대한 분석적 담론의 부재 때문이었습니다. 저는 정확히 이런 식으로 나에게 말을 거는 예술가들을 알고 있습니다. 적대적인 비평에 관해서는, 저는 거의 알지 못합니다. 왜냐하면 그것이 저에게 전해지지 않기 때문이기도 하고 제가 그것을 읽고 싶어 하지 않기 때문입니다! [큰 웃음]

존 레흐트 프랑스에서 그것은 다른가요?

쥘리아 크리스테바 프랑스에서, 어떻게 말해야 할까요…? 저는 아마도 외국에서보다는 덜 알려져 있을 거예요.

존 레흐트 정말요…?

쥘리아 크리스테바 …왜냐하면 저는 비非전형적인 사고의 흐름을 가졌다고 여겨지기 때문에…

존 레흐트 여기서 "사고"라 함은 무엇이라고 이해해야 할까요?

쥘리아 크리스테바 사고는 대학과 미디어에 의해 실천되는 것으로, 저는 하나의 영역에 제한되어 있지 않다고 여겨질 정도입니다. 저는 "권리증"을 가지고 있지 않습니다. 저는 전문 분야들의 접점에 있습니다. 이것은 여전히 프랑스 대학이나 미디어 기득권층에 의해, 충격적인 스캔들은 아닐지라도, 최소한 불편하게 하는 어떤 것으로 여겨집니다. 그리고 저는 또한 프랑스 사회가, 부정할 수 없는, 그것의 열림과 보편주의에도 불구하고, 이방인에 대하여 여전히 의심이 많다고 생각합니다. 그리고 저는 여전히 이방인으로 여겨집니다.

존 레흐트 여성 천재에 대해 쓰면서, 당신은 한나 아렌트의 글에 대한 당신의 긍정적 관점을 명확히 보여줍니다(Kristeva, 2001a 참조). 특히 내러티브 혹은 이야기[récit]로서 비오스(bios)이라는 개념은 당신에게 인간들이, 공적 영역을 통해, 능동적으로, 창조적으로 살아갈 수 있는 한 방식으로서 당신에게 중요한 것처럼 보입니다. 당신은 또한 가족생활 ["foyer[oikos] familial"]과 재생산에 대한 아렌트의 경멸이 (프로이트에게, "가족생활"은 욕구들의 만족으로 축소될 수 없는) 충동들과 욕망의 복잡성에 대한 무시에 기반한다는 점에 주목합니다. 질문은, 근대 인류학은 헐벗은 삶(Zoë)이라는 그 개념(생존으로서 혹은 살아 있다는 바로 그 사실로서 삶)이 문제적이라는 것을, 가장 기초적인 과정들조차 문화적으로 그리고 사회적으로 굴절되고 창조성의 근원이 될 수 있다는 것을 보여주지 않았는가? 라는 것입니다. 인생, 그것은 삶의 양식입니다.

쥘리아 크리스테바 맞습니다, 저는 여러 관점에서 한나 아렌트에 관심을 두었습니다. 저는 분명히 오늘날 한나 아렌트(오늘날 그녀의 명성), 다시 말해, 본질적으로 전체주의에 대한 그녀의 고찰의 적절성을 만들어 주는 모든 것에 관심이 있었습니다. 저는 저의 책에서 근대 반反유대주의에 대한, 뿐만 아니라 홀로코스트에 대한, 악의 평범성, 기타 등등에 대한 그녀의 분석을 많이 언급했습니다. 당신의 질문은 우리를 한나 아렌트에 대해 덜 알려진 어떤 것, 다시 말해, 삶에 대한 그녀의 고찰, 그리고 또한 미학적 경험에 대한 그녀의 고찰로 향하게 합니다. 내레이션에 대한 한나 아렌트의 다른 텍스트들에도 불구하고, 이것들이 카렌 블릭센이나 카프카에 관한 것이든 아니든, 그녀는 동시대 문학이론가로 여겨지지 않고, 게다가 그녀는 결코 그렇다고 주장하지 않았기 때문에, 저는 "미학적 경험"에서 시작하려 합니다. 그러나 저는 이 내레이션에 대한, 동시대 고찰에 대한 고찰이 정치의 영역과 삶의 영역에 대한 그녀의 정치적 고찰들에 깊이 새겨져 있다고 생각합니다. 그리고 그래서 그녀가 정치에 대한 그리고 삶에 대한 그녀의 개념을 내레이션에 연결 지었습니다. 왜냐하면, 제 생각에, 그녀에게 삶은 (즉 비오스는) 조에가 아니라, 그저 생물학적 존재가 아니라, 상징적 존재, 다시 말해, 정치의 영역에서 공유되기 마련인 내레이션이기 때문입니다. 그러므로 우리는 여기서 그녀의 삶의 개념이 개인적 경험, 이 개인적 경험의 이야기[récit] 그리고 아리스토텔레스적 의미에서 폴리스로 이해되는, 사회세계에서 이 이야기를 공유하기의 종합입니다. 거기에서부터, 한나 아렌트는 미적 판단의 영역에서 후기 칸트의 것인 정치 철학으로 나아갑니다. 따라서 저는, 한나 아렌트에 따라, 삶(비오스)은 취향의 공유로서 미적 판단과 시적 철학에 관한 (미완성인 채 남겨져 있는) 그녀의 후기 글들의 관점에서 인지되고 분석되어야만 한다고 생각합니다. 이것은 그것이 그녀가 비범한 특이성, 개별 인간은 취향을 지니는데, 이는 절대적으로 사적이며, 개별 비오스는 개별성의 특성haecceitas(여기서 삽입적으로, 그녀는 또한 특이성의 경험을 보통의 사람들의 경험과 비교할 수 없는 것으로 이해하는 둔스 스코투스과 전체 카톨릭 전통을 불러낸다)뿐만 아니라 이 가장 특이한 경험들의 공유를 허락할 정치적 공간을 만들어낼 필요, 가능성을 강조하고 있다는 것을 의미하기 때문에 매우 야심찬 것입니다. 우리는 점점 더 세계화에 의해 평범해진 세계의 방향으로 가고 있는 중이기 때문에, 우리가 이 아렌트적 프로젝트로부터 매우 멀리 떨어져 있다는 것을 이해하기 위해서는 우리 주변에서 (또한 가장

245

발전된 민주주의들에서) 일어나고 있는 것을 살펴보는 것으로 충분합니다. 그러나 한나 아렌트의 광기(그녀의 미덕)는 그녀가 오늘날 유의미하게 남아 있게 해주고 우리에게 말을 걸게 하는 것입니다.

이제, 당신의 질문에는 가족생활family life에 반하는, 여성과 노예를 포함하여, 가정home에 반대하는, 그녀의 공격들은 특히 페미니스트들에게, 잘 받아들여지지 않는다는 사실의 신호가 있습니다. 저는 이것이 이중적인 의미에서 이해될 필요가 있다고 생각합니다. 즉 한편으로, 그것은 경제에 대항하는, 생산의 그리고 생산으로서 이해되는 사회의 논리를 통해 경제주의와 경제에서 근대적 남성의 울타리에 대항하는 공격에 대한 질문입니다. 그리고 한나 아렌트는 매우 적절하게 이 특정한 면을 공격합니다. 이것에 반하여, 그리고 제가 제 책에서 발전시킨 것이 바로 이 다른 측면인데요, 그녀는 가정과 가정생활domesticity에 대한 그녀의 분석에서, 후자가 단순히 욕구들의 세계로 그리고 사실 사회적 조역이 개인들을 평범하게 하는 경제로 축소될 수 없기 때문에 너무 멀리 가지 않습니다. 가정에, 가정생활에 욕망의, 개인성의 보호의 그리고 가정이 특히 자유의 공간이 가정에서 생성된다는 조건에서, 원천이 될 수 있는 것과의 관계에서 상당히 특이한 창조의 가능성의 전 차원이 있습니다. 그리고 이것은 가정에서, 가족 안에서, 여성의 해방이 가져올 수 있는 것입니다. 이것은 가족 가정생활의 변형과 가족 계약에서 욕망을 고려해 넣는 것을 상정합니다. 아렌트는 페미니즘이 질문했던 것에 사로잡혀 있었지만, 여기서 우리 또한 우리가 페미니스트적 해결이 아직 여기서 진짜로 성공하지 않았다고 말할 수 있기 때문에 그것을 해결하는 것으로부터 멀리 떨어져 있습니다. 그것은 성별들의 전쟁에서 볼 수 있고 남성과 여성이 집안일의 공유에 대해서 서로를 생각하는 고통스러운 요청들 속에서 볼 수 있습니다. 그러나 이것은 자유로운 두 개인들 사이의 계약의 근간이 되는 반면 동시에, 성적 그리고 개인적 자유의 요구 사항이 될 정도로 아직 널리 퍼지지 않았습니다. 두 개의 성별 사이의 이해를, 이는 성적으로 그리고 지적으로 자유로운 두 개인 사이의 이해일 텐데, 예상하는 것이 매우 어렵다는 것은 사실입니다. 이것은 해방된 민주주의에서 남성과 여성이 될 것입니다. 아렌트는 해답을 갖고 있지 않았습니다. 현재 경제위기와 테러리즘과 연결된 격변론이 우리가 멀리 전진하지 못하게 하는 상황이 진행 중입니다. 그것은 긴장감 속에 남아 있는 질문입니다.

존 레흐트 하지만 결국 당신은 조에와 비오스의 이분법의 근거 있음을 수용하는 건가요?

쥘리아 크리스테바 네, 완전히요.

존 레흐트 아마도 그 둘 사이에, 그 두 상태 사이에 유동적인 통로가 있겠지요?

쥘리아 크리스테바 잘 들어주세요, 저는 그 통로가 유동적인지 아닌지 모릅니다만, 제가 이해하는 조에는 일반적으로 생물학적 측면입니다. 이를테면, 근대적 용어로 유전적 운명이라 번역되는, 그리고 경제적 욕구들, 생물학적이고 경제적 욕구들의 만족에 의해 최대치로 끌어내질 수 있는 "프로그램된" 삶 말입니다. 한나 아렌트는 인간 존재의 이 경제적-생물학적 차원으로의 축소에 전적으로 반대합니다. 그녀는 상징적 차원, 이야기, 자유의 공간으로 새롭게 이해되는 정치적 공간에서 특이한 이야기의 공유를 도입합니다. 따라서, 그것은 이제 명백히 생물학적이고 경제적인 것이 부정할 수 없는 근간이라는 것을 이해하는 문제입니다. 그것들은 지나칠 수 없지만, 우리는 가능한 가장 나은 방식으로 그들을 다루려고 노력할 수 있습니다. 무엇보다도, 우리는 그녀에게, 비오스인, 내레이션으로서 창조성의, 특이한 표현의 다른 형태들의 결과이자, 새롭게 구성된 정치적 공간에서 이것을 공유하기인, 더 높은 수준의 일을 잊지 않아야 합니다.

존 레흐트 최근에 출간된 인터뷰에서, 당신은 근대성을 해석한 중요한 미국인 철학자가 없다는 점에서 미국에 문화가 없다고 말씀하셨습니다. 결과적으로 유럽 철학자들에 의존해야만 합니다. 물론, 미국에서의 오랜 생활 경험이 근대성에 대한 그녀의 해석에 영향을 미친, 한나 아렌트는 바로 그런 사상가이지요? 누군가 유럽의 근대성 해석에 있는 결점은 바로 심오한 경험 혹은 지식의, 미국의 부재라고 덧붙일 수는 없을까요?

쥘리아 크리스테바 저는 한나 아렌트가 미국 철학자로 간주될 수 있는지 모르겠습니다. 그녀가 미국 사회의 어떤 요소들을 고려했다는 것은 사실입니다. 폭력, 인종차별주의… 그러나 저는 20세기 말에 그녀의 죽음 이후 발전한 많은 요소들(근대 예술, 섹슈얼리티의 폭발, 페미니스트들의 요구들, 게이 운동, 다른 커뮤니티들 등등처럼)이 주변으로 남아 있는 것들이었고 여전히 그녀의 생각에서 주변적인 것으로 남아 있다고 생각합니다. 저는 한나 아렌트가 미국 사회에 자신의 홀로코스트 경험을 전하고, 미국 문화에 대한 관점을 열어준, 유럽 철학자이지만, 근대 미국 문화가 위기로 나타내는 모든 것은 그녀의 생각에서 상당히 주변적인 것이었다고 생각합니다. 이제 19세기 말 유럽 철학자들이 미국인이 알 수 있는 것만큼 미국 사회를 깊이 알지 못했다는 것 역시 사실입니다. 동시에 누군가 푸코, 데리다, 라캉, 제 자신 혹은 들뢰즈 같은 사상가들이 미국에서 왜 그런 따뜻한 대접을 받는지 궁금해할 수 있으니, 이것에 반하여 물음표를 붙이게 해주세요. 그것은 (개인적이고 사회적인) 이 위기를 고려하면, 전세계적인 것이지만, 이는 아마도 미국에서 더 폭력적으로 표현되는데, 미국에서 (우리가 대표하는) 대륙철학이라 불려지는 것이 지적인 이점을 가진다고 느껴지기 때문이 아닐까요? 그리고 대륙철학 스타일의 미국 사상가들은 더 젊은 세대와 수천 개의 유럽 철학의 분야들을 영입하는 반면, 미국 철학이라 부르는 것은 더 (노골적으로 말할 수 있다면) 논리적-실증주의적 철학입니다….

존 레흐트 …혹은 실용주의 철학이지요….

쥘리아 크리스테바 …또는 영국의 논리적-실증주의의 뒤에 이은,
실용주의지요. 그래서 이 모든 것은 아마도 오늘날 사회적
현상들 그리고 비평과 직접적인 계약관계에 있지 않을 겁니
다. 오늘날 저는 국가적 차이들에도 불구하고 세계화가 진
정한 현실이고 누구도 프랑스의, 미국의, 뉴질랜드의 혹은
호주의 사상가가 될 수 없다고 생각합니다. 우리는 우리가
완전히 속해 있는 그리고 사고는 오직 범세계주의적일 수밖
에 없는 세계 안에 있습니다.

존 레흐트 문화적 차이에 관해, 당신은 통합이 중요하고 미국적
모델이 주류 문화로부터 단절된 게토들과 공동체들을 초래
하기 때문에 거부되어야 한다고 말했습니다. 다른 한편으
로, 문화적 차이가 풍요로워진 사회의 실패를 야기하는 위
험이 있지 않나요? 그것은 좀 더 그 상황을 더 잘 관리하는
것의, 게토를 허락하지 않지만 동시에 유럽에서 관찰할 수
있는 엄격함을 느슨하게 하는 것의 문제이지 않을까요?

쥘리아 크리스테바 맞습니다, 저는 당신이 제안하고 있는 것이 한
편으로 프랑스 세속주의의 구성 [la laicite], 그리고 다른 한편
으로 앵글로-색슨의 공산사회주의의 신념이라고 말하겠습
니다. 세속주의의 우리의 신념이 정확히 (당신의 질문의 두 번
째 부분에서 말했듯이) 문화적 차이를 고려하는 것에 있습니
다. 예를 들면 프랑스에서 무슬림의, 중국의, 슬라브족 세계
에서 온 사람들의 관습들과 전통들을 이해하려 노력합니다.

그러나 동시에, 그것이 그들의 국민 문화의 종교에 사람들을 가둬두기의 문제가 아니라, 반대로, 상호이해를 위해 문화들 사이의 교환들을 발생시키려 노력하기의 문제라고 생각합니다. 반면, 동시에 우리는 제가 프랑스 계몽주의의 후계자라고 생각하는 세계에서 고집하는 보편성에 응합니다. 인권의 보편성이 존재합니다. 예를 들면 여성들이 학교에서 차도르를 써야만 한다는 사실은 동시에, 한편으로 학교가 이 여성들에게 성별이 존재하고, 생물학이 존재하고, 죽음 충동이 존재하고, 무의식이 존재한다는 것을, 그리고 다른 한편으로 차도르가 벽을 의미하고, 그들의 신체가 사회적이고 정치적인 공간으로부터 차단되어질 것이라는 것을 의미하기 때문에, 그들이 갇히게 될 운명이라는 것을 가르침을 수반하는, 일종의 정신분열을 초래합니다. 결과적으로 우리는 결국 친밀한 삶에서 그들의 공동체에 가둬지고 그들의 외부적 삶에서 인터넷에 그리고 심지어 성교에 참여한 관계자의 정신세계의 일종의 내적 분열을 보게 됩니다. 여기서 우리는 오직 정신적 재앙과 폭력의 상태들만을 초래할 수 있는, 일종의 두 속도 모드에 직면합니다….

존 레흐트 …여성들에게, 그것은 재앙적이지요?

쥘리아 크리스테바 여성들에게 (그리고 남성들에게도), 그러나 종교가 그런 사람들의 가미카제를 만들기 위해 선발한 여성들에게 특히 그렇습니다. 우리는 가미카제가 미국적인 혹은 서구적 스타일의 학교들에서 높은 성과를 이룬 사람들이라는 점을 매우 잘 알고 있습니다. 왜냐하면 그들은 보편적인 문화를 배우고, 다른 한편으로 그들에게 정신적 삶, 욕망, 모든 것과 완전히 보조가 맞지 않는 탄생과 죽음의 한 비전을 가르치는 일종의 종교로의 후퇴하는 사적인 삶을 살고 있기 때문입니다. 그런 사람들은 이 두 세계 사이의 연결고리를 만들지 않습니다. 보편적인 문화의 중요성은 아마도 이 이분법을 제거할 수 있고 테러리스트들을 양산하기 위해 종교가 영입하는 위기를 완화시킬 수 있는 그러한 것입니다.

존 레흐트 당신은 "분석은 분리된 수습 기간이다"라고 말했습니다. 사실상 그것은 공동체의 형성보다도 사회에서 더욱더 큰 개인화와 차별화를 향한 경향성에 기여합니다. 그런 맥락에서, 어떤 의미에서 미래를 위한 가능성들로서 가족과 공동체의 새로운 모델들에 대해 말하는 것이 여전히 의미 있는 것이 될까요?

쥘리아 크리스테바 저는 앵글로-색슨 세계에서 사용되는 그런 공동체라는 생각이, 요컨대, 19세기로부터 물려받은 생각이라고 믿습니다. 그것은 다소 가족과 동질적인 형식을 물려주었고 산업 발전을 도모하는 데 유리하도록 확실히 핵가족적이었던 프로테스탄트 공동체의 형식 속에서 종교적입니다. 우리는 막스 베버 이론의 관점에서, 산업 발전에 단단한 기반을 제공한다는 점에서 이 공산사회주의 형식(의) 매우 중요함을 알고 있습니다. 우리는 또한, 그럼에도 불구하고 20세기 전부 그리고 특히 20세기 초반이, 생물학의, 새로운 기술과 성적 혁명뿐만 아니라 개인의 정신적 삶에 대한 지식의 발달의 관점에서, 최대한의 특이화의 방향으로 가는 경향이 있다는 것도 알고 있습니다. 그리고 이것은 정지될 수 없는 어떤 것, 종교가 욕망하는 모든 것입니다. 그것은 기술들과 개인의 발전입니다. 우리는 어떻게 이것을 다룰 수 있을까요? 저는 우리가 개인들의 창조성을 위한 이 발전의 이득에 관해 이끌어내려 애써야 한다고 믿습니다. 각각의 사람은 가능한 한 특이해질 그리고 그/녀 자신을 위해 최대치의 창조성을 발전시킬 권리를 지닙니다. 그리고 동시에 이 창조성을 막지 않으면서, 우리는 교량과 접점을 만들려고, 다시 말해, 공유를 양성하기 위해 애써야 합니다. 종교적 유산은 우리가 공유하기라는 생각을, 하지만 특이성을 억압하지 않은 채 재고하게 할 것입니다. 이것은 근대 세계의 위대한 도전입니다. 그것은 과거의 이미지 속에서 공동체를 창조하는 문제가 아닙니다. 그것은 특이성을 공유하기를 바탕으로 새로운 공동체를 만드는 문제입니다. 이것은 위대한 "도전challenge"[영어로]입니다. 그러나 우리가 이 도전의 어려움을 가늠하지 않는다면, 우리는 특이성의 억압적인 공동체들에 갇히게 될 것입니다. 그렇지 않으면 이것들은 세계를 일시적이지 않은 퇴행으로 이끌 것입니다. (기술과 생물학적이고 상징적인 특이성의 발전이 돌이킬 수 없이 야기한) 다시 한 번 나타나게 될 특이성이 요청되기 이전인 중세시대 속을 수십 년간 살아가게 될 수도 있습니다. 그러니, 좋은 공동

체를 위한 특이성과 공유하기의 관점에 그 도전을 이해해봅
시다.

존 레흐트　그리고 정신분석…?

쥘리아 크리스테바　당신도 알 수 있듯이 저는 그에 대한 답을 갖고
　　있지 않습니다. 그러나 저는 그것의 모든 복잡성 속에서 나
　　타나는 곳에서 그 문제를 제시했습니다.

존 레흐트　그렇다면 이 관점에서 정확히 어떻게 정신분석이 중
　　요할까요?

쥘리아 크리스테바　저는 정신분석은 각각의 사람들이 그들의 최
　　대 특이성을 추정할 수 있게 한다고 믿습니다. 그러나 그 치
　　유의 끝은 사실, 그것이 공유하기에 대한 질문이기 때문에,
　　윤리적 질문으로 되돌아가는 끝입니다. 저는 어떻게 (제 성
　　적인 또는 가족관계의 동반자 그리고 제 업무 환경을 포함하여)
　　제 특이성과 타자들을 타협할 수 있게 할까요? 그것은, 확정
　　적이지 않은, 유일하지 않은, 시작입니다(거기에 분명 타자들
　　이 있습니다). 그러나 저의 이 시작의 경험에서, 정신분석이
　　유럽과 프랑스에서 실천되는 방식에서, 사람들은 동시대 윤
　　리에 대한 이 요구를 조사하는 방향으로 나아가길 희망할
　　것입니다.

감사의 말

인터뷰에 귀중한 시간 내주시고 전적으로 참여해주신 쥘리아 크리스테바에게 감사드리고 싶다. 또한 이 인터뷰 준비의 마지막 단계에서 귀중한 도움을 주신 랭커스터와 매커리에 있는 동료들에게도 감사드린다.

_존 레흐트

제 챕터들이 쓰여졌던 2003~2004년 봄 학기 환대해주신 문화분석 이론역사 센터(리즈대학)에 감사를 표하고 싶다. 또한 저에게 영국에서 머물 수 있도록 경제적 지원을 해준 키프로스 대학에 감사드린다. 안식년 휴가를 보낼 수 있도록 이해해주고 도움을 주신 문학부 동료들에게 특별히 감사드린다.

_마리아 마르가로니

이 책의 원고가 예상보다 더 오래 걸려 완성되었지만, 끝까지 기다려주었던 컨티넘 직원분들, 대단히 감사하다.

_존 레흐트와 마리아 마르가로니

옮긴이의 말

   쥘리아 크리스테바는 언어학과 정신분석, 탈구조주의와 페
미니즘을 가로지르면서 자신의 사상을 발전시켰다. 그만큼 방
대하고 복잡한 그녀의 연구를 소개하는 것은 쉽지 않은 일이다.
국내에 크리스테바의 저작들이 꽤 많이 번역되어 있지만, 이들
을 연계하여 분석한 글이 많지 않은 것은 이 때문일 것이다. 또
한 크리스테바의 이론은 국내 문학과 예술 비평에서 상호텍스
트성과 비체(아브젝트)라는 개념을 중심으로 연구 방법으로 활
용되고 있으나, 이를 사상적 지형 안에서 입체적으로 논의한 연
구들은 아직 많이 부족한 실정이다.
   이런 점에서 호주 매커리대학 사회학과 명예교수인 존 레
흐트와 키프로스대학 영문학과 교수인 마리아 마르가로니가 공
저한 이 책의 번역은 의미 있는 작업이었다고 생각한다. 우선 첫
장에서 마르가로니는 《시적 언어의 혁명》을 비롯한 1970년대
와 1980년대 그녀의 초기 주요 연구들을 당대의 맥락에서 분석
하면서, 크리스테바가 주체 이론을 통해 추구한 정치적이고 미
학적인 목표를 재평가한다. 이어서 반항에 관한 그녀의 최근 연

구들에서 크리스테바가 오이디푸스 콤플렉스를 논의하는 방식을 면밀히 읽어내면서, 프로이트의 죽은 대문자 아버지를 되살리려 한다는 혐의에 시달리는 그녀의 상징계에 대한 이해를 재검토한다. 레흐트는 실존주의적 입장에서 상연으로서 사랑과 그 결과물로서 멜랑콜리아를 설명하는 크리스테바의 논의를 비평하면서, 그녀의 접근법이 지닌 한계와 함께 열린 체계로서 사회와 주체를 이해할 수 있게 해준다는 점을 강조한다. 나아가 크리스테바의 이론은 윤리의 문제로 되돌아가게 되는데, 레흐트는 이 점에서 크리스테바와 유사한 주제를 다루고 있는 레비나스의 철학적 개념들과 비교하면서 크리스테바의 개념들과 문제의식을 좀 더 명료하게 해설한다. 다음으로 그는 크리스테바의 기호계 논의가 스펙터클의 시대 위험에 처한 라캉적 상상계를 구원할 새로운 이해를 가능하게 한다는 점을 제시한다.

　사실 그녀가 말한 기호계적 혁명성과 주체에 대한 새로운 이해는 the symbolic(생볼릭)과 the semiotic(세미오틱)의 번역만큼 어렵다. 본문에서 가독성을 고려하여 '상징계적인 것'과 '기호계적인 것'으로 번역하였는데, 사실 이 두 용어는 라캉의 상상계와 상징계에 상응하면서도 완전히 일치하지는 않는다. 라캉의 상상계는 주체가 상징계로 진입하면서 부정되지만, 상징계에서 배제당한 것들이 남아 있는 크리스테바의 기호계는 여전히 상징계에 영향을 미친다. 따라서 크리스테바의 주체는 이 기호계와 상징계 사이에서 흔들리면서 과정 중의 주체가 된다. 이것은 새로운 의미를 생성할 수 있는 기호계의 혁명성을 통해 언어적 구조에 갇힌 라캉의 결핍된 주체에게 출구를 열어주는 것이다. 또한 생물학적 성별에 기반한 여성에 대한 정의를 질서에서 배제된 기호계적 특질로 다시 이해하면서 억압된 주체라는 이해에서 출발했던 페미니즘이 대안적 주체를 상상할 수 있게 해준다. 결국 레흐트와 마르가로니의 논의는 크리스테바의 사상적 가치가 이론적 완결성이 아닌 그 실천적 가능성에 있음을 깨닫게 한다.

이처럼 이 책은 크리스테바의 주요 논의인 기호계와 사랑 그리고 주체를 사회적, 학문적 측면에서 재평가하고 있기 때문에, 언어학과 정신분석학에 대한 기본적인 이해를 지닌 독자들이 크리스테바의 이론적 도전의 의의를 조금 더 깊이 있게 이해하는 데 도움을 줄 것이다. 또한 이 책 끝부분에 실린 '크리스테바와의 인터뷰'는 동시대적 맥락에서 그녀의 철학적 입장을 되짚어보는 데 유용할 것이다.

끝으로 라이브 이론 시리즈 번역을 기획해주신 책세상과 꼼꼼히 읽어주신 편집자분께 감사의 마음 전한다.

2022년 12월
박미영

1장 기호계적 혁명
: 실패한 대의들, 불편한 잔여물들, 구속력 있는 미래

1 전후 프랑스의 지적 풍조에 관한 더 자세한 설명은 Lechte(1990: 11~87)를 참조하라.

2 Foucault(1982: 211~212)를 참조하라.

3 Stone(1983: 38)을 참조하라.

4 크리스테바 논의에서 마르크스적 개념으로서 생산의 중요성을 살펴보려면 Walker(1998: 85~99)와 Margaroni(2005)를 참조하라.

5 Bataille(1986: 116~129)를 참조하라.

6 키스 안셀 피어슨의 《철학과 가상의 모험: 베르그송과 삶의 시간Philosophy and the Adventure of the Virtual: Bergson and the Time of Life》(2002)을 참조하라.

7 클라인의 논의에 빚진 언어학적 이론들을 논의하면서, 크리스테바는 전前오이디푸스적인 것을 회복시키는 것은 충분하지 않다고 주장한다. 또한 그것과 '탈오이디푸스적 주체와 그의 늘 상징적이고/이거나 통사적인 언어'와의 관계를 이해하는 것이 중요하다(1984: 22).

8 크리스테바의 주요 목적이 신체를 구조주의로 되돌리려는 것이라고 주장한 Oliver(1993, 1998)의 논의를 참조하라.

9 그녀는 《반항의 의미와 무의미》(2002a)에서 프로이트적 기호의 복잡성에 대한 더 자세한 설명을 제공한다.

10 '기호계'라는 용어의 근원인 그리스어 σημεῖον[세메이온]에 대한 논의에서 크리스테바는 '흔적', '표식', '새겨진 혹은 쓰여진 기호' 그리고 '각인'의 외연적 의미들을 강조한다(1984: 25).

11 크리스테바의 플라톤적인 코라의 전유에 대한 다른 해석과 반응들
에 대해서는 Grosz(1995), Chanter(2000), Margaroni(2001) 그리고
Margaroni(출간 예정)를 참조하라.

12 여기서 우리는 올리버의 견해에 따라 기호계와 상징계 사이의 변증
법에 의해 생산된 상징계의 질서를 지칭하기 위해 대문자 S를 사용하
고 그 안에 상징적 양상을 지칭하기 위해 소문자 s를 쓴다. 이 구분에
대한 올리버의 섬세한 읽기는 이해하는 데 확실히 도움을 준다. Oli-
ver(1993: 9~10)를 참조하라.

13 Butler(1990)와 Jones(1984)를 참조하라.

14 에바 지아렉은 크리스테바의 변증법에서 세 가지 '유사순간들'을 구
분한다. 전상징기, 상징기 그리고 포스트상징기. 그녀는 '2급의 정립
기'를 포스트상징기와 연계시키면서 기호계가 전상징기와 포스트상
징기 둘 다라고 주장한다(1992: 95~96).

15 '모순'에 대한 라클라우와 무페의 이해를 살펴보기 위해서는 (1985:
122~127)를 참조하라.

16 크리스테바의 'sujet en procès'은 과정/시험-중의 주체로 번역되었다.

17 Walker(1998: 103~133)를 참조하라.

18 일부 페미니스트 학자들에게 크리스테바의 부정성과 여성성의 연
계라는 맥락에서 본다면, 이 특권화는 무엇보다도 문제적인 것이 된
다. 예를 들면 Walker(1998: 121~128)와 Anna Smith(1996: 109~113,
118)를 참조하라.

19 그녀의 최신 책에서 지아렉은 '주체 안의 내면적 타자성alterity과 적
대감의 인식이 상호주체적인 관계들에 대한 책임의 조건이 되는[될
수 있는] 방법'을 탐구해 나가면서 우리를 올바른 방향으로 이끌어준
다(2001: 127).

20 크리스테바의 '경험'과 '실천'의 구분을 살펴보려면 Kristeva(1984:
195~197)를 참조하라.

21 크리스테바의 아방가르드에 대한 태도 변화를 살펴보려면 Hill(1990)

을 참조하라.

22 루이 아라공의 《흰색 또는 망각》에 관한 논의에서 크리스테바는 그
    소설을 '근대판 유대'라고 부른다(2002b: 184).

2장   제3자의 시험
: 크리스테바의 오이디푸스와 동일시의 위기

1 Kristeva(1994a: 140)를 참조하라.

2 엘리자베스 그로스에 따르면, 전前오이디푸스기에 관한 그녀의 작업
   과 '프로이트와 라캉에서 덜 강조된 지향'에 열려 있음에도 불구하고,
   크리스테바는 '여전히 순종적인 딸로 남는다'(1990: 159, 167).

3 〈팔루스를 퀴어링하기〉에서 데브라 버고펜이 말하길 "정신분석적 주
   제에 관한 온갖 종류의 변주들이 있음에도 불구하고, 정신분석의 전통
   안에서 스스로를 설명하기 위해, 우리는 두 가지 기정사실을 받아들여
   야 한다. 즉 무의식의 역동적 현실reality과 오이디푸스 콤플렉스의 중
   대한 영향"(1996: 273).

4 우리가 오이디푸스 사건의 재개념화를 위해 희망적이라고 여기는 크
   리스테바의 여성 오이디푸스에 관한 논의의 측면(예를 들면 여성의 정
   신적 양성애성에 대한 그녀의 이해, 횡단남근적transphallic 쾌락에 대한
   그녀의 주장)이 있음에도 불구하고, 그녀의 전체적인 기본틀은 다른 맥
   락에서 따로 언급되어야 마땅한 질문들을 제기한다.

5 모건의 〈관계성에 관한 '분류' 체계〉에 대한 프로이트의 논의(1990: 59)
   를 참조하라.

6 Butler(1990: 63~73)를 참조하라.

7 예를 들면 Rose(1986)와 Stanton(1989)을 참조하라.

8 크리스테바가 여성 주체의 '양성애성'이라 부르는 것, 다시 말해, 팔루
   스가 '비非전체not-all'라는 바로 그 인식 때문에, 그녀에게 무신론이
   남성 주체보다 여성 주체에게 더 용이하다는 점은 흥미롭다(2000a:
   99~106).

3장 다른 이름으로 불리는 사랑과 죽음
(사랑과 멜랑콜리아에 관하여)

1 5장에서 무한성에 대해 좀 더 면밀히 살펴볼 것이다.

4장 폭력, 윤리 그리고 초월성
: 크리스테바와 레비나스

1 Lechte(2003: 185~201)를 참조하라.

5장 상상계와 스펙터클
: 크리스테바의 관점

1 여기서 주요 텍스트들은 Kristeva(1995), Kristeva(2000a) 그리고
Kristeva(2002a).

2 'III1 est en panne d'imaginaire'(Kristeva, 1993: 20). 구베르만이 '상
상력이 부족한'(Kristeva, 1995: 10) 사람으로 이 문구를 번역한 것은 정
확하지 않거나, 최소한 그것은 중요해 보이는 점을 끌어내기에 충분하
지 않다. 왜냐하면 그것은 문제가 되는 구조적 차원에서 능력(상상계)
의 실패이지만 창조적인 힘들(상상력)의 (우리가 거의 부인할 수 없는)
일시적인 실수는 아니기 때문이다. 우리가 볼 수 있듯이, 그것은 위기
에 처한 의미 그 자체이다. 《새로운 영혼의 병》의 초반 챕터들이 '스펙
터클의 사회'에 대한 크리스테바의 비평의 다양한 측면들을 제시한다.
이것은 《반항의 의미와 무의미》(2000a)와 《친밀한 반항》(2000a)과 같
은 후기 연구에 더 깊이 있게 다뤄진다.

3 예를 들면 크레타섬의 거짓말쟁이 시나리오(행위자와 기획자 위치들의
관계에 대한 패러다임 사례)에서 크레타인에 의해 말하여진, '모든 크레
타인들은 거짓말쟁이다'라는 선언의 자격을 평가하는 것은 불가능해
진다. '모두'는 그 말을 한 사람을 포함하는가? 부분(발화자)과 전체의
관계는 무엇인가? 전체는 그것의 부분들의 합으로 이루어지는가? 혹
은 전체는 그것의 부분으로부터 분리된 또 다른 실체인가? 모든 선언

들의 선언이 또 다른 선언이나 전체가 모든 부분들을 흡수하는 부분일 수 없는 반면, 선언들의 선언을 이름 짓는 행위 혹은 전체는 그들을, 무한을 표본으로 한, 존재로 가져온다.

4   시보니가 쓰길, '욕망은 상상계의, 상징계의 효과와 분리된 균열들, 파생들, 반복들을 활성화시키기 때문에 무한의 질서 속에 새겨진다. 그리고 이 반복의 잠재적으로 무한적인 성격이 없다면 그런 분리들은 발생할 수 없다'(1973: 88). 이 지점에서 시보니는 덧붙여 쓴다. '그리고 쁘티 아, "오브제 아object a" 효과는 보편성 결의법에게 완전한 미스터리가 될 것이다'(1973: 88, 주석 3). 욕망, 분리, 반복 그리고 오브제 아는 상징계의 핵심적인 요소들을 구성하기 때문에, 이로써 무한과 라캉적 상징계 사이의 분명한 연결이 만들어진다. 그러나 이것은 상상계에 붙여진 것과 다른 무한이 되는 위험을 감수해야 한다. 실제로, 쟁점은 애착(상상계)과 분리(상징계) 사이의 차이 중 하나이다.

6장   인터뷰
: 특이성을 공유하기

1   이 인터뷰는 2002년 6월 2일과 2003년 6월 12일 드니 디드로 파리 7대학 쥘리아 크리스테바 연구실에서 두 세션으로 수행되었다. 그녀의 완벽하고 아낌없는 협조에 감사드린다. [존 레흐트]

참고문헌

본문에 언급된 저작

Ansell Pearson, K. (2002), *Philosophy and the Adventure of the Virtual: Bergson and the Time of Life*. London and New York: Routledge.

Baqué, E. (2001), 'Introduction', in C. Wynne (ed.), *Henri Matisse: Jazz*, (trans.) C. Wynne and A. Seebohm. Munich, London and New York: Prestel.

Barthes, R. (1984 [1977]), *A Lovers Discourse: Fragments*, (trans.) R. Howard. New York: Hill and Wang, sixth printing.

Bataille, G. (1986), 'The notion of expenditure', in *Visions of Excess: Selected Writings, 1927~1939*, (trans.) A. Stoekl, C. R. Lovitt and D. M. Leslie, Jr. Minneapolis: University of Minnesota Press, pp. 116~129.

Beauvoir, S. de (1988 [1949]), *The Second Sex*, (trans.) H. M. Parshley. London: Picador.

Benveniste, E. (1971 [1966]), *Problems in General Linguistics*, (trans.) M. E. Meek. Florida: University of Miami Press.

Bergoffen, D. (1996), 'Queering the phallus', in D. Pettigrew and F. Raffoul (eds), *Disseminating Lacan*. New York: SUNY Press, pp. 273~291.

Blanchot, M. (1988 [1983]), *The Unavoidable Community*, (trans.) P. Jorris. New York: Station Hill.

Borch-Jacobsen, M. (1996), 'The Oedipus problem in Freud and Lacan', in D. Pettigrew and F. Raffoul (eds), *Disseminating Lacan*. New York: SUNY Press, pp. 295~314.

Brandt, J. (1991), 'The power and horror of love: Kristeva on narcissism', *Romanic Review*, 82: 89~104.

Breton, A. (1978 [1937]), *Mad Love* (excerpts), in E Rosemont (ed.), *What is Surrealism? Selected Writings*. New York: Monad, 160~108.

Butler, J. (1990), *Gender Trouble: feminism and the Subversion of Identity*.

New York and London: Routledge.

_____ (2000), *Antigone's Claim: Kinship Between Life and Death*. New York: Columbia University Press.

Chanter, T. (2000), 'Abjection, death and difficult reasoning: The impossibility of naming chora in Kristeva and Derrida'. *Tympanum, 4. http: //www. usc.edU/dept/comp-lit/tympanum/4/chanter.html*

Debord, G. (1987), *Society of the Spectacle*, trans, from the French. Rebel Press, AMI Publications.

Deleuze, G. (1989), *Cinema 2: The Time Image*, (trans.) H. Tomlinson and R. Galeta. London: Athlone Press.

Deleuze, G. and Guattari, E (1983), *Anti-Oedipus: Capitalism and Schizophrenia*, (trans.) R. Hurley, M. Seem and H. R. Lane. London: Athlone Press.

_____ (1988), *A Thousand Plateaus: Capitalism and Schizophrenia*, (trans.) Brian Massumi. London: Athlone Press.

Derrida, J. (1978), *Writing and Difference*, (trans.) Alan Bass. London: Routledge.

Diderot, D. (1951) 'Paradox sur le comédien', in *Oeuvres*. Paris: Gallimard, "Bibliothèque de la Pléiade", pp. 1010~1011.

Eco, U. (1984), *Reflections on the Name of the Rose*. London: Seeker and Warberg.

_____ (1992) 'Interpretation and history', in Umberto Eco (with Richard Rorty, Jonathan Culler and Christine Brooke-Rose), *Interpretation and Overinterpretation*, (ed.) Stefan Collini. Cambridge: Cambridge University Press.

Foucault, M. (1982), 'The subject and power', in H. L. Dreyfus and P. Rabinow, *Michel Foucault: Beyond Structuralism and Hermeneutics*. Sussex: Harvester Press, pp. 208~226.

Freud, S. (1962), *Three Essays on the Theory of Sexuality*, (trans.) J. Strachey. Basic Books.

_____ (1990), *Origins of Religion: Totem and Taboo, Moses and Monotheism and Other Works*, (trans.) J. Strachey, (ed.) Albert Dickson.

Harmondsworth: Penguin.

_____ (1991a), *New Introductory Lectures on Psychoanalysis*, (trans.) J. Strachey, (eds) J. Strachey and A. Richards. Harmondsworth: Penguin.

_____ (1991b [1984]), *On Metapsyetiology: The Theory of Psychoanalysis*, (trans.) J. Strachey, (ed.) A. Richards. Harmondsworth: Penguin.

Girard, R. (1977), *Violence and the Sacred*, (trans.) Patrick Gregory. Baltimore, MD: Johns Hopkins University Press.

_____ (1987), *Things Hidden Since the Foundation of the World, Books I - III*, (trans.) S. Bann and M. Metteer. London: Athlone Press.

Goux, J.-J. (1993), *Oedipus, Philosopher*, (trans.) C. Porter. Stanford, GA: Stanford University Press.

Graybeal, J. (1993), 'Kristeva's Delphic proposal: practice encompasses the ethical', in K. Oliver (ed.), *Ethics, Politics and Difference in Julia Kristeva's Writing*. New York: Routledge, pp. 32~40.

Grosz, E. (1990), *Jacques Lacan: A Feminist Introduction*. New York and London: Routledge.

_____ (1995), *Space, Time and Perversion*. New York and London: Routledge.

Heidegger, M. (1969), *Identity and Difference*, (trans.) Joan Stambaugh. New York: Harper and Row.

Hill, L. (1990), 'Julia Kristeva: theorizing the avant-garde?', in J. Fletcher and A. Benjamin (eds), *Abjection, Melancholia, and Love: The Work of Julia Kristeva*. London and New York: Routledge, pp.137~156.

Houdebine, J.-L. (1983), 'L'expérience de Cantor', *L'Infini*, 4, Autumn: 87~110.

Husserl, H. (1977), *Cartesian Meditations: An Introduction to Phenomenology*. The Hague: Matinus Nijhoff, sixth impression.

_____ (1982), *Ideas Pertaining to a Pure Phenomenology and to a Phenomenological Philosophy*, (trans.) F. Kersten. Dordrecht, Netherlands: Kluwer Academic Publishers.

Jakobson, R. (1995), *On Language*, (eds) Linda R. Waugh and Monique Monville-Burston. Cambridge, MA and London: Harvard University Press, second printing.

Jones, A. R. (1984), 'Julia Kristeva on femininity: The limits of a semiotic polities'. *Feminist Review*, 18: 56~73.

Kristeva, J. (1969), 'Pour une sémiologie des paragrammes' in Séméiotiké. Paris: Seuil, 'Points', pp. 113~146.

_____ (1974), *La Révolution du langage poétique: l'avant-garde à la fin du XIXe siède, Lautréamont et Mallarmé*. Paris: Seuil.

_____ (1977a), *About Chinese Women*, (trans.) A. Barrows. New York: Urizen Books, London: Marion Boyars.

_____ (1977b), *Polylogue*. Paris: Seuil.

_____ (1980) *Desire in Language: A Semiotic Approach to Literature and Art.*, (trans.) A. Jardine, T. Gora and L. S. Roudiez. New York: Columbia University Press.

_____ (1982), *Powers of Horror: An Essay on Abjection*, (trans.) L. S. Roudiez. New York: Columbia University Press.

_____ (1983a), 'Within the microcosm of "the talking cure"', inj. H. Smith and W. Kerrigan (eds), *Interpreting Lacan: Psychiatry and the Humanities* (vol. 6). New Haven and London: Yale University Press, pp. 33~48.

_____ (1983b), *Histoires d'amour*. Paris: Denoël.

_____ (1984), Revolution in Poetic Language, (trans.) M. Waller. New York: Columbia University Press.

_____ (1986), 'Women's time' in J. Kristeva, *New Maladies of the Soul* (1995), pp. 201~224.

_____ (1987a [1985]), *In the Beginning Was Love – Psychoanalysis and Faith*, (trans.) A. Goldhammer. New York: Columbia University Press.

_____ (1987b), *Tales of Love*, (trans.) L. S. Roudiez. New York: Columbia University Press.

_____ (1988), *Étrangers à nous-mêmes*. Paris: Fayard.

_____ (1989), *Black Sun: Depression and Melancholia,* (trans.) L. S. Roudiez. New York: Columbia University Press.

_____ (1990) 'Identification and the Real' in Peter Collier and Helga Geyer-Ryan (eds), *Literary Theory Today*. Ithaca, NY: Cornell University

Press.

_____ (1991), *Strangers to Ourselves*, (trans.) L. S. Roudiez. London: Harvester.

_____ (1993), *Les Nouvelles maladies de l'âme*. Paris: Fayard.

_____ (1994a), *The Old Man and the Wolves*, (trans.) B. Bray. New York: Columbia University Press.

_____ (1994b), *Le Temps sensible: Proust et l'expérience littéraire*. Paris: Gallimard.

_____ (1995), *Mew Maladies of the Soul*, (trans.) R. Guberman. New York: Columbia University Press.

_____ (1996), 'Name of death or of life', inj. Lechte (ed.), *Writing and Psychoanalysis*, (trans.) J. Lechte. London: Arnold.

_____ (1998a), *Visions capitales*. Paris: Reunion des musées nationaux. Catalogue of an exhibition held at the Musée du Louvre, Paris, 27 April-3 November.

_____ (1998b), *Possessions: A Novel*, (trans.) Barbara Bray. New York: Columbia University Press.

_____ (1998c), *L'Avenir d'une révolte*. Paris: Calmann-Levy.

_____ (2000a), *The Sense andNon-Sense of Revolt: The Powers and Limits of Psychoanalysis* (vol. I), (trans.) J. Herman. New York: Columbia University Press.

_____ (2000b), *Crisis of the European Subject*, (trans.) S. Fairfield. New York: Other Press.

_____ (2001a), *Hannah Arendt*, (trans.) R. Guberman. New York: Columbia University Press.

_____ (2001b), *Micropolitique*. Paris: Éditions de l'aube.

_____ (2001c), *Au Risque de lapensée*. Paris: Éditions de l'aube.

_____ (2002a), *Intimate Revolt: The Powers and Limits of Psychoanalysis* (vol. II), (trans.) J. Herman. New York: Columbia University Press.

_____ (2002b), *Melanie Klein*, (trans.) R. Guberman. New York: Columbia University Press.

_____ (2002c), *Le Génie féminin, tome III: Les mots*. Colette. Paris:

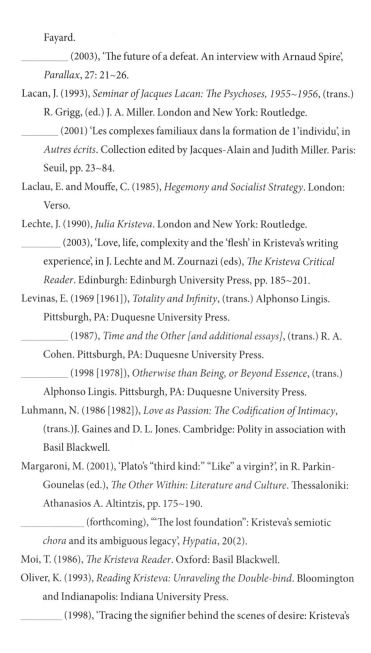
Fayard.

_____ (2003), 'The future of a defeat. An interview with Arnaud Spire',
   Parallax, 27: 21~26.

Lacan, J. (1993), *Seminar of Jacques Lacan: The Psychoses, 1955~1956*, (trans.)
   R. Grigg, (ed.) J. A. Miller. London and New York: Routledge.

_____ (2001) 'Les complexes familiaux dans la formation de l'individu', in
   Autres écrits. Collection edited by Jacques-Alain and Judith Miller. Paris:
   Seuil, pp. 23~84.

Laclau, E. and Mouffe, C. (1985), *Hegemony and Socialist Strategy*. London:
   Verso.

Lechte, J. (1990), *Julia Kristeva*. London and New York: Routledge.

_____ (2003), 'Love, life, complexity and the 'flesh' in Kristeva's writing
   experience', in J. Lechte and M. Zournazi (eds), *The Kristeva Critical
   Reader*. Edinburgh: Edinburgh University Press, pp. 185~201.

Levinas, E. (1969 [1961]), *Totality and Infinity*, (trans.) Alphonso Lingis.
   Pittsburgh, PA: Duquesne University Press.

_____ (1987), *Time and the Other [and additional essays]*, (trans.) R. A.
   Cohen. Pittsburgh, PA: Duquesne University Press.

_____ (1998 [1978]), *Otherwise than Being, or Beyond Essence*, (trans.)
   Alphonso Lingis. Pittsburgh, PA: Duquesne University Press.

Luhmann, N. (1986 [1982]), *Love as Passion: The Codification of Intimacy*,
   (trans.)J. Gaines and D. L. Jones. Cambridge: Polity in association with
   Basil Blackwell.

Margaroni, M. (2001), 'Plato's "third kind:" "Like" a virgin?', in R. Parkin-
   Gounelas (ed.), *The Other Within: Literature and Culture*. Thessaloniki:
   Athanasios A. Altintzis, pp. 175~190.

_____ (forthcoming), '"The lost foundation": Kristeva's semiotic
   chora and its ambiguous legacy', *Hypatia*, 20(2).

Moi, T. (1986), *The Kristeva Reader*. Oxford: Basil Blackwell.

Oliver, K. (1993), *Reading Kristeva: Unraveling the Double-bind*. Bloomington
   and Indianapolis: Indiana University Press.

_____ (1998), 'Tracing the signifier behind the scenes of desire: Kristeva's challenge to Lacan's analysis', in H. Silverman (ed.), *Cultural Semiosis: Tracing the Signifier*. New York and London: Routledge, pp. 83~101.

Rose, J. (1986), 'Julia Kristeva: take two', in Sexuality in the Field of Vision. London: Verso, pp. 141~164.

Rousseau, J.-J. (1964), 'Julie, ou la nouvelle Héloïse', in *Oeuvres completes, II*. Paris: Gallimard, 'Bibliothèque de la Pléiade'.

Sartre, J.-P. (1940), *L'Imaginaire*. Paris: Gallimard.

_____ (1973), *The Transcendence of the Ego. An Existentialist Theory of Consciousness*, (trans.) Forrest Williams and Robert Kirkpatrick. New York: Farrar, Straus and Giroux, eighteenth printing.

Sibony D. (1973), 'L'infini et la castration', *Scilicet*, 4: 75~133.

Smith, A. (1996), *Julia Kristeva: Readings of Exile and Estrangement*. New York: St. Martin's Press.

Stanton, D. (1989), 'Difference on trial: a critique of the maternal metaphor in Cixous, Irigaray, and Kristeva', in J. Allen and I. Young (eds), *The Thinking Muse: Feminism and Modern French Philosophy*. Bloomington and Indianapolis: Indiana University Press, pp. 156~179.

Stone, J. (1983), 'The horrors of power: A critique of "Kristeva"', in F. Barker, Peter Hulme, Margaret Iversen, Diana Loxley (eds), *The Politics of Theory: Proceedings of the Essex Conference on the Sociology of Literature*. Colchester: University of Essex Press, pp. 38~48.

Walker, M. B. (1998), *Philosophy and the Maternal Body'.Reading Silence*. London and New York: Routledge.

White, A. (1977), '"L'éclatement du sujet": The theoretical work of Julia Kristeva'. Birmingham: University of Birmingham, Centre for Contemporary Cultural Studies. Stencilled Occasional Paper, no. 49.

Wilson, A. 'Oedipus and the Sphinx', in *http://www.users.globalnet.co. uk/-loxias/sphinx.htm*

Ziarek, E. (1992), 'At the limits of discourse: Heterogeneity, alterity and the maternal body in Kristeva's Thought', *Hypatia*, 7(2): 91~108.

_____ (1993), 'Kristeva and Levinas: mourning, ethics, and the feminine', in K. Oliver (ed.), *Ethics, Politics and Difference in Julia Kristeva's*

Writing. New York: Routledge, pp. 62~78.

_____ (2001), *An Ethics of Dissensus: Postmodernity, Feminism, and the Politics of Radical Democracy*. Stanford, CA: Stanford University Press.

Žižek, S. (1992), *Enjoy Tour Symptom! Jacques Lacan in Hollywood and out*. New York and London: Routledge.

_____ (1996), *The Indivisible Remainder: An Essay on Schelling and Related Matters*. London: Verso.

_____ (1999), *The Ticklish Subject: the Absent Centre of Political Ontology*. London: Verso.

쥘리아 크리스테바의 주요 저작
프랑스어로 출판된 저작

(1969), Σημειωτική *[Séméiotiké]: Recherches pour une sémanalyse* (extracts). Paris: Seuil, 'Points'.

(1970), *Le Texte du roman. Approche sémiologique d'une structure discursive transformationnelle*. The Hague: Mouton.

(1974a), *La Révolution du langage poétique. L'avant-garde à la fin du XIXe siècle: Lautréamont et Mallarmé*. Paris: Seuil.

(1974b), *Des Chinoises*. Paris: Éditions des Femmes.

(1977), *Polylogue*. Paris: Seuil.

(1980), *Pouvoirs de l'horreur: Essai sur l'abjection*. Paris: Seuil.

(1983), *Histoires d'amour*. Paris: Denöel.

(1985), *Au commencement était l'amour - Psychanalyse et foi*. Paris: Hachette.

(1987), *Soleil noir: dépression et mélancholie*. Paris: Gallimard.

(1988), *Étrangers à nous-mêmes*. Paris: Gallimard.

(1989) (in collaboration with J. Cowart and J. Hamilton), *Geogia O'Keefe*. Paris: Adam Biro.

(1990a), *Lettre ouverte à Harlem Désir*. Paris: Rivages.

(1990b), *Les Samouraïs* (novel). Paris: Fayard.

(1991), *Le Vieil homme et les loups* (novel). Paris: Fayard.

(1993), *Les Nouvelles maladies de l'âme*. Paris: Fayard.

(1994), *Le Temps sensible: Proust et l'expérience littéraire*. Paris: Gallimard.

(1996a), *Possessions* (novel). Paris: Fayard.

(1996b), *Sens et non-sens de la revoke: discours direct (Pouvoirs et limites de la psychanalyse, 1)*. Paris: Fayard.

(1997), *La révolte intime: discours direct (Pouvoirs et limites de la psychanalyse, 2)*. Paris: Fayard.

(1998a), *Visions capitales*. Paris: Réunion des musées nationaux. Catalogue of an exhibition held at the Musée du Louvre, Paris, 27 April-3 November.

(1998b) (with C. Clément), *Le Féminin et le sacré*. Paris: Stock.

(1999), *Le Génie feminine, tome 1: La vie: Hannah Arendt*. Paris: Fayard.

(2000a), *Le Génie feminine, tome 2: La folie: Melanie Klein*. Paris: Fayard.

(2000b) (with F. Charpin), *Le Féminin exclu. Essai sur le désir des hommes et desfemmes*. Paris: M. De Maule.

(200la) (with A. Kirili and R. Storr), *Jardin des Tuileries sculptures modernes et contemporaines*. Paris: Éditions du Patrimoine.

(2001b), *Micropolitique*. Paris: Editions de l'aube.

(2001c), *Au Risque de la pensée*. Paris: Éditions de l'aube.

(2002), *Le Génie féminin, tome 3: Les mots: Colette*. Paris: Fayard.

(2003a), *Lettre au president de la Republique sur les citoyens en situation*. Paris: Fayard.

(2003b), *Chroniques du temps sensibles*. Paris: Éditions de l'aube.

(2004a), *Notre Colette*. Rennes: Presses Universitaires de Rennes.

(2004b), *Meutre à Byzance* (novel). Paris: Fayard.

(2004c), *Ecritures féminine: Colette*. Paris: Éditions de l'aube.

영어로 번역된 저작

(1977a), *About Chinese Women*, (trans.) A. Barrows. New York: Urizen Books, London: Marion Boyars.

(1977b), *Polylogue*. Paris: Seuil.

(1980), *Desire in Language: A Semiotic Approach to Literature and Art.*, (trans.) A. Jardine, T. Gora and L. S. Roudiez. New York: Columbia

University Press.

(1982), *Powers of Horror: An Essay on Abjection*, (trans.) L. S. Roudiez. New York: Columbia University Press.

(1984), *Revolution in Poetic Language*, (trans.) M. Waller. New York: Columbia niversity Press.

(1986), *The Knsteva Reader*, (ed.) T. Moi. Oxford: Basil Blackwell.

(1987a [1985]), *In the Beginning Was Love - Psychoanalysis and Faith*, (trans.) A. Goldhammer. New York: Columbia.

(1987b), *Tales of Love*, (trans.) L. S. Roudiez. New York: Columbia University Press.

(1989a), *Black Sun: Depression and Melancholia*, (trans.) L. S. Roudiez. New York: Columbia University Press.

(1989b) (with A. M. Menke), *Language, the Unknown: An Initiation into Linguistics*, (trans.) A. M. Menke. Hemel Hempstead: Harvester Wheatsheaf, New York: Columbia University Press.

(1991), *Strangers to Ourselves*, (trans.) L. S. Roudiez. London: Harvester.

(1992), *The Samurai: A Novel*, (trans.) B. Bray. New York: Columbia University Press.

(1993), *Nations Without Nationalism*, (trans.) L. S. Roudiez. New York: Columbia University Press.

(1994), *The Old Man and the Wolves*, (trans.) B. Bray. New York: Columbia University Press.

(1995), *New Maladies of the Soul*, (trans.) R. Guberman. New York: Columbia University Press.

(1998) *Possessions: A Novel*, (trans.) Barbara Bray. New York: Columbia University Press.

(2000a), *The Sense and Non-Sense of Revolt: The Powers and Limits of Psychoanalysis* (vol. I), (trans.) J. Herman. New York: Columbia University Press.

(2000b), *Crisis of the European Subject*, (trans.) S. Fairneld. New York: Other Press.

(200la), *Hannah Arendt*, (trans.) R. Guberman. New York: Columbia

University Press.

(2001b) (with C. Clement), *The Feminine and the Sacred*, (trans.) J. M. Todd. New York: Columbia University Press.

(2002a), *Intimate Revolt: The Powers and Limits of Psychoanalysis* (vol. II), (trans.) J. Herman. New York: Columbia University Press.

(2002b), *Melanie Klein*, (trans.) R. Guberman. New York: Columbia University Press.

(2002c), *Revolt, She Said*. Los Angeles, CA: Semiotext(e) (Distributed by MIT Press).

(2003) (with S. Cortine-Denany), *The House of Jacob*, (trans.) W. Sayers. Ithaca, NY: Cornell University Press.

(2004), *Colette*, (trans.) J. M. Todd. New York: Columbia University Press.

쥘리아 크리스테바에 관한 연구 저작

Bearsworth, S. (2004a), *Julia Kristeva: Psychoanalysis and Modernity*. Stoneybrook, NY: State University of New York.

Lechte, J. (1990), *Julia Kristeva*. London and New York: Routledge.

Lechte, J. and Zournazi, M. (2003a), *The Kristeva Critical Reader*. Edinburgh: Edinburgh University Press.

McAfee, N. (2004), *Julia Kristeva (Routledge Critical Thinkers)*. London: Routledge.

Nikolchina, M. (2004), *Matricide in Language: Writing Theory in Kristeva and Woolf*. New York: Other Press.

Oliver, K. (1993), *Reading Kristeva: Unraveling the Double Bind*. Bloomington, IN: Indiana University Press.

Reineke, M. J. (1997), *Sacrificial Lives: Kristeva on Women and Violence*. Bloomington, IN: Indiana University Press.

Smith A. (1996), *Julia Kristeva: Reading of Exile and Estrangement*. Basingstoke: Macmillan.

Smith, A. M. (1998), *Julia Kristeva: Speaking the Unspeakable*. London: Pluto Press.